■ 本书为中央级公益性科研院所基本科研业务费
专项资金资助项目

"十二五"国家重点图书

中国农业科学院
农业经济与发展研究所
研究论丛
第 3 辑

IAED

Study on the Benefit Compensation Mechanism
in the Main Grain Producing Areas

粮食主产区利益补偿机制研究

■ 蒋和平 张忠明 蒋黎 / 等著

经济科学出版社
Economic Science Press

前　言

　　我国是个人口众多的大国，确保粮食安全、解决好吃饭问题始终是治国理政的头等大事，习近平总书记明确指出："中国人的饭碗任何时候都要牢牢端在自己手上，我们的饭碗应该主要装中国粮"。当前，我国粮食生产能力不断提高，粮食总产量实现"十连增"，但是在高基数和高起点的基础上保持粮食生产稳定发展的难度进一步加大。为了进一步增强国家粮食安全保障能力，2013 年召开的中央经济工作会议提出要坚持"以我为主、立足国内、确保产能、适度进口、科技支撑"的国家粮食安全战略。

　　粮食主产区面积大、粮食产量大，是保证国家粮食安全最重要的地区；同时粮食主产区人口多、经济相对不发达，又是全面建成小康社会的重点地区。因此，推进粮食主产区的发展，是关系到国家粮食安全、关系到区域平衡协调发展、关系到全面建成小康社会的战略问题。目前，我国已出台了产粮大县财政奖励等粮食主产区支持政策，初步形成了包含粮食补贴、临时收储、保护价收购等在内的粮食支持政策体系。然而，由于粮食本身具有公益性的特点，尽管近年来国家不断加大扶持力度，但粮食主产区经济发展缓慢、种粮农民收益不高的问题依然存在。

　　粮食安全作为一种公共产品，其受益者是整个国家和社会。但由于严格耕地保护制度的存在，拥有大量基本农田的粮食主产区只能将大量耕地用于比较效益较低的粮食生产，不能用于经济收益相对较高的二、三产业，这在很大程度上限制了粮食主产区的发展，造成粮食主产区利益受限。对粮食主产区利益补偿的缺失，进一步拉大了粮食主产区与其他地区，尤其是与粮食主销区（一般都是经济比较发达的地区）的发展差距，加剧了区域发展不平衡。在这种背景下，研究粮食主产区利益补偿机制，促进粮食主产区发展以及区域发展平衡，进而保障国家粮食安全，已经成为农业经济领域需要研究的重要课题。针对粮食主产区利益补偿的重要理论和实践问题，我率领的农业现代化理论与政策研究团队，以《粮食主产区利益补偿机制》为题，申报 2012 年工业和信息化产业政策司重大招标课题，通过现场答辩、专家评审等环节，获得了工业和信息化产业政策司立项资助。

对粮食主产区利益补偿机制的研究，需要重点回答以下三个问题：一是什么是粮食主产区利益机制，为何要对粮食主产区利益补偿，其理论和现实依据是什么；二是粮食主产区利益补偿应该如何构建，补偿的金额和操作方式怎样；三是粮食主产区利益补偿机制在我国实施的可行性如何。

为了回答以上问题，本书将研究内容分为 10 章：

第 1 章是粮食主产区利益补偿机制的理论基础研究。本章首先界定了粮食主产区和粮食主产区利益补偿机制的概念和内涵，对公共产品理论、外部性理论等经典理论进行了回顾和整理，对国内外众多学者关于粮食主产区利益补偿的经典阐述和研究进行了梳理和分析，从而构建起了粮食主产区利益补偿机制研究的理论基础。

第 2 章是发达国家在促进地区间平衡发展方面的经验。本章对美国、欧盟、日本等发达国家促进地区间平衡发展的实践进行了搜集、整理和分析，总结出了发达国家在促进地区间平衡发展方面的主要经验和对我国的主要启示。

第 3 章是我国现有粮食主产区支持政策分析。本章对新中国成立以来我国粮食支持政策的历史演变，以及当前我国对粮食产业和粮食主产区支持政策进行了梳理，理清了我国粮食支持政策演进的脉络，总结出了现有粮食支持政策的成效和存在的问题，并提出了对未来我国粮食支持政策的启示。

第 4 章是粮食主产区与主销区的量化比较分析。本章以全国主要的粮食主产区——河南省和主要的粮食主销区——广东省为例，对比分析粮食主产区和粮食主销区的粮食生产情况、经济总体发展情况、财政和农民收入情况，对粮食主产区和主销区经济社会发展的差距进行了量化分析，并找出了造成这种差距的原因。

第 5 章是现代粮食补贴政策实施情况及效益评价。本章以河南省为例，采用 DEA 模型对粮食直补、良种补贴、农机具购置补贴、生产资料综合补贴和产粮大县财政奖励等政策的实施效益进行了定量分析，指出了现行粮食补贴政策和产粮大县财政支持政策存在的问题。

第 6 章是粮食主产区利益补偿机制的目标和原则。本章分析了现有粮食支持政策的产量目标和收入目标之间存在一定的矛盾，进而提出了通过建立粮食主产区利益补偿机制，实现促进区域平衡发展、提高粮食综合生产能力、带动农民增收的目标，并确定了粮食主产区利益补偿政策的运行原则。

第 7 章是粮食主产区利益补偿金额的分析。本章基于机会成本原理，设计了粮食主产区利益补偿金额的计算方式，并对 13 个粮食主产区的补偿金额进行了测算。

第 8 章是健全粮食主产区利益补偿机制的研究。本章在对粮食生产的外部性进行分析的基础上，对粮食主产区利益补偿的主体、客体进行了界定，设计了以粮食补偿基金为核心的利益补偿运行方式、实现途径和实施阶段。

第 9 章是完善我国粮食主产区利益补偿机制的政策建议。本章对前面的研究内容进行了总结，提出了研究结论和加快建立粮食主产区利益补偿机制的政策建议。

第 10 章是粮食主产区利益补偿机制的可行性分析。本章对建立粮食主产区利益补偿机制的可行性、面积可行性、金额可行性、补偿方式的可行性进行了分析。

此外，为进一步夯实粮食主产区利益补偿机制的现实基础，我们以河南省的四个产粮大县为典型案例，对粮食主产区相关支持政策进行了调研，对粮食支持政策的实施、效果、问题进行了分析，这些调研报告基本涵盖了河南产粮地区支持政策，具有一定的代表性。

粮食主产区利益补偿机制研究课题组在近几年的时间里，开展了比较系统和深入的研究，取得了一系列重要的研究成果，并顺利通过专家验收，提交的相关研究成果已经被农业部、财政部和河南省政府等部委和地区应用，产生了良好的社会效益。在课题研究任务完成后，由我牵头和统稿，组织科研人员，以认真、务实、创新的科学态度，把课题研究成果撰写成本书。为了保证本书质量，课题组多次召开学术会议，多次征求专家意见，进行论证、研究和修改，数易书稿，反复斟酌，终于付梓出版。

在对粮食主产区利益补偿机制研究过程中，研究团队每个成员都感受很深，粮食主产区利益补偿机制研究内容十分丰富，而我们的研究还刚刚起步，对粮食主产区利益补偿机制的研究还有很多工作需要开展，研究的范围有待进一步扩展，研究的程度需要进一步深化，研究的成果也需要进一步完善。由于时间短，研究任务重，加上笔者研究和写作水平有限，本书难免存在一些疏漏和欠缺，恳请同行专家和同仁能够不吝赐教，给予批评指正，旨在共享研究成果与相互探讨，为我国粮食安全保障的研究做出更大贡献。

是为序。

蒋和平

2013 年 10 月

目 录

Contents

第 *1* 章

粮食主产区利益补偿机制的
理论基础研究

1.1 研究背景

保障粮食安全、解决 13 亿人的吃饭问题始终是关系国计民生的战略问题。自 2004 年以来，我国粮食综合生产能力稳步提高，2013 年全国粮食总产量达到 60 193.5 万吨，粮食产量连续 7 年超过一万亿斤，并实现"十连增"。但是，在农业基础设施落后、科技支撑能力欠缺、生产成本大幅增加、种粮收益偏低、气候条件不确定性增强的情况下，在高基数和高起点的基础上保持粮食生产稳定发展的难度进一步加大。

从世界方面来看，自 2005 年以来，世界主要粮食价格大幅上涨，并于 2008 年爆发了全球性的粮食危机，粮食价格创近 30 年来最大涨幅，俄罗斯等多个国家停止粮食出口，20 多个国家因粮食问题爆发骚乱。此后，受严重金融危机的影响，粮价在短时间内出现大幅下跌，到 2010 年粮价又暴涨了 50%，2011 年初继续上涨。多位经济学家认为：国际粮食价格在未来十年可能会出现更大波动。粮价的剧烈波动严重引发了国际社会对粮食安全的高度关注。

粮食主产区占地面积大、粮食产量和调出量大，是保证国家粮食安全最重要的地区；同时粮食主产区人口多、经济相对不发达，又是全面建设小康社会的重点地区。因此，推进粮食主产区的发展，是关系到国家粮食安全、关系到区域平衡发展、关系到全面小康社会建成、关系到和谐社会能否真正实现的战略问题。

为保障粮食安全、增加种粮农民收入，我国自2004年以来实施了粮食补贴、最低收购价、临时收储、产粮大县财政奖励等一系列粮食支持政策，初步形成了具有中国特色的粮食支持政策体系。由于粮食本身的特殊性，尽管近年来国家不断加大扶持力度，但种粮农民收益不高、粮食主产区发展缓慢的问题依然存在。这就大大影响了种粮农民和主产区政府发展粮食生产的积极性。

粮食安全作为一种公共产品，其受益者是整个国家和社会。但由于严格的耕地保护制度的存在，拥有大量基本农田的粮食主产区只能将耕地用于低效益的粮食生产，而不能用于高收益的二、三产业，这在一定程度上限制了主产区的发展。这就意味着，粮食主产区从事粮食生产、保障国家粮食安全，但付出的成本、遭受的损失却由粮食主产区承担。对主产区利益补偿的缺失，进一步拉大了主产区与其他地区，尤其是与粮食主销区的发展差距，加剧了区域发展不平衡。

在国内粮食产量高基数、继续增长难度加大、国际粮食市场风险加大、粮食主产区与其他地区发展差距加大的背景下，研究粮食主产区利益补偿机制，促进粮食主产区发展，促进区域发展平衡，进而保障国家粮食安全，已经成为农业经济领域需要研究的重要课题。

1.2　概念界定

1.2.1　粮食主产区

粮食主产区是指地理、土壤、气候、技术等条件适合种植粮食作物，并且有一定经济优势的专属经济区域。从最广义上讲，粮食主产区是指我国广大的以从事粮食生产为主的农村区域，这类似于粮食产区的概念。但由于此概念过于宽泛，本书所研究的粮食主产区是狭义的概念，粮食主产区的界定不仅取决于粮食总产量，还取决于能否提供较多的商品粮，大致标准是以每年粮食总产量在1 000万吨以上、人均占有粮在300公斤以上为指标来衡量的。根据 2004 年中央文件以及农业部的划分，即河北、河南、黑龙江、吉林、辽宁、湖北、湖南、江苏、江西、内蒙古、山东、四川、安徽 13 个省（区），是我国粮食主产区，也是本书研究的对象。

根据国家统计局农业调查总队的界定，在我国粮食生产中，小麦主产区是：河北、山西、山东、河南、陕西、甘肃、江苏、安徽、湖北、四川；水稻主产区是：浙江、江西、湖南、广东、广西、江苏、安徽、湖北、四川；玉米主产区是：辽宁、吉林、黑龙江、内蒙古、山东、河南、陕西、四川、河北。历年来，我国的水稻、小麦和玉米产量占全部粮食总产量的 87% 左右，上述 13 个省（区）作为主产区基本涵盖了我国主要的粮食品种的主产地。

近 20 年间，13 个粮食主产省（区）的粮食产量占全国粮食总产量的比重稳定在 75% 以上，稻谷产量占全国总产量的比重占 70% 以上，小麦产量由将近 70% 提高到 75% 左右，玉米和大米产量占全国总产量的比重分别稳定在 75% 和 85% 左右。13 个粮食主产省（区）提供了全国 80% 以上的商品粮。从粮食销售情况看，粮食主产区农民人均出售粮食数量占全国的 80% 以上。由于粮食安全问题一直是我国的长久大计，由此可见，粮食主产区肩负着保障我国粮食安全的重任，其粮食生产状况直接影响着我国的粮食产能，对推动全国粮食生产起到重要影响作用。

此外，我国粮食生产中还有优势区的概念。粮食生产优势区是指自热条件适宜粮食种植，粮食产业规模较大，产业基础较好，在全国粮食生产中占有重要地位的地区。优势区是我国粮食产业发展的重点区域。从品种来看，我国水稻初步形成东北、长江流域和东南沿海三大优势产区，东北优势产区包括辽宁、吉林和黑龙江 3 省；长江流域优势产区包括江苏、安徽、湖北、湖南、江西、重庆、四川、贵州、云南和河南南部等省市；东南沿海优势产区包括上海、浙江、福建、广西、广东和海南 6 省（市、区）。小麦逐步形成黄淮海、长江中下游和大兴安岭沿麓三大优质专用小麦产区，黄淮海小麦优势区包括河北、山东、北京、天津全部，河南中北部、江苏和安徽北部、山西中南部以及陕西关中地区，是我国最大的冬小麦产区；长江中下游小麦优势区包括江苏和安徽两省淮河以南、湖北北部以及河南南部，是我国冬小麦的主要产区之一；西南小麦优势区包括重庆、四川、贵州、云南4省（市），以冬小麦为主。玉米主要形成了北方春玉米区、黄淮海夏玉米区、西南玉米区三大玉米优势区。北方春玉米区包括黑龙江、吉林、辽宁、内蒙古、宁夏、甘肃、新疆7省玉米种植区，河北、北京北部，陕西北部与山西中北部，及太行山沿线玉米种植区；黄淮海夏玉米区涉及黄河流域、海河流域和淮河流域，包括河南、山东、天津，河北、北京大部，山西、陕西中南部和江苏、安徽淮河以北区域；西南玉米区主要由重庆、四川、云南、贵州、广西及湖北、湖南西部的玉米种植区构成，是我国南方最为集中的玉米产区。粮食生产优势区与粮食主产区既有区别又有联系。我国13个粮食主产区全部属于粮食生产优势区，而且有的省份属于多个品种的优势区；但有的省份虽然属于某个品种的优势区，但由于粮食总量较少、商品粮调出能力不足等原因，并不属于粮食主产区。

1.2.2 粮食主产区利益补偿机制

根据《辞海》解释，"利益"是指好处；"补偿"是指某主体因某些原因在某方面有所亏失，而在其他方面有所获得的用于抵消损失的收益。粮食主产区在国家的要求下发展粮食产业，在一定程度上丧失了部分经济社会发展和农民收入提高的机会，从而造成了损失。那么粮食主产区利益补偿是指，国家和相关利益主体认同和接受的，以区域公平为出发点，以保障国家粮食安全为目的，调整粮食安全保障的作为主体与不作为主体之间经济利益分配关系的、具有经济激励作用的制度安排，该制度要求未尽或未完全尽粮食安全保障责任而享受粮食安全保障的利益主体对"超额"尽到粮食安全保障责任并付出"额外"代价、遭受损失的粮食主产区提供利益补偿或进行利益转移，调动其保护耕地和生产粮食的积极性。

粮食主产区利益补偿机制具有以下特征：

（1）以保障国家粮食安全为目的。

要保障国家粮食安全，就必须保有一定数量的耕地和一定数量的粮食播种面积，必须设法调动农业生产者生产粮食的积极性。建立粮食主产区利益补偿机制是通过利益补偿的方式增加粮食主产区和粮食生产者的收益，进而调动粮食主产区和粮食生产者保护耕地、生产粮食的积极性。

（2）以区域公平为出发点。

13个粮食主产区生产了全国70%以上的粮食，提供了全国80%以上的商品粮，为国家粮食安全做出了突出的贡献。但由于种粮收益低，二、三产业发展滞后等因素的制约，虽然主产区粮食产量逐年增加，但粮食主产区经济发展总体水平与以沿海发达地区为主的粮食主销区差距越来越大。建立粮食主产区粮食生产者的利益补偿转移机制的出发点在于通过给予粮食主产区"额外"的补偿，支持粮食主产区经济社会发展，促进区域公平。

（3）提供补偿的是"不作为主体"。

提供利益补偿或进行利益转移的主体是粮食安全保障的不作为主体，即那些没有尽到或者没有完全尽到粮食安全保障责任，但"搭便车"享受粮食安全保障的利益主体。

（4）享受补偿的是"作为主体"。

享受利益补偿或接受利益转移的主体是粮食安全保障的作为主体，即那些"超额"尽到粮食安全保障责任并付出"额外"代价的粮食主产区和生产者。

（5）是国家和相关利益主体认同和接受的制度安排。

国家要以法律或法规等形式把这种制度安排确定下来，相关利益主体接受或必须接受这种制度安排，这是粮食主产区粮食生产者的利益补偿转移机制得以正常运行的必要条件。

1.3　国内外研究综述

1.3.1　关于粮食主产区和主销区经济差距和问题的研究

九三学社界别部分委员（2010）认为，在加快工业化进程中，重工轻农的利益导向，削弱了农业的基础地位，导致粮食主产区萎缩。改革开放初期，在我国30个省（市、区）中，有21个粮食输出区（包括江苏、广东、浙江），到90年代中期，只有9个省份粮食可以外销，另有4个省大体自给自足，其余17个省变为缺粮省，而且9个粮食主产区种粮面积呈下降趋势。原因在于粮食的比较优势远不及非农产业发展带来的丰厚利润，粮食产品价格提高总赶不上非农产品的轮番涨价。因此，沿海省份纷纷加快工业化进程，相继放弃大面积粮食生产，由粮食主产区或自给半自给区迅速转变为粮食主销区。相反，坚持"粮食比较优势"的内地粮食大省，大都成为"农业大省、工业小省、财政穷省"，粮食增产与农民增收呈反比关系，减产增收。潘刚（2011）认为，确保国家粮食安全，是中央和地方的共同责任。无论是粮食主产区，还是粮食平衡区、主销区，都肩负着确保国家粮食安全的责任，而我国粮食主产区建设却存在悖论。一方面，粮食主产区承担的责任大，为发展粮食生产支付的成本高；另一方面，发展粮食生产对地方财政增收的贡献率逐年下降，财政包袱越来越重，粮食主产区发展粮食生产的动力不足。此外，吴桂淑、范静、康晨宇等（1995）认为，我国粮食主产区普遍存在产量多、贡献大但粮食商品价值流失严重、财政吃紧及经济落后等问题。谢茹（1996）认为，粮食主产区普遍存在粮食畸重、工业畸轻、财政拮据、收入偏低、发展艰难等问题，这些问题很大程度上是由历史及国家政策等方面的原因造成的。冯海发、毛长青、朱晓峰（1997）认为，影响粮食主产区经济发展的主要因素有：粮食生产与其他非农产业相比，所能创造的财政收入和农民收入增量很小，由于粮食定购和外调，引起一系列的利益流失；粮食主产区经济结构呈低效益状态，经济发展缺乏后劲。李广厚（2007）认为，生产资料价格上涨使支农惠农政策收效甚微，种粮的低收益使之不能有效促进地方经济发展，导致地方政府对抓粮食生产积极性不高，这些因素使粮食主产区粮食生产积极性不高。

1.3.2 关于农业补贴机制的必要性和目标的研究

关于对农业补贴的主要理论基础是福利经济学。福利经济学主张通过政府干预补偿农业的外部效应，提高整个社会的福利水平。英国剑桥学派的主要代表人物庇古指出，用课税的办法抑制边际私人纯产值超过边际社会纯产值的投资，用补贴的办法促进边际社会纯产值大于边际私人纯产值的投资，可以使既定的生产资源提供更多的社会经济福利。农业部门的潜在边际社会纯产值高于其边际私人纯产值，国家应该通过补贴等干预措施鼓励农业的发展。

关于农业补贴必要性的研究。姜作培（2000）认为，由农产品的自然属性和农业的特点所决定，农业是国民经济的基础，为加强农业的基础地位，确保国家经济的均衡发展，补贴被许多国家采用。韩晓光等（1999）认为，农业是弱质产业，比较利益低下的产业，且面临较大的自然风险；由于农产品需求的低弹性，技术进步引起的供给增加会给农产品价格和农民收入施加很强的向下压力，农民相对贫困。因其弱质性，农业需要政府扶持。倪洪兴（2000）认为，农业具有多功能性，在确保粮食安全、保持传统的生活方式、保护地面景观与环境方面都具有不可替代的作用，是一种具有社会公益性的公共产品，因此需要从公平的角度出发对农业外部性给予补偿。

对农业补贴政策目标的研究。蓝海涛（2003）提出目前我国农业政策在增加农产品有效供给与增加农民收入间两个目标间徘徊，在短缺经济条件下，增加农产品供给与增加农民收入的目标是一致的，反之，两大目标之间常会产生矛盾，出现粮食生产和农民增收反向发展的情况。牛若峰（2000）认为，中国目前处于农产品供应充裕阶段，农业政策应主要采取提升农民收入的政策，在 WTO 框架下支持和保护我国的农业发展。王来保（2004）认为，当前我国粮食生产直接补贴的预期目标应当为，一是保护粮田，保持粮食生产的基本稳定，二是调控粮食生产，三是保护农民的经济利益，四是保护生态环境。叶慧（2007）认为，我国农业补贴政策目标包括四个方面：粮食安全的目标、促进农民收入稳定增长的目标、稳定粮食价格的目标和保育农田面积的目标。朱新华、曲福田（2007）认为，对粮食补贴应从粮食安全的外部性出发，对耕地保护的外部性补偿界定在粮食主销区对粮食主产区的经济补偿，通过 GDP 增长提成、机会成本税及市场调节的途径，实现粮食安全的外部性的有效补偿。吴泽斌、刘卫东（2009）认为，对粮食产区的补偿应能够弥补耕地种植粮食的机会成本。

1.3.3 关于对农业补贴的方式与途径研究

从农业补贴方式和途径的演变上，陈熙男等（2003）认为，我国过去实行的保护价收购导致粮食企业大量库存，难以实现顺价销售，补贴销售必然加大政府财政负担，而且这种间接补贴方式已经不能适应经济形式的发展和加入 WTO 的背景，必须对此改革。沈翀（2003）认为，过去我国对种粮农民的补贴是补在流通环节。在很大程度上增加了粮食企业对政策的依赖性，而卖粮难、压级压价等问题的多次出现反映了农民并未从粮食保护价收购政策中得到太多好处。郑兆山（2001）认为，1998 年后的粮食风险基金补贴制度既不利于确保农民增收、调动农民种粮积极性，也不利于建立全国统一的粮食大流通，还不利于粮食企业减亏、财政减负。而建立粮食直补可以使农民受益，促进产业结构优化升级，调动农民种粮积极性，确保全国粮食供求平衡；多元化市场主体也有利于打破地区封锁，建立大流通格局。马晓河（2002）分析入世对农业生产以及农民就业、收入的影响后得出结论，我国过去实行的以保护价收购为主的间接政策具有局限性，需要突出重点加大补贴力度，有选择的引入绿箱中的收入补贴政策，将流通补贴逐步转为直接的生产者补贴。在比较了美国、日本和欧盟的直接补贴政策变化以后，李义镇（2003）认为，在我国计划经济向市场经济过渡中对流通环节的间接补贴是一个不可逾越的阶段，但是，从间接补贴到直接补贴是一个必然的趋势。

对于粮食直补政策的研究。曹长春等（2003）认为，直接补贴是解决农民收入增长缓慢的重要手段。聂中美（2003）在总结发达国家对农民直接补贴政策以后也提出了我国直接收入补贴的观点，认为直接补贴首先应当是收入补贴。农业部产业政策与法规司的补贴课题中认为，补贴的目标应该集中在补偿农民利益和考虑粮食安全上，适当兼顾推进结构调整。程国强（2003）也认为虽然现阶段粮食市场总体供大于求，但粮食安全一直都是一个不可回避的战略问题，因此直补改革的目标必须兼顾农民利益与国家粮食安全。而李国祥（2003）认为旨在通过转移支付途径增加农民收入的补贴是我国国内农业支持措施中最缺乏的。

1.3.4 粮食利益补偿机制的问题和对策研究

关于调动粮食主产区发展粮食生产，建立粮食生产者利益补偿机制，国内有些初步的研究。如马有祥（2004）认为，粮食安全是政府追求的目标，而粮食生产经营者的目标是收入最大化，鉴于政府的粮食安全目标必须通过生产经营者才能实现，因此，保证他们得到应有的收入就是解决问题的关键。万宝瑞（2004）、朱泽（2004）都认为要保障国家的粮食安全，就必须建立对粮食生产者和粮食主产区的补偿机制，保护和调动农民生产粮食的积极性。王雅鹏（2005）、沈淑霞（2005）都认为，农民是生产粮食的主体，农民种粮积极性的高低是粮食生产发展的决定性因素，因此，调动种粮农民的积极性是发展我国粮食生产的根本。保护和调动农民种粮的积极性，最重要的建立政策倾斜和利益补偿的长效机制。韩俊（2008）认为，提高我国粮食安全保障程度，实施国家粮食安全战略工程，必须把粮食净调出省去作为支持重点，加快建立粮食主产区和粮食生产者的利益补偿机制，尽快研究出台实质性的重大扶持政策，是保障国家粮食安全战略实施的当务之急。

对策研究方面，赵宇红、傅立忠（2002）提出以粮食贸易为主型的供销合作关系，这是目前产销区之间协作的基本方式。建立以产品为先导、市场为媒介的营销网络和以批发市场为载体的贸易经营型合作，以龙头企业为依托，集产加销于一体的产业化经营合作，也是经营合作形式。刘先才（2005）提出要引导粮食主产区和主销区实行有效对接。机制性和体制性矛盾是威胁粮食安全的主要因素，要确保粮食安全，必须理顺粮食产销之间的体制和机制，调动双方的积极性，稳定粮食购销关系，鼓励和支持主销区在主产区建立粮食生产和储备基地，实行订单生产、保护价收购。叶晓云、孙强（2004）建议加强对粮食产销合作工作的领导和协调，建立粮食产销合作工作的协调机制：组织主销区粮食龙头企业和种粮大户到主产区开展租地经营，建立粮食生产基地；鼓励有实力的主销区粮食企业到主产区对当地粮食企业按照不同情况以收购、股份制改造、租赁等多种形式进行重组，构建跨省粮食企业，并逐步向跨省粮食集团发展；疏通粮食运输"绿色通道"等。蔡兴元、高勇（1998）明确了粮食生产者、经营者、消费者之间的关系对粮食产销合作的重要性，对于如何协调三者关系提出了如下建议：国家在制定政策时，首先要考虑粮农的利益，确保卖粮收入稳定增长，稳定粮农情绪，保证粮农利益；其次要考虑消费者的利益，做到提高粮价而不转嫁到消费者身上；再次是保护经营者的利益，做到有利可图，薄利多销，搞活市场，搞活流通，改变全国粮食部门多数国有企业亏损挂账、资不抵债的情况。

1.3.5 关于对粮食利益补偿的效果分析研究

对不同粮食补偿政策的影响效应，很多学者利用经济学工具对其进行分析。如杨有孝，罗安军利用预算约束线、效用函数以及福利工具对统购统销、保护价和直接补贴进行比较分析后得出如下结论：首先，我国现阶段实行的粮食直接补贴政策弥补了统购统销补贴的不足，在统购统销阶段，粮食补贴对消费者实行的直接实物补贴，效率很低，既损害农民利益，消费者也收益甚少，直接补贴实行的现金补贴要优于实物补贴；其次，直接补贴减少了保护价造成的社会福利净损失，实行保护价收购，政府以高于市场价格的最低限价收购粮食，在一定程度上提高了农民的种粮积极性，但更大程度上造成了社会福利的净损失。叶兴庆（2002）认为，我国粮食保护收购价为直接补贴农民，既坚持了原保护价收购政策的基本目标，又有新的积极意义。还有很多学者研究认为每个阶段实行的不同粮食补贴政策，在特定的时期目标侧重点不同，但对经济发展都产生了促进作用。

对粮食直补政策效率的研究。雷海章（2002）认为，从不同国家经济发展过程中所实施的各种农业政策效果来看，农业保护政策能够增加国内农产品供给、提高农民收入。但是农业保护也会引起政府财政负担、扭曲市场配置资源的机制，造成消费者福利和经济效率的损失、降低农民对市场信号的反应调节能力。孙大光（2002）认为，我国把过去长期执行的对粮食生产的间接补贴改为直接补贴以后，生产者获得的收益不少于以前，市场价格下降带来消费者剩余增加，政府在实现同样政策目标的同时并没有增加财政支出。这个过程是一个帕累托改进，资源配置更有效率，消除了扭曲产生的效率损失，经济整体福利状况得到提高。何忠伟（2006）对我国粮食间接和直接两种补贴政策进行了绩效评价，认为粮食间接补贴政策效率低下，粮食直接补贴政策则有利于保障农民的利益。

1.3.6　国内外粮食直接补贴政策比较与借鉴

国外农业补贴政策总的发展趋势是补贴金额总量上升，补贴方向转向农产品与农业生产要素并举，补贴领域转向生态支持，补贴方式转向财政与金融并举（姜亦华，2005）。李成贵（2004）借鉴国际经验以及考虑到我国小农生产和粮食市场发育不足的现实，认为在我国粮食政策调整中，不能简单地把保护价收购改成对农民的直接补贴，而应该构建一个由直接补贴（固定补贴）、价格支持（不固定补贴）和生产补贴等构成的完整的政策体系。

美日欧农业补贴政策是当今世界三种主要模式，国内学者对这三种模式也进行了较多研究。美国农业保护政策经历了三次转变（冯继康，2007），有6大类农业补贴政策和5大补贴方式（宋士菁，2003；文小才，2007；孟昌，2008）。柯炳生（2002）、陈锡文（2003）和蓝海涛（2004）分别对美国新农业法案、美国农业法中涉及的农业补贴政策及美国2003年农业援助法案及农业补贴的动态进行了详细的介绍和剖析。钱钰（2004）指出欧盟改革方案的核心是完成了由初期以价格支持为主逐步过渡到以对农民收入补贴为主的演变进程。江瑞平（2000）和李辉煌等对日本的农业补贴政策进行了研究。聂中美（2003）总结了美国，欧盟和日本的粮食直接补贴政策，提出采用直接收入补贴政策是解决粮食保护价收购政策带来问题的有效办法。从发达国家实施情况看，实行直接收入补贴的同时仍然维持一定程度上的保护价政策，对敏感商品也没有实行直接收入补贴，仍然采用价格支持政策，多种政策工具配套使用才能有效地实现农业目标。马文杰等（2007）通过对比发达国家的粮食直补政策，认为发达国家逐步减少或取消支持价格政策，转向对农民的直接补贴。而我国的粮食直接补贴政策对提高农民收入及农民种粮积极性等方面并没达到预期效果，运作方式仍需改善。叶慧（2008）通过对美、欧、日的分析，从补贴目标、补贴力度、补贴方式和补贴趋势 4 个方面与我国进行比较，提出了为我国粮食补贴政策改革和调整的参考和借鉴。

1.3.7　研究评述

上述国内外这些学术研究成果，对粮食主产区农民增收和利益补偿机制的研究有重要的借鉴作用和参考价值。首先，绝大部分专家和学者认为粮食主产区对保障粮食安全起到了非常重要的作用，但粮食生产也是粮食主产区发展滞后于主销区的重要原因，这就对构建粮食主产区利益补偿机制提出了需求；其次，专家学者承认现有粮食支持政策在促进粮食生产、增加农民收入方面发挥了一定的作用，但也认为当前政策也存在着目标不统一，指向不明确，效率不够高等问题，依然存在改进的空间。再次，专家学者对国外粮食支持政策进行了系统的梳理和研究，这为构建我国粮食主产区利益补偿机制提供了有益的借鉴。

但是，上述的研究还有待于进一步深化。第一，关于粮食主产区对国家粮食安全贡献率的研究较少，多数是定性分析，很少定量分析，大多局限于主产区产量及商品量占全国总量比重，而贡献率是对粮食主产区进行利益补偿的重要依据，在这方面需要继续深入研究。第二，现有研究大多认为短期内我国粮食安全是有保障的，而这些结论是以农民种粮意愿不变为前提的。虽然我国粮食生产很大程度受国家控制，但从长期来看，粮食生产中市场的影响会越来越多，如果粮食生产依然处在现有的低收益水平上，粮食产量必然会减少，那么国家粮食安全就缺乏保障。第三，现有研究对提高农民种粮积极性研究较多，但对提高粮食主产区政府重农抓粮积极性问题研究很少，取得的研究成果极为有限。第四，对农业多功能性和外部性研究绝大多数是定性的，缺乏定量研究。但是对农业补贴的基本依据就是其外部性，缺乏对外部性的准确计算，农业补贴的标准的就很难确定。第五，现有对粮食主产区补偿的研究多集中于粮食直补，这就意味着补偿主体是中央政府，但以粮食主产区利益外溢最大受惠者——主销区为补偿主体的研究很少。第六，大多数研究出发点都是从农业补贴本身出发，缺乏从其作用对象——农村社会经济系统运动规律出发的研究，更缺乏粮食主产区粮食生产者利益补偿机制与农村社会经济系统相互联系、相互作用规律出发的研究。第七，对研究分析新形势下建立完善粮食主产区利益补偿机制存在的突出矛盾和问题缺乏深入研究，尤其是如何建立粮食主产区利益补偿机制，至今还缺乏典型案例分析和实地调研的数据，也未总结和归纳出成功的运行模式。因此，针对上述存在的问题，根据粮食主产区粮食生产者的实际情况，系统的研究在市场经济下，研究粮食主产区重农抓粮和利益补偿的机制和模式，除了有重要的运行机制创新之外，更重要的是将有很高的理论运用价值和实际指导意义。

1.4　理论依据

本节用公共产品理论、外部性理论、需求弹性理论、博弈论、机会成本理论来研究粮食的准公共产品特征和弱质性，以及由工农业产品价格剪刀差造成的粮食主产区在经济发展、财政收入和农民收入滞后于主销区的原因，对粮食主产区的利益补偿机制加以论证。

1.4.1　公共产品理论

公共产品是指具有非排他性和非竞争性的物品。所谓排他性是指：只有对商品支付价格的人才能够使用该商品是具有排他性的，那么非排他性就是即使一些人不支付价格，也能使用该商品。所谓竞争性是指：如果某人已经使用了某个商品，则其他人就不能再同时使用该商品，那么非竞争性就是即便某人已经使用某个商品，增加这个商品的消费者并不会减少其他消费者的消费量。此外，公共产品还具有不可分割性，即公共产品的效用不可分割的提供给所有社会成员。与公共产品相对应的是私人产品，私人产品具有排他性和竞争性。但是，非排他性、非竞争性和不可分割性并不是公共产品的充分必要条件，而是公共产品的必要条件，许多私人产品也具有以上特征。董建新认为，公共产品的本质属性是消费品产权难以界定，或虽然技术上可以界定，但成本极高，从而使得界定失去了经济意义，正是由于消费品产权的不可分割性，才导致了公共产品非排他性、非竞争性和不可分割性，凡是消费品产权可以界定的产品都是私人产品。此外，公共产品是从消费角度界定的，而不能根据供给主体界定，公共产品也不等于政府供给的产品，私人产品也不等于私人供给的产品。

与公共产品概念相关的还有俱乐部产品和公共资源，俱乐部产品是指具有排他性但不具有竞争性的产品，公共资源是指具有非排他性但具有竞争性的产品。对公共产品的研究还有很多，对这一概念的理解也存在很大差别。但各种观点都不否认，在纯私人产品与纯公共产品之间存在着兼具两者部分特征的产品，即准公共产品。可以将准公共产品定义为部分具有非竞争性和非排他性特征的产品。马斯格雷夫提出的"有益产品"，和布坎南提出的"混合产品"都可纳入准公共产品的范围。

粮食既不是纯公共物品，也不是纯私人物品，而是兼具私人产品和公共产品的部分特性，属于准公共产品。如果从纯商品角度来看，那么粮食具有私人产品的全部特征：粮食具有排他性，只有支付价格的人才能消费；粮食具有竞争性，某个消费者已经消费了粮食，那么其他人就不能同时再消费。但如果将粮食的属性和范围扩大到粮食安全，那么粮食就具有了公共产品的属性，粮食安全具有非竞争性，即增加任一消费者不会对整个粮食安全产生影响；粮食安全具有非排他性和不可分割性，即每个人无论是否为粮食安全支付了成本，他都可以享受粮食安全带来的好处，而无法将其排除在外。而粮食正是粮食安全实现的途径和保障。因此，本书将粮食界定为一种准公共产品，即介于纯私人产品和纯公共产品之间，并兼具两者属性的一种特殊商品。

对于私人产品而言，完全由市场供给是最有效率的。由于公共产品的非排他性、非竞争性和不可分割性，导致"搭便车"现象的产生，由于无法将未支付成本的消费者排除在外，导致私人不愿供给公共产品，即在完全市场经济条件下，公共产品供给量要小于需求量，这就产生了市场失灵。因此，对公共产品而言，由政府提供可以避免市场失灵，从而增加整个社会的福利。准公共产品是介于纯公共产品和私人产品之间产品，兼有私人产品和公共产品的部分特征，应该由市场和政府共同提供，从而兼顾效率和公平。当然，政府提供并不意味着政府直接生产，政府可以向私人部门购买产品然后提供给消费者，也可对私人部门进行补贴，使之"愿意"生产，或生产更多。显然，无论政府是"高价"购买还是对私人部门的补贴，都属于对私人部门的利益补偿。

如前所述，粮食的本质属性是准公共产品，那么粮食应当由私人部门和政府共同提供。农户尤其是粮食主产区的农户作为直接生产者，必然成为粮食最主要的市场供给者。但粮食如果完全由市场提供，受粮食公共产品属性的制约，粮食的市场供给存在一定程度的失灵，那么这种生产的效率就不高；而为了保障粮食安全，政府就应该承担这种公共产品供给的责任，基于效率的考虑，政府又不能直接生产粮食，政府就需要对粮食生产者进行利益补偿，从而提高生产者的积极性，以此保障国家粮食安全。

1.4.2 外部性理论

外部性是指一个经济主体的经济活动对其他经济主体产生的外部影响。有些经济主体的经济活动，如生产或消费某些产品会给他人带来收益或损失，而那些得到收益的人无需付费，而蒙受损失的人也无法得到补偿，这种情况就是外部性。如果一些人的生产或消费使另一些人受益而前者无法向后者收费，这种情况就是正外部性。相反，如果一些人的生产或消费使另一些人蒙受损失而前者没有补偿就叫负外部性。许多经济活动都存在着外部性，而农业经济活动更表现出明显的外部性特征。

作为农业基础的粮食生产活动，其外部性主要表现在四个方面：一是粮食生产的收益外溢，其表现是工农产品价格的"剪刀差"。"剪刀差"所反映的是在农业尤其是粮食生产与工业的交换过程中，粮食生产的一部分收益通过价格交换附带流入了工业部门，工业部门无偿取得了该部分收益；而且该收益的流动并不以工业部门对粮食生产部门的直接损害为前提，这种流动具有自发性；同时，这种"剪刀差"收益是粮食生产活动的结果，没有计算在粮食价格中。二是粮食生产能够维护国家和社会的稳定。粮食生产活动的经济效益低，但社会效益大，它维系着人们的基本生活，维系着国家和社会的稳定。农民生产销售粮食获得了经济效益，但也给城乡居民带来了丰富的食品，给国家带来了安全，给社会带来了稳定，而产生的社会效益远大于自身的经济效益。三是粮食种植增加了地表的植被覆盖率，吸收二氧化碳，涵养了水分，丰富了生物多样性，同时粮田也成为大地景观的一部分，为整个社会的生态安全做出了贡献。四是农业尤其是粮食生产是农民生活和农村文化的一部分，粮食种植也为乡村文化的传承提供了条件。外部性理论认为，对于产生正外部性的经济主体，应该给予适当的补偿，若不补偿或补偿不合理，则会影响相关产业的发展。既然粮食生产具有较强的正外部性，那么政府就应该给粮食生产者予以一定的补偿，以促进粮食生产的发展，从而保障粮食安全。

1.4.3　需求弹性理论

需求弹性理论是研究商品的需求量或供给量对于价格变动的反应敏感性的理论。在其他条件不变的情况下，商品的需求与供给都是价格的函数，但不同性质的商品其需求量或供给量对于价格变动的敏感程度不同，即使同一商品在不同的价格下需求量或供给量对于价格变动的敏感程度也不一样。商品弹性分为需求弹性和供给弹性。一般情况下，主要考虑商品的需求价格弹性或供给价格弹性。商品需求或供给价格弹性的大小可以用弹性系数即需求或供给变动百分比与商品自身价格变动百分比的比值来表示。根据商品需求或供给价格弹性系数的大小，可以把绝大多数商品分为两大类，一类是富有弹性的商品，另一类是缺乏弹性的商品。富有弹性的商品意味着其需求量或供给量变化的幅度要大于价格变化的幅度；缺乏弹性的商品意味着其需求量或供给量变化的幅度要小于价格变化的幅度。

一般而言，工业产品往往是富有弹性的商品，而农产品尤其是粮食等大宗初级农产品则是供给价格弹性较高但需求价格弹性较低的商品。由于粮食需求价格弹性低，一旦粮食生产过剩，价格下降，人们对粮食消费增加的幅度要小于粮价下降的幅度，粮食卖不出去，农民收入受损，形成"谷贱伤农"；但由于粮食的供给价格弹性相对较高，粮食价格的下跌将导致粮食产量出现更大幅度的下降，当粮食生产减少到一定程度后又可能导致粮食短缺，引发国家粮食安全问题。

商品的需求和供给虽然都是价格的函数，但若引入时间变量，则需求是现期价格的函数，供给是上期价格的函数。尤其是对于弹性小、生产周期长的粮食，价格对其调节更具有特殊性，即上一期粮食的高价格，导致下一期粮食多的供给量，粮食供给增加，粮价下降，导致"谷贱伤农"；导致再下一期的粮食产量减少，粮食短缺，引发粮食安全问题。完全由市场价格来调节粮食的供给，会导致粮食生产的大起大落，形成周期性"卖粮难"和周期性粮食安全问题。

弹性理论表明，对于弹性小、生产周期长的农产品，为了保证其生产供给的平稳，为了保护其生产者的利益，政府必须予以支持和保护。因此，政府必须根据粮食弹性小、生产周期长的特殊性，对其生产予以各方面的支持和保护，以确保粮食供给的稳定增长和粮食安全。

1.4.4 博弈论

博弈论是研究理性的决策主体之间在利益相互制约的条件下，如何选择策略与相应结局使自己效用最大化，是研究理性的决策者之间的冲突及合作的理论，因此，博弈论又称"决策论"。博弈论改变了传统经济学的某些基本假设，即决策主体的效用函数不仅依赖自己的选择，并且依赖于他人的选择，也就是在相互存在外部经济条件下的个人选择问题。

由于粮食安全品是一种特殊的公共品，决定了这些公共物品"生产什么"、"生产多少"和"如何生产"必须依靠政治决策过程的公共选择和参与粮食安全的不同主体。粮食安全一般处于完全信息状态之下，各级政府和农民之间存在合作与非合作博弈，其博弈属于完全信息静态博弈，通过博弈最终可达到一个均衡状态，即纳什均衡。均衡状态的实现主要依赖于科学合理的公共政策以及作为制度供给主体的政府。一方面，政府既是粮食生产政策的制定者又是其执行者，农民是粮食生产政策的直接执行者，政府粮食生产政策的实施由农民完成。农民拥有粮食生产政策的完全信息，但缺乏粮食生产激励机制，为实现个人利益最大化，农民往往采取逆向选择。由于粮食价格下降而生产成本逐年上升，粮食效益低下，农民获得负效用，出现耕地弃耕甚至荒芜现象，这样政府与农民之间就存在博弈，二者处于一种两难困境，趋向于零和博弈。政府为了实现粮食安全目标，激励农民进行粮食生产，就要选择给予农民粮食生产的价格补贴，可通过一系列支农、惠农政策避免粮食生产主体之间博弈失衡，稳定粮食生产，而农民根据个人利益选择是否进行粮食生产；另一方面，政府还应考虑不同粮食供给主体之间的利益博弈，建立合理的国家粮食安全制度和"游戏"规则，避免出现粮食安全的"公地悲剧"。

1.4.5　机会成本理论

机会成本是指选择一个方案而放弃其他方案的收益，简言之，其他方案的收益就是已选择方案的机会成本。粮食生产的机会成本是种植粮食而放弃种植其他经济作物或经营其他产业的收益。要准确衡量粮食生产的机会成本，必须从粮食生产的投入要素着手逐项分析。粮食生产最重要的生产要素是劳动力、耕地和资金。分析粮食生产的机会成本就必须比较劳动力种粮与务工收益，耕地种粮（即粮食生产）与种植其他经济作物的收益，及农业资金用来种粮与用来进行其他投资的收益。从耕地来看，粮食生产的机会成本又可分为两种，一是放弃经济作物生产的机会成本；二是放弃饲料作物生产及从事养殖业（淡水养殖和畜禽养殖）的机会成本。从劳动力和资金来看，生产要素的机会成本就是农村劳动力和资金从事非农产业的收益。

因为种粮的比较收益低，各地不断调整农业内部结构，在收益较高的经济作物形成了相对于粮食作物的级差地租的情况下，农民也愿意发展经济作物种植，减少对粮食作物的劳动投入或直接减少粮食作物耕种面积，如果粮食价格上涨与劳动力在农业内部的机会成本上涨不同步，则会进一步增加不同作物之间的级差地租。

农民的劳动力机会成本所内含的加权平均值，即城市预期收入，是相对于城市劳动力收入而形成的，它显然大于种植业收入，特别是比较收益和级差地租收入较低的粮食作物种植收入。因此，政府的粮食补贴或为保护粮食生产而提高的粮食价格如果不足以弥平这种级差地租，农民对粮食生产的劳动力投入就会减少，则粮食生产率也会相对下降。在不适合种植经济作物或由于市场问题无法大规模发展经济作物种植的地区，经济作物对粮食作物的级差地租也会赋予闲暇一个较高的影子价格和较低的购买价格，这时政府即使按照粮食产量提供粮食补贴，如果该补贴无法使农民的收入与城市预期收入持平或接近，甚至不足以弥平粮食与其他经济作物的级差地租，那么农民的闲暇仍然会持续下去。可见，政府需要认真考虑采用什么样的补贴方式，切实提高农民种粮的积极性。

1.5　研究意义

相关研究表明，我国 13 个粮食主产省的粮食产量占全国粮食总产量的 70% 以上，占全国粮食消费量的 62%，对国家粮食安全的贡献率达到 70% 以上。可以说粮食主产区和生产者的种粮积极性对我国粮食安全有重要的影响。

由于粮食需求的低价格弹性，要提高粮食价格必须降低粮食产量；但粮食并不是一种普通商品，为了保障国家粮食供给、维护粮食安全，必须保证一定水平的粮食自给率，这就要求将粮食产量维持在一个较高的水平，这就导致了粮食价格低于市场均衡价格。但现有的粮食补贴并没有完全补偿农民的经济损失，这种做法实质上就是让种粮农民承担了维护国家粮食安全的大部分成本。在这种政策下获得的粮食安全是以牺牲种粮农民的利益为代价的，长期实行必然会损害农民的种粮积极性。由于粮食主产区大量耕地用于粮食生产，实际上对二、三产业用地产生了一定的挤出，从而在一定程度上限制了二、三产业的发展，也就限制了主产区经济社会的发展和政府财政收入的增加。

可以说当前的粮食政策是以牺牲主产区及种粮农民利益来维持国家粮食安全的，从长远来看，不利于国家粮食安全；此外，通过限制某些地区和人群的发展来换取另一些地区和人群的发展实际上是一种严重的社会不公平，这显然与和谐社会的要求是不相符的。

我国现有的对种粮农民和主产区的利益补偿政策主要是各类粮食补贴政策和产粮大县财政奖励政策，从政策目标看，强调既保证粮食产量增加又增加农民收入，但从经济学角度来讲，这两个目标要共同对等实现存在很大的困难；从政策的主体看，作为国家粮食安全受益者的粮食主销区政府、粮食消费者没有为此支付相应的费用，这就造成了收益与成本的不平衡；从资金来源看，除中央财政支出外，需要地方政府配套投入，而粮食主产区多数为经济不发达地区，政府财政收入不高，粮食补贴配套资金加剧了地方政府的财政困难；从政策的客体来看，客体尚不明确，大部分资金用于补贴种粮农民，但在实际执行中存在补贴范围过于宽泛的问题，这就造成了有限补贴资金的分散使用，限制了资金使用的效果；从补偿标准来看，金额偏低，对增加农民收入和政府作用不大。总之，现有的粮食支持政策还存在很多问题，其政治影响远大于其经济影响，而真正能支撑粮食主产区发展的利益补偿机制尚未建立。

因此对粮食主产区利益补偿机制进行研究，促进当前粮食支持政策改进和完善，在合理的成本下，使农民获得与从事其他生产大致相当的平均收益，使主产区能够获得与其对粮食安全贡献相一致的补偿，对提高农民和主产区政府进行粮食生产的长期积极性，保障国家长期粮食安全有重要意义。从理论方面来讲，通过对我国粮食主产区利益补偿机制的研究，确定补偿政策的目标、主体客体、标准和方式，可以促进我国对粮食主产区利益补偿机制研究的深化；从实践方面来讲，通过提出针对性的对策建议，促进粮食主产区利益补偿机制的建立，从而增加种粮农民收入、促进主产区发展，提高农民和政府粮食生产的积极性，可以为维护我国粮食安全提供帮助。本书的研究目的在于解决以下五个问题：

（1）通过对粮食主产区和主销区（主产区以河南为代表，主销区以广东为代表）农业经济发展情况差距进行比较，明晰地反映出主产区与主销区在粮食生产和经济收入等方面的差距，证明对粮食主产区进行利益补偿存在很大的必要性。

（2）分析我国现有粮食政策的演变，明确主产区利益补偿机制的目标和原则。即在可接受的范围内，能否在粮食产量增加的情况下实现农民和政府收入的增加；在利益补偿机制目标确定的基础上，确定利益补偿机制的原则。界定利益补偿政策的主体，作为国家粮食安全受益者的中央政府、粮食主销区政府、粮食加工企业、粮食消费者等不同市场主体，哪些应该为自己的消费支付成本。明确利益补偿政策的客体，即粮食主产区的主产区政府和农户才应该是补偿政策的重点对象。

（3）对我国现有的对粮食主产区支持政策（包括：粮食直补政策、良种补贴政策、农机购置补贴政策、农资综合补贴和产粮大县财政奖励政策）进行研究，对当前支持政策的基本情况和演进过程进行整理和总结，综合运用定性和定量（采用 DEA 模型）的方法对现行粮食主产区支持政策的效果进行评价，找出现行粮食主产区支持政策存在的问题。

（4）确定利益补偿的标准和补偿方式，即根据粮食生产的机会成本确定补偿资金应达到何种限度，这种限度最低应等于同样的耕地用于除粮食生产以外其他农业用途的收益，最高应等于农业用地转做非农业用地的收益。补偿资金的来源是哪里，资金如何运作、资金如何使用以及补偿机制建设的实施步骤。

（5）在解决以上几个问题的基础上，针对国家现行对粮食主产区利益补偿政策存在的问题，同时借鉴发达国家区域平衡发展的经验，对粮食主产区利益补偿机制开展系统研究，提出改进我国粮食主产区利益补偿机制的政策建议，并从政策措施、发展目标、实施方案、投入资金、产生效果等方面对此前提出的政策建议进行可行性论证。

第 2 章

发达国家在促进地区间平衡
发展方面的经验

　　地区间平衡发展旨在使一国或地区内的不同区域拥有相对公平一致的发展机会和发展平台，不同区域的民众都能享受到大致相同的公共服务，分享国家发展带来的成果和实惠，是实现"区际公平"及社会和谐的基础和条件。纵观各国发展历史，区域发展不平衡具有普遍性，特别是市场机制在促进经济发展的同时往往加大地区差异，而区域差距过大、存在时间过长必然会引发社会矛盾，损坏经济全局的利益，阻碍发展步伐。因此，各国政府普遍采取必要的财政、金融等支持措施，扶植落后地区发展，及时抑制区域发展失衡。其中，美国、欧盟和日本在世界上最早重视开发落后地区，它们在地区均衡发展尤其是扶持落后地区的农业发展和自身能力培养方面积累了大量经验，一些做法值得我国借鉴。

2.1　美国促进地区间平衡发展的实践

　　20 世纪 30 年代以前，美国区域经济发展不协调状况十分严重。东北部和中北部凭借区位优势和英国的殖民统治历史率先发展起来，形成了"制造业地带"，是美国的"第一世界"，而西部和南部则主要生产农产品和其他初级品，工业发展迟缓，在社会分工中处于不利地位，分别为美国的"第二世界"、"第三世界"。区域经济发展不协调不仅影响美国国内有效需求和资本市场的培育、弱化经济发展的激励机制、制约整体经济发展，而且激化了白人和黑人之间的种族矛盾和对立情绪，加剧了社会的不稳定。为此，美国逐步施行了促进区域经济协调发展的综合政策，使得地区间经济差距不断缩小。20世纪80年代初，南部和西部的经济发展速度和城市化水平都已高于全国平均水平，1960~1980年，南部和西部非农业部门就业人数分别增长了104.6%和99%，大大高于全国平均水平，而东北部和中北部分别只增长了31.3%和49.2%，低于全国平均水平，全美区域之间经济发展基本趋于均衡化。美国促进区域经济平衡发展主要采用了如下一些举措。

2.1.1 成立专门的开发机构，直接运用行政手段进行适度引导和干预

根据美国宪法的规定，美国政府的任务是建立完善的联邦，树立正义，保障国内安宁，提供共同防务，促进公共福利，并使美国人民享受自由和幸福。可见，宪法未曾授予美国政府直接插手和经营经济事务的权利。但是，如果回顾美国经济发展的历史就可以发现，自1929年"大萧条"后的罗斯福新政开始，美国政府就开始插手和干预农业经济事务，并且随着农业经济的发展，政府对农业经济的干预不断加深。在20世纪末，政府全面卷入了经济事务以后，美国政府对农业经济的干预仍然远远超过了它对国民经济其他部门的干预。这主要是因为农业在国民经济中占有最重要的地位，只有帮助农民摆脱贫困，才能保证国民经济的顺利发展。

（1）成立专门机构，保证开发计划的推进落实。为推动落后地区的开发，美国成立了经济开发署等专门的开发机构，隶属于美国商务部下的经济开发署（EDA），这是美国负责区域协调发展的主管机构，其前身是地区再开发署。1961年美国颁布《地区再开发法》并依据该法设立了地区再开发署，1965年随着《公共工程与经济发展法》的颁布，《地区再开发法》被废止，EDA取代了地区再开发署，其主要职能是通过对受援地区在工商业及公共设施等方面提供贷款和援助，创造新的就业机会，保护现有的就业机会，促进贫困地区的经济发展；帮助遭受严重经济困难的地区解

决经济发展的长期或突发问题，包括处理由于自然灾害、军事设施或其他联邦设施的停用、贸易模式的改变以及自然资源耗竭导致的经济波动等问题，以促进经济的快速恢复和平稳发展。此外，针对特别落后地区的开发，美国成立了专门的管理机构，1933 年国会通过了《麻梭浅滩和田纳西河流域发展法》，依照该法成立了田纳西河流域管理局（TVA），负责领导、组织和管理田纳西和密西西比河中下游一带的水利综合开发和利用。20 世纪 60 年代以来，美国在地区再开发管理局的基础上成立了经济开发署，进一步加强了对困难地区的经济援助。1994 年以来，TVA 在区域开发方面进行了新的探索，成立了经济开发组，负责整个田纳西河流域的工商业开发、区开发、职工培训等项目。1965 年国会通过《阿巴拉契亚地区发展法》，成立阿巴拉契亚区域委员会，负责制定该地区发展总体规划、确定优先发展领域，并通过财政援助和技术服务等途径促进该地区经济的增长。

（2）直接运用行政手段进行适度引导和干预。为了加速落后地区的经济发展，联邦政府运用了强大的行政调控手段，于 1962～1963 年先后颁布了地区经济开发法令，依据此法联邦政府把全国贫困落后地区划分为若干经济开发区，覆盖全美 2/3 的县。此后又颁布法令，将贫困落后的地区划分为规模更大的开发专区。法令规定，每个专区至少包括两个以上的再开发区。同时还必须包括一个"增长中心"，也就是说，必须包括一个发展水平较高并能带动整个专区经济发展的地区。这一新规定可使"增长中心"和落后的县镇互相取长补短。否则，仅仅把贫困的地区联合到一起，往往因缺乏资金、技术和领导力而收效甚微。为了鼓励符合条件的地区组成专区，联邦政府答应给予并在以后的若干年内支付专区所需要的行政费用的 75%。到了 70 年代中期，经济开发署投资共成立了 137 个经济开发专区，每个专区一般涉及几个州，由各州派人组成区域委员会，其负责人由联邦政府提名，委员会的任务是分析区域内存在的问题的，提出利用联邦财政援助的总体方案，指导经济开发专区方向。一般来说，在经济开发区成立的头两年，委员会的全部经费由联邦政府赠予，以后赠款减为50%。在美国原来的落后地区，阿巴拉契山区经济开发最有成效，1965 年国会通过了一项《阿巴拉契地区开发法》，根据该法令，联邦拿出了

10.924 亿美元，来改变这一地区 12 个州的经济落后面貌。这一法案后来被称为"伟大社会"措施。落实阿巴拉契法令的具体计划包括：一是建立联邦—州的地区委员会，负责整个地区协调发展计划；二是确定一项特别联邦财政援助授权，以帮助这个地区获得作为扩建经济必要的基础设施，也就是说由政府出资解决该地区基础设施问题，如公路建设，水土保持、林木开发、水源保护、污水处理以及发展卫生教育事业，为私人资本进入这一地区创造良好的投资环境。需要指出的是，联邦财政援助，不是采取一包到底的做法，而是要地方政府参与一定的资助，这样就可以使中央和地方两个积极性都发挥出来。

2.1.2 综合运用财税、金融政策促进落后地区农业快速发展

农业历来是美国经济发展的基础部门。一直到 19 世纪 80 年代以前，农业在美国经济中仍占有绝对的优势。即使在 19 世纪 80 年代初制造业超过农业而成为一个工业国以后到 1912 年期间，农产品出口仍占全国出口额的半数以上。从那以后，随着工业及其他部门的发展，农业的比重越来越小。目前，虽然从传统的观点看，无论是农业人口和农业劳动力占全国人口和劳动力的比重，都只占 2% 左右，但在美国经济发展的整个过程中，农业不仅为国民经济其他部门的发展提供了劳动力和原料，而且也为他们的发展提供了资本和积累。因此可以说，在一个相当长的历史时期内，农业起着支持整个国民经济发展的作用。但是，随着国民经济发展步伐的加快，农业的发展则由于其生产特点和资金不足而遇到越来越多的困难。作为国民经济基础的农业发展受阻，势必影响到整个国民经济的持续发展。为了不拖工业和国民经济发展的后腿，政府必然采取各种措施，支持和加快农业经济的发展。

1. 充分发挥财税政策的作用，加大对落后地区的农业补贴

按美国农业法，规定联邦政府通过价格支持，将一大笔农业补贴付给玉米、小麦、棉花、烟草、稻米和花生等六种基本商品的种植者，由于南

部几乎垄断了后四种作物的生产，玉米、小麦的种植也占了相当大的比重。因此，这一地区在获取联邦的农业补贴方面，就自然处于十分有利的地位。同时，美国农业法规定，每个农场获取联邦补贴的多寡取决于限耕面积的多少，面积越小，得到的补贴就越少，甚至分文不得。由于美国的上述落后地区的农场规模比全国一般农场大四倍多，在西南部各州甚至比全国一般农场要大 10～15 倍，所以，这里的农场理所当然地成了联邦补贴的最大的受益者。据统计，从 1933 年颁布农业调整法到 70 年代初期，联邦政府仅仅在价格支持方面花费的直接补贴和间接补贴就达 1 000 亿美元左右。其中绝大部分落到了大农场主，特别是南部和西部大农场主手中。例如 1978 年获得政府补贴在两万美元以上的农场数最多的 10 个州中，该地区占了 9 个，在全国得到补贴最多的 25 个大农场中，该地区就占了 24 个。同样，联邦的农业抵押贷款也主要落到该地区的大农场主手中。1933～1968 年，商品信贷公司共发放贷款 517.4 亿美元，其中该地区得到 235 亿美元。占总数的 45.5%。上述措施减轻了农业危机对落后地区农业的影响，并加速了该地区农业机械化和农业现代化的步伐。此外，美国的农业政策在改变落后地区的不合理的农业结构方面，也起了明显的作用。第二次世界大战以前，该地区农业的最大问题之一是农业内部结构严重失调：棉花、烟草畸形发展，谷物和畜牧业极为薄弱。战后，美国政府为了改变这一状况，不断采取措施限制棉花种植面积，迫使农场主在停播棉花的土地上改种其他作物。一些大农场主在接受联邦巨额补贴的同时，再根据市场需求，在停播棉花和烟草的土地上播种谷物或饲养牲畜。这样，通过联邦政府对农业的调控，南部和西部地区的棉田播种面积逐步减少，而其他作物和畜牧业在农业生产中所占比重逐步上升。据统计，20 世纪 30 年代初，上述地区的棉田为 4 100 万英亩，1970 年降至 1 088 万英亩，只及 30 年代初期的 1/4；而大豆、玉米等作物的播种面积大幅度增加，现在这里已成为此类农产品的重要产地。与此同时，南部地区的花生、水稻、甘蔗、蔬菜、果类生产也迅速发展起来。现在，南部和西部已成为全美最大的养牛区和鸡蛋主要供应地。总之，经过联邦政府多年的调控，原来落后的地区的农业和畜牧业都有了很大的发展，并形成较为合理的比例关系。

---

2. 积极发挥金融政策的作用，助推落后的传统农区经济发展

美国的农村金融经过多年的发展，已经形成了包括政府金融机构、合作性金融和商业性金融、农业保险在内的分工合理的农村金融体制。合作社性质的农场信贷系统和政府贷款项目对商业性银行起到了重要的补充作用。2009年末，在美国的全部农业贷款中，商业银行占比51.5%，农场信贷系统占比36%，个人和其他占比10%，政府直接贷款占比2.5%。农场信贷系统是美国政府扶持计划的一部分，是1916年为支持农民获得信用贷款购买土地而成立的，现有5家区域性农业信贷银行，通过分别设在农业州的97家农场信贷服务社向农民提供信贷和代理保险业务，服务社贷款规模从5亿美元到80亿美元不等。其资金来源是由美国联邦农业信贷银行融资公司向资本市场出售农场信贷系统的债券。美国联邦政府通过联邦预算拨款，由农业部内设的农业服务署直接向农民发放贷款，或向贷款者（银行、农场信贷系统等）提供最高到95%的本息担保，允许贷款者向不符合一般贷款条件的农民提供贷款，用于购买土地和农场运营。美国现行的农业保险体系是以1938年颁布的《联邦作物保险法》为基础逐步发展和完善起来的，由联邦政府风险管理署负责管理农作物保险项目，确定保险费率、指定保险单具体内容，并对保险公司提供补贴或再保险。商业保险公司具体经营农业保险产品，他们负责管理保险单，承担一些保险赔付的风险，并得到政府补贴等方面的支持。

2.1.3　大力支持落后地区农业基础设施建设

1. 采取成本共享政策，实行资源优化配置

美国对农业的基础设施建设，如平整土地、水利工程等采用成本共享政策，即所需资金由农场主和联邦政府或州政府共同负担，农场主所负担的资金也可申请低息贷款，而联邦或州政府所负担的资金由财政在预算中列支，由农民向联邦或州政府农业部门提出申请，核准后即可得到拨款，实施项目。农业基础设施建设项目，都是从生态环境及可持续发展的战略高度上考虑立项，综合考虑农场主、联邦政府或州政府等各方面的要求，实现了资源的优化配置和有效利用。

2. 着力发展交通运输业

交通不便是美国落后地区发展过程中的一个主要制约因素，因此，美国在开发落后地区的运动中十分重视交通基础设施建设。美国独立之后，资本十分缺乏，社团法人也只是刚刚开始建立，因此，如果政府不给予帮助，仅仅靠私人出资是根本不可能的。19世纪60年代开始，政府对修筑西部铁路实行"积极资助，参与管理"的政策，国家赠给西部铁路公司线路用地、车站用地等。以得克萨斯州为例，该州于1845年加入联邦时曾保留了它的公有地。但是，它赠与铁路公司的土地达3 200万英亩以上，超过该州面积的1/6。赠给铁路公司的土地还包括道路两旁一定英里数内的一些备用的小片土地。这些措施大大发展了交通运输业，使其实现了由"隧道时代"到"汽船时代""运河时代"，再到"铁路时代"的转变，落后地区开发运动引起了交通运输业的革命，而正因为有这样的交通，进一步扩大了农产品的销售市场，促进了落后地区农业的发展。除交通运输业外，美国还大力发展大型水利工程，扩大灌溉面积，推动农业水利化进程。

2.1.4 构建了完善的现代农业发展政策体系

美国政府很早就开始干预农业经济方面的事务。并且随着国民经济的发展，政府对农业经济的干预不断加深。美国的农业政策经过200多年的发展和完善，已经发展成为一个非常复杂的政策体系。目前，农业立法和政策几乎已经涉及农业的各个方面。美国农业政策的主要内容如下。

1. 农业价格和收入支持政策

农业价格和收入支持政策把许多农业政策结合在一起，是美国目前最重要的农业政策。在美国，农产品价格几乎完全取决于自由市场上的供求关系，因此美国的政策制定者们认为，只要调整好供求关系，农场主就可以取得合理的价格和收入，摆脱危机状态，取得与其他部门的生产者可比拟的利润率。根据这种思想，美国的农业价格和收入支持政策包括调整供应和扩大需求两个方面。一方面，在调整供应方面，主要是通过农产品计划、销售协议和规程以及作物保险计划来限制产量的过快增长，同时还通过各种储备计划，调节市场供应量；另一方面，则是通过国内食品分配和扩大出口方式来扩大需求。

（1）农产品计划。其主要目的就是要把其他纳税人和消费者的一部分收入转移到农场主手里，而消费者则因食品供应的数量和质量的改进而得到好处。农产品计划就是通过无追索权贷款把主要农产品的价格提高到市场价格以上，以此来增加他们的收入。根据法律规定，对于主要农产品，政府要根据上一年度的年末库存以及对下一年度生产和国内外消费的预测，分别制定下一年度对各种农作物采取控制或放松控制的政策，并且要在年度开始以前公之于众。对个别农场主来讲，这是一种自愿参加的计划，农场主可以根据政府计划规定各种补偿条件来决定参加计划与否。根据目前的法律，每个农产品计划通常都包括这几个内容，即：贷款率和无追索权贷款、目标价格和差额补贴、播种面积削减计划、灾害补贴及其他规定。

（2）销售协议和规程。对于像牛奶、水果和蔬菜这样的容易腐烂变质的产品，农业部长则分别在一些地区宣布实施"销售协议和规程"的计划。但须得到2/3以上生产者的投票赞成才可实施。销售协议和规程的总目标是要通过生产者和加工商及处理商之间的协议，控制农产品上市的时间、数量和质量的办法，实现有秩序的销售，缩小市场供应量和价格的季节波动。两者之间的区别在于，销售规程一旦得到2/3生产者的批准，就在整个地区内实施，即使是投票反对的人也必须执行，因此带有强制性，而销售协议则不是。目前，销售协议和规程分为联邦牛奶销售规程、蔬菜和水果销售协议和规程两类。

（3）农产品储备计划。该计划是美国调节农产品供应政策的一个重要组成部分。由联邦政府资助的农产品公共储备计划的目的是，调节农产品市场供应和稳定市场价格。由政府资助的农产品储备计划分为政府储备和农场主拥有的储备两种。

（4）作物保险及灾害援助计划。联邦作物保险是保证农场主，特别是那些多灾地区的农场主免受自然灾害的影响而取得稳定收入的一种重要手段。其目的是以一个扩大的、改良的作物保险计划来代替灾害援助计划。该法规定，美国农业部为所有保险作物提供30%的保险补贴；向提供作物保险销售和服务的私人公司支付回扣；并限制保险公司可能遭受的作物保险损失。其长远目标是，逐步消除保险费补贴和回扣，并尽可能地由私人公司来取代联邦作物保险公司的再保险职能。作物保险计划大致可分为全风险保险计划、区域单产保险计划、气候作物保险计划三种。

联邦灾害援助计划是联邦政府向遭受干旱、洪水、冰雹或龙卷风等自然灾害的农场主提供援助的计划。

2. 土地和水资源的利用和保护政策

土地政策是美国政府最早的经济政策之一。从美国建国初期一直到20世纪30年代初，土地政策的主要内容是通过出售和无偿分配，开发和利用丰富的土地资源。20世纪30年代是美国土地政策的转折点。从这时起，美国政府的注意力从单纯的公有土地的分配明显转到了土地政策的保护方面。主要包括耕地保护计划、土壤保护计划、耕地调整计划等。

从美国水资源政策发展的历史来看，在20世纪70年代以前，政府政策的重点在于水资源的开发和利用，而在70年代以后的阶段，则明显增加了水资源的保护内容。

3. 农业教育、科研和推广政策

美国的农业教育、科研和推广政策主要是通过农业教育、科研和推广体系来执行的。该体系是由农学院、农业试验站和合作推广站三个系统组成的，这三者紧密结合在一起。他们的结合部在农学院，即由农学院统管全州的农业教育、科研和推广业务，成为一个三位一体的农业教育、科研和推广体系。农学院各系的教授必须同时负责教学、研究和推广三项工作。但是，每位教授在时间分配上可以有一定的灵活性，由各系统筹安排。这三方面的工作是密切相关、相互促进的。例如，教授的研究工作可以丰富他的教学和研究推广的内容，它可以直接把他在研究过程中的最新研究成果传授给学生和广大的农业生产者，这就保证了美国农业技术的先进性。与此同时，教授在深入生产实践搞推广时还可以发现他的研究成果在大面积推广中存在的问题，从而可以进一步完善它的成果。

4. 农业信贷政策

目前，联邦政府的农业信贷政策可以划分为三大类：

（1）由政府赞助的信贷机构提供的信贷计划。政府赞助的信贷机构是指由联邦政府特许的执行特殊信贷职能的金融媒介。在美国这种信贷机构共有7个，其中有三个机构是专门从事向农场主提供贷款的机构，包括合作社银行、联邦中间信贷银行和联邦土地银行，称为农业信贷体系。

（2）由政府提供保证的信贷计划。联邦信贷援助也可以通过对私人贷款提供保证和保险或者由联邦机构本身出售的债权来提供。保证贷款有两种，即有保证的贷款和被保险的贷款。在政府提供贷款保证的条件下，一旦贷款不能如期偿还，政府允诺支付由私人信贷机构提供的贷款的本金和利息。贷款保证把一部分或全部的风险转移到政府身上，实际上是把私人贷款变成以一种类似政府债券资助的政府直接贷款。

（3）由政府机构提供的直接贷款。直接贷款是由联邦信贷机构提供的贷款，其目的是要把经济资源由于特殊的用途。当某些社会目标不能通过私人的信贷来源或有保证的信贷达到时，就只好使用政府直接信贷。农业是联邦政府信贷的主要接受者联邦政府提供的与农业由有关的保证贷款和直接贷款主要是由农产品信贷公司、农场主家庭管理局和小企业局提供的。

5. 农业税收政策

在税收政策中，对农业具有重要影响的是个人所得税、遗产税以及公司所得税等。无论是所得税规则还是根据遗产税规则，农业投资都可以得到税收优惠。所得税优惠主要是因为农业采用现金记账法，许多农业资本开支可以在支出的当年从收入中一次扣除，而且用这种资本开支购买的资产在出售时又可以享受资本收益待遇。而就遗产税而言，应纳税的遗产可按低于他们的市场价格估算和纳税，而且遗产税可以在支付低于市场利率的情况下延期缴纳。如果经营得当，与取得同样经济收益而未取得类似税收优惠的其他部门相比，农业投资只需要缴纳较少的税赋。

6. 农产品对外贸易政策

美国农产品对外贸易政策最主要的是农产品出口政策。到目前为止，美国政府的农产品出口推销计划可以分为以下三种：降低出口价格的计划、扩大出口需求的计划和增加农产品销售机会的政策。美国是世界上最大的农产品出口国，为了使它的产品能够顺利地进入世界各国，它必须对各国开放它的市场。因此，美国基本上是一个开放的市场。但是这种情况丝毫不妨碍美国政府对农产品贸易实行保护主义政策。但是美国的农产品进口控制多数是非关税的贸易壁垒。它之所以采取这种保护主义措施，主要是为了维护国内的农业计划，保护农场主免受国外竞争之害和维护安全标准及防止病虫害。

7. 国内食品援助政策

国内食物援助政策从一开始就是作为处理剩余农产品、缓和生产过剩危机的手段提出来的，虽然后来也强调了它在加强国内低收入家庭营养方面的作用，但始终不失为增加国内食物需求的一种重要措施。主要包括食品券计划、联邦儿童营养计划和实物分配计划。

美国农业政策体系如图 2 - 1 所示。

2.1.5 注重培育欠发达地区自我发展能力

美国 1961 年《地区再开发法》明确指出，区域再开发必须能够发展和扩大新的或现有的生产能力及资源，而不仅仅是将就业机会从美国的一个州转向另一个州。然而由于该法以向再开发地区的私人企业提供信贷支持为主要援助方式，被指违背了公平竞争原则，受到广泛诟病，并于四年后被废止。随着对区域协调发展认识的深入，联邦政府在提供援助过程中，更注重"授之以渔"而非单纯的资助。强调通过基础设施投入、研究经费补助，营造良好的商业环境以吸引私人资本的投资，创造出更多高技

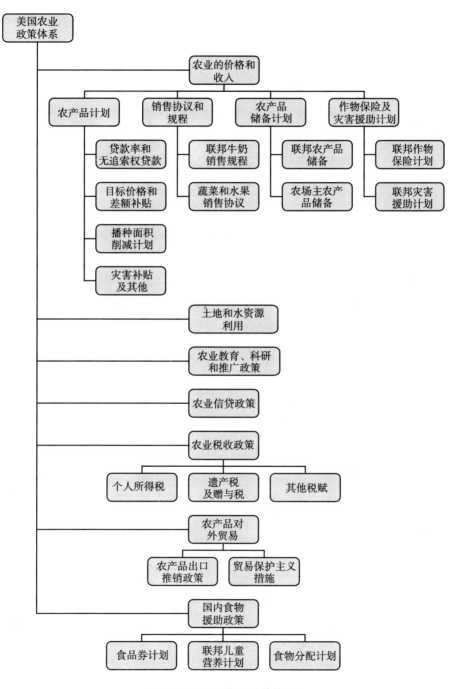

图 2-1　美国农业政策体系

术含量、高收入的工作岗位。除传统的财政转移支付、金融信贷、税收优惠等扶植手段外，联邦政府认为下列援助策略能够提高区域竞争力并能促进区域经济的长期发展：①升级核心商业基础设施以及交通运输设施；②鼓励各类组织之间的合作，推广成功的合作模式建立研究机构和工业园鼓励以创新为基础的人才竞争和招聘；③帮助社区针对突发的严重的经济转型，规划和实施经济调整战略；④支持先进技术的研发，发挥学校在研发和技术转化过程中的重要作用；⑤对于遭受长期经济衰退的地区，规划和提升地区以及企业的再发展战略。据此，联邦政府的主要援助项目包括：①公共事业和经济发展项目建造或重建重要的公共基础设施，以创造或保留就业机会，吸引私有资本，提高地区竞争力；支持新产业、高科技的发展，重视对棕色土地（受污染土地）的再开发和利用，为生态工业的发展创造条件。②科研和国家技术援助项目。支持先进技术和理论的研究，并为信息传播提供资助。③教育培训事业。州政府每年补助的85%、联邦政府补助的17%都用于教育事业，同时还投入大量资金培训失业人口。另外，政府通过公共投资兴办教育的方式间接推动人口向欠发达地区迁移。在西部，19世纪60年代联邦政府投入巨资建立麻省理工、哈佛和普林斯顿等研究型大学；地方政府则投入大量资金用于培训和职业教育。在南部，为了提高人口素质，满足南部经济开发对人才的需求，各级政府投入大量资金发展基础教育和职业培训，让当地居民掌握科技知识，学到谋生本领。20世纪60年代，联邦政府将45%的教育经费拨给南部，州政府每年财政支出的85%用于教育投资。这些措施为欠发达地区的发展创造了良好的投资环境，也对美国人口的西移和南迁起到了推波助澜的作用。仅20世纪70年代，北部南迁的劳动力就达到500万人左右，极大地推动了南部经济的发展。④规划项目。帮助地区组织和印第安部落制订、执行、修改和变更综合经济发展战略以及相关的短期投资计划，以及为创造并保护高技术、高工薪的工作岗位而制订的计划，尤其是为解决国内经济最贫困地区的失业和就业不足而制订的计划。⑤经济调整援助项目。对正在遭受或可能遭受经济调整影响的地区提供广泛的技术、规划和基础设施援助，以灵活应对紧迫的经济复苏问题。⑥针对企业的贸易调整援助项目。通过全国范围内11个贸易调整援助中心，对因外国相似或竞争产品进口数量的增加而失去国内市场份额的生产商和加工商提供援助，使他们在全球经济中更具竞争力。

2.1.6 制定严格的法律制度，为地区平衡发展提供充分法制保障

1. 立法大力发展落后地区农业

为推动落后地区农业发展，美国制定了非常系统的法律法规。制定和修订适应各个时期统率农业整个经济活动的农业法，制定了有关农地开发和利用、农业投入、农业信贷、农产品价格支持和保护、农产品国际贸易、加强自然资源保护和环境方面的各种法律。譬如，为促进西部大开发，1787 年，美国政府制定了比较开明的《西北土地法令》，规定西北土地上只要有足够的人居住，就可以建立政府，申请加入联邦政府。同时，还制定了低价出售西部土地的政策，并由国会通过了《土地法》、《新土地法》等，吸收大量东岸人口向西迁移。为了使农产品价格支持和农产品流通更具规范性，制定了《食品农业资源及贸易法》、《农产品销售协议法》、《农业易腐商品法》、《食糖法》、《农业贸易发展和援助法》等。

2. 立法鼓励移民

人口是一种重要的人力资源，也是推动资源开发、经济增长的重要因素。西部金矿的发现和淘金热，吸引了众多移民，同时美国政府也制定法律推动移民进程。1864 年成立了美国移民局，出台了《鼓励移民法案》，吸引了大量的移民前往中西部，为西部开发提供了一支强大的生力军。据统计，从 1861 年到 1910 年，共有 2 200 多万移民迁入美国境内，这些很多是欧洲的熟练工人、商人、资本家和各种手工业者，推动了美国西部生产技术的革新和生产力的提高。

3. 立法解决突出矛盾

近年来，联邦政府针对欠发达地区存在的一系列突出矛盾和问题，如提高就业率、救济残疾人、保护环境、基础设施建设等，先后建立了

1 324 个项目基金，对每个项目基金的来源、申报程度、实施要求等都制定了操作性很强的法律条款。在严格的法律和程序下，很少发生将资金挪用的想象，保障了援助项目落到实处。

2.2　欧盟促进地区间平衡发展的实践

欧盟是目前各国实现经济一体化和政治一体化的典范，其最终目标是实现经济和社会的聚合。欧盟的区域政策有效地解决了欧盟成员国以及成员国不同地区之间的经济差距，使欧盟整体国际竞争力得以提高。总结欧盟一体化进程中消除区域经济发展差距、实现区域经济协调发展的经验，对促进中国区域经济协调发展具有重要的意义，欧盟在推进地区平衡发展过程中主要采取了以下做法。

2.2.1　高度重视地区平衡发展规划的制定，制度化的统筹安排地区发展项目

1. 注重地区平衡发展规划的引导作用

欧盟将规划作为明确区域发展政策理念、安排重大项目工程、提供资金援助补贴的重要手段，在长期实践过程中，逐步建立起一套覆盖领域广、参与层次多，既具有扎实科学理论基础，又具备较好实践操作性的规划体系。首先，欧盟的规划涉及政治、经济、社会、文化、国土空间布局等多个领域，有效地将各领域发展的要求整合到一个体系中。其次，欧盟各级规划的编制，是建立在广泛吸收各成员国、各地区、各城市意见基础上的，通过各利益主体间的博弈谈判使各方的诉求能够充分表达，权益能够受到充分保障。再次，欧盟规划始终注意到理论指导与实际操作紧密结合，一方面大量聘请各领域专家学者参与到规划的编制过程中来；另一方面，又通过评估不断修正规划实施中存在的问题，并根据实际情况加以修改完善。根据这些规划欧盟区域平衡发展主要形成了四个阶段，即早期阶段（1957～1974 年）、形成阶段（1975～1988 年）、演进阶段（1989～

2006 年），2007 年进入新阶段（2007～2013 年），每个阶段都制定了详细的战略规划，如 1994 年的"六年规划"，2000 年的"七年规划"，2007 年的"七年支出计划"，而且从欧盟总预算中拨付的援助基金数量不断提高（见表 2 - 1）。

表 2 - 1　　　　　　　　　不同规划时期援助基金的数量变化

时间	基金种类	基金占欧盟预算的比例（%）
1975	欧洲地区发展基金	4.8
1979	欧洲地区发展基金	6.1
1988	结构基金	17.6
1992	结构基金	25.4
1994～1999	结构基金	33
2000～2006	结构基金	36

资料来源：叶元：《欧盟促进区域经济协调发展对武汉城市圈的启示》，载《江汉大学学报（社会科学版）》2010 年第 1 期，第 36 页。

2. 制定了明确的政策目标，统筹安排地区发展项目

为使区域政策在缩小欧盟内部区域差距方面真正发挥预期作用，欧盟根据人均 GDP、产业结构、失业状况、地理条件等因素，将优先发展的目标地区划分为 7 大类，依据不同区域的状况确定了区域经济发展的不同政策目标：一是促进落后地区的发展和结构调整。所谓落后地区一般指人均 GDP 低于欧盟平均水平 75% 的地区，如法国的科西嘉和海外省、德国东部地区、英国的北爱尔兰地区、意大利南部以及希腊、葡萄牙、爱尔兰、西班牙四国的大部分地区。二是帮助工业衰退地区转型。所谓工业衰退地区的主要特征是，工业部门的失业率高于欧盟平均水平，并且工业部门的就业呈下降趋势。三是与长期失业斗争并提供就职便利，特别是帮助青年人和受劳动力市场排斥的人员解决就业问题，同时推动实现男女同工同酬。四是采取预防措施，使劳动力适应工业结构和新技术的变化。五是调整农业及渔业结构，促进共同农业政策的改革。六是开发脆弱的农村地区，推进经济活动的多样化。七是加快人口密度极低地区的发展，这主要是指边缘地区。

2.2.2 大力促进落后地区农业发展和农业经济结构的调整

以调整农业结构、提高农业劳动生产率为目标的区域发展平衡政策，是欧盟支持落后地区发展政策的一个重要组成部分。由于欧盟落后地区不同程度地存在农业结构的不合理和农业劳动生产率相对低下等问题，因此，需要通过实施有效的农业政策来加以解决。

（1）支持和推进落后地区农村农林牧产业基础设施的建设与发展。为交通运输、农产品加工及仓储设施建设等提供援助，使农林牧业发展建立在一个坚实的基础之上。

（2）帮助落后地区农业经营者改善和重组生产，鼓励转向生产市场前景看好的产品，对优质农林牧产品的生产提供投资方面的资助及扶持。

（3）推动农村经济活动的多样化发展，为农村新兴产业发展如农村旅游业等提供资助。

（4）强化农业发展的多重功效，为多功能农业提供财政支持。

（5）对年龄在40岁以下拥有足够的职业能力和竞争力、第一次建立农业生产项目并且该农业项目具有明确的经济生存前景、符合环境、卫生和动物生存条件最低标准的年轻农民提供直接的投资资助或贷款利息补贴。

2.2.3 实施有效的财政政策，积极发挥结构基金和团结基金的作用

1. 实施积极的财政政策大力支持落后地区的经济发展

德国实施了财政平衡政策，联邦、州和各级地方政府间通过平衡拨款的横向平衡和垂直拨款的纵向平衡，达到各州和各地方财政力量的相对平衡，从而达到各地区经济发展和生活水平的相对平衡。横向平衡是州政府和地方政府之间的平衡，纵向平衡的拨款方式有一般性拨款和专项拨款两类。法国实施了有利于缩小地区发展差距的财政税收政策，包括经济和社

会发展基金，为大城市的外迁企业补贴；农村开发与国土整治部际基金，通过合同方式中央政府给地方政府奖励；工业自应性特别基金，专项补助。英国加大开发区的财政援助，对制造业的投资补助 40%，对购地的制造商补助 35% 的地款。

2. 积极发挥结构基金和团结基金的强大作用

欧盟区域经济政策主要是通过欧盟内经济区域、成员国和欧盟委员会三级别之间相互协商，以长期区域发展项目形式或专门计划提供资金支持。其工具主要是以下四种结构基金：（1）欧洲区域发展基金（EDRF）。资助落后区域基础设施、生产性投资以创造就业，促进地区发展项目和中小企业的发展。欧洲区域发展基金的主要目标是减小区域差异，特别是由于农业区、产业结构变化和结构性失业等造成的差异。ERDF 一开始被看成是对欧盟预算贡献高于平均水平的国家的一种补偿机制。这时是按照配额进行分配，通过区域发展项目实施的，限于对成员国区域政策的支持，支持的地区也由成员国指定。为了提高欧盟区域政策的地位，20 世纪 70 年代末，欧盟建议用系统的方法分析区域问题和制定区域政策。这包括对其他公共政策对区域的影响的评估及成员国之间区域政策的合作，结果就在 ERDF 中拿出 5% 不受配额的限制，用无记名的方式由部长委员会决定其使用。该基金就这样第一次被用于共同的项目，而不是支持特定的成员国的项目。随着欧盟的发展，这种不受配额限制的部分日趋增大。（2）欧洲社会基金（ESF），用来帮助落后地区劳动者适应劳动市场变化，帮助失业人员及其他弱势群体重返工作岗位。主要的资助方式是就业培训和提供招聘信息。（3）欧洲农业指导和保证基金（EAGGF），主要是支持落后地区，也在欧洲共同农业政策下支持农民及农村发展。（4）渔业基金（FIFG），对渔业进行支持，是为了帮助沿海地区受渔业生产萎缩影响的渔民而设立的。另外，欧盟还专门设立了一项团结基金，用来支持 GDP 低于欧盟平均水平 90% 的成员国的环境和交通项目。这些国家是西班牙、希腊、爱尔兰和葡萄牙。为了支持即将加入欧盟的国家的落后地区，还设立了入盟前国家结构基金与农业和农村特别发展项目，前者在团结基金的框架内对即将入盟的国家在交通和环境方面提供支持；后者对即将入盟的国家的农业提供帮助，使之能在入盟后适应欧洲共同农业政策。

表 2 - 2　　　　　　　　欧盟区域政策的主要基金工具

基金种类	适用地区	适用领域
结构基金（包括 ERDF、ESF、EAGGF、FIFG）	人均 GDP 低于欧盟均值 75% 的成员国	经济结构的调整、就业培训、基础设施建设
聚合基金	人均 GDP 低于欧盟均值 90% 的成员国	交通、运输、基础设施或环境保护设施
团结基金	遭受的损失达 30 亿欧元或超过年国民总收入的 0.6%	突发性重大自然灾害
预备接纳基金	准备加入但又尚未被正式接纳的中、东欧国家	改善农业、运输和环保

注：结构基金包括欧洲地区发展基金（ERDF）、欧洲社会基金（ESF）、欧洲农业指导及保证基金（EAGGF）、渔业指导财政金（FIFG）。

资料来源：叶元：《欧盟促进区域经济协调发展对武汉城市圈的启示》，载《江汉大学学报（社会科学版）》2010 年第 1 期，第 36 页。

2.2.4　设置了旨在推进一体化和地区平衡发展的专门职能机构

欧盟区域政策完备的组织机构，保证了其区域政策制定和运作的规范性和有效性。欧盟的区域政策采取的是分层治理结构，在欧盟层次上涉及区域政策的组织机构主要有：欧洲委员会、部长理事会、常任代表委员会、欧洲议会、经济与社会委员会和区域委员会。其中欧盟理事会和欧洲议会是欧盟区域政策的决策机构，欧洲议会负责有关区域政策法案的征求意见、内部协调以及审议表决等，欧盟理事会是欧盟的最高决策机构，有关区域政策的重大立法和政策都需要欧盟理事会做出最终的决策。欧洲委员会是区域政策的主要执行机构，主管区域政策的欧盟委员主要负责欧盟区域政策执行的全面工作以及区域政策在欧盟委员会内部的协调工作，包括对援助项目的规划、执行、监督、评价和管理。常任代表委员会、经济与社会委员会和区域委员会则是欧盟的区域政策咨询机构，其中又以区域委员会最为重要。早在 1975 年欧洲地区发展基金正式成立并开始运行之初，欧共体就建立了由欧洲委员会和各成员国政府官员组成的地区委员会，为欧洲委员会和部长委员会提供区域政策方面的咨询和建议。1991
年，马斯特里赫特首脑会议决定在欧洲联盟委员会之下，特设区域委员
会，由欧盟国家的区域或地方代表组成并定期开会，研究空间规划与政
策，增强各地区在欧盟委员会的呼声，向欧盟委员会或理事会提供咨询意
见，推动欧盟区域政策的实施和发展，并对任何直接影响其所代表地区利
益的政策措施表达自己的看法。地区委员会代表了地方政府的利益，弥补
了民主制度和政策实施中的缺陷，使区域政策的制定和实施更加切合受援
地区的实际情况。此外，欧洲投资银行也在区域政策领域发挥了重要作
用，其主要职能是利用成员国的捐款和从国际资本市场的运作升值中，为
欧盟各国的投资项目提供贷款和贷款保证，其投资方向和欧盟区域政策导
向在很大程度上保持一致。区域政策各机构遵循权力分散、相互制约、保
持平衡的原则，为区域问题决策的科学、合理和有效创造了良好的制度
环境。

2.2.5 强化共同农业政策，促进落后农业主产区的持续发展

其主要目标就是通过技术进步和提高农业生产率以保障农产品供给，
增加落后的农业主产区农民收入和稳定农产品市场。为此，共同农业政策
采取了两方面的措施，一是实施统一的价格支持政策和财政预算，由各成
员国摊款用于价格支持和农业补贴，欧盟每年 1 000 多亿欧元的预算中，
约40%用于"三农"补贴；二是通过实行差价关税和出口补贴政策保护内
部市场，由此形成了以干预价格、目标价格和门槛价格为基础的政策体
系。所谓干预价格实质上是一种支持价格或者说是保护价格，它是指农户
出售粮食等农产品时的最低限价。在市价低于干预价格时，欧盟会提供差
额补贴。这样做是为了保障农民收入，提高农民的种粮积极性，从而维护
市场供应。而目标价格则与干预价格相反，它是一个最高限价。如果市场
粮食价格超过目标价格，政府就要通过动用储备等措施来平抑价格。门槛
价格则是针对粮食进口设置的。在进口粮价低于门槛价格时，欧盟就会按
两者的差额征收关税，以保证欧盟落后的农业主产区免受国外低价农产品

的冲击。这也是造成欧盟市场上的粮食价格长期高于国际市场价格的主要原因。与此同时，欧盟又通过提供出口补贴，维护欧盟农产品在国际市场上的竞争力。正是从内外两方面着手，欧盟保证了内部市场上的粮食供给和价格稳定，极大地促进了农业发展，欧盟粮食供求关系也由长期的供应短缺转变为生产过剩。

2.2.6 搭建了有利于区域平衡发展的完善的法律和制度平台

1. 建立了系统的有关区域均衡发展的法律法规体系

欧盟区域政策一开始就建立在严格的制度基础上，保证了区域政策的规范性和可行性。欧共体成立条约是欧盟区域政策的最终法律依据，条约第2、3条指出：共同体的任务之一是促进共同体经济和谐、平衡和可持续发展，提高就业水平和社会保障……提高生活水准和生活质量以及成员国之间的团结和经济社会融合。条约第70条第158至162款对"经济和社会融合"做了更进一步解释：共同体的目标是缩小区域间的发展差异，消除落后地区、岛屿及农村地区的落后状况。并规定以结构基金的手段来实施。另外，欧盟区域经济政策执行机构每三年报告一次经济和社会融合的进展并同时提出未来区域政策的建议。许多成员国也通过立法形式来促进区域经济发展。如德国在《联邦基本法》、《促进经济增长法》中都规定了国家在市场经济中包括对区域经济发展不平衡的调节作用。在法律的框架内的"问题区域"，能够得到相应区域政策的支持。英国政府则早在1934年就首次颁布了《特别地区法》，该法设立了几个特别区，法律规定了国家促进这些地区振兴的义务以及措施。1945年又颁布了《工业布局法》，将特别区改设为开发区，并扩大了援助范围，其后又相继颁布了《地方就业法》、《工业法》等法律，使地区发展援助有法可依，并保持了援助政策的稳定性和连续性。

2. 构筑了完善的制度保障体系

使区域平衡发展规范化、常态化。欧盟的区域政策除了有坚实的法律基础、完善的组织结构、明确的政策目标以及规范的政策工具外，在其实施过程中，完善的制度基础也是其取得成功的重要保障。一方面，妥善安排欧盟与各成员国的关系，明确各自职责分工。在地区政策执行过程中，成员国及地区政府与欧盟委员会之间的关系是合作伙伴关系，而不是上下级关系。欧盟委员会只对成员国政府及地区政府的计划提供原则指导、咨询和建议，而成员国政府及地区政府在与欧盟委员会充分协商后可以独立制订具体的发展计划及资金使用方案。在地区政策统一的目标和相关指标的指导下，分期目标和定性定量指标、实现目标的对策措施等都由成员国及地区政府自己去选择并组织实施。在资金方面，实行欧盟财政转移与地方配套资金比例机制，加强责任制，提高投资效益。这样，既能确保欧盟总体目标的实现，又能发挥成员国政府及地区政府的积极性和创造性。另一方面，建立严格的项目监督与评估机制。在1994～1999年规划期内，欧盟资助项目的执行存在很大的问题，缺乏良好的项目监管是主要原因。由于欧盟当时没有设立专门机构对项目的具体进展与效果进行评估，绝大部分受资助的地区和项目在整个财政资助时期内都处于无监管状态。为了加强监管和使用资金的效率，欧盟特地在2000～2006年规划期内制定了相关的项目监督与评估机制来严格规范欧盟资金的使用。欧盟规定，由受援国和地区政府负责组建发展项目的管理机构和监督机构，并由其对项目的实施进行管理和控制，力争做到欧盟优先目标与地区具体目标的有机结合，既实现欧盟的区域政策目标，又提高资金使用的效率。在项目评估管理方面，在原先预审和最终评估的基础上新增中期审查，在项目实施的中期对项目做出评估，一方面对执行良好的项目给予加大资助额的奖励，另一方面对执行不利的项目进行总结和调整。欧盟对评估的结果都有明确的激励和约束措施。欧盟还非常强调项目的透明度，要求受资助地区政府必须保留关于项目的所有文件，以便公众与欧盟对其进行监督。同时，积极鼓励非政府组织参与项目的管理与监督，使项目主体更多元化，更符合地区和公众的利益。欧盟委员会在项目执行过程中主要起指导作用，但受援国和地区政府要接受欧盟委员会的宏观监督与管理。受援国和地区政府与欧盟委员会通过年度会晤机制交换信息与意见，对现有项目计划的任何调整与改动都要及时知会欧盟委员会。同时，欧盟委员会也派人以观察员身份参与项目监督委员会的工作，并派专家组对项目进行独立的监督，以防资金被挪用或浪费。一旦发现违规行为，立即停止拨款并追究责任。这种做法保证了欧盟地区发展政策取得实效。

2.3 日本促进地区间平衡发展的实践

日本在"二战"后经济一片萧条的情况之下，用极短时间成为世界经济大国，但同时经济活动尤其向环太平洋地带集中，区域经济非均衡发展明显。为了消除经济布局中过密和过疏问题，日本政府认识到了地区发展不平衡的严重危害性，为了缩小地区差距，促进欠发达地区的开发，日本政府就振兴、开发落后地区采取了相应的财政、行政、金融、税制等政策和措施，对于促进日本地区经济的平衡发展起到了很大的作用。日本在协调区域发展方面主要从以下几个方面入手。

2.3.1 大力推行地区振兴与开发计划体系

日本的地区振兴与开发计划体系包括5部分，即全国性计划、大都市圈计划、地方圈计划、产业振兴计划和特别地区振兴计划。全国性计划主要有依据《国土综合开发法》编制的全国、都道府县、地方及特定地区综合开发计划，依据《国土利用计划法》编制的都道府县、市町村国土利用计划和土地利用基本计划；大都市圈计划包括首都圈整备计划、近郊绿地保全计划、近畿和中部圈开发整备计划、环保区域整备计划等；地方圈计划主要有依据各专项法编制的北海道、东北、北陆、中国、四国、九州等地方开发计划；产业振兴计划主要是与《结构转换法》相对应的诸产业振兴计划；特别地区振兴计划如有关灾害防治和煤炭产区、山村、孤岛、过疏地区振兴计划，以及综合休养地建设计划等。

根据地区振兴与开发的有关法律规定，日本的地区振兴与开发活动有相当一部分可以享受高比率的国库补助。如北海道的道路和市町村的道路、港口等基本事业；奄美群岛、冲绳、琵琶湖开发计划和新东京周边建设计划中的特定事业；促进内地等产业开发的道路建设；法律规定地区的防止公害对策；以防灾为目的的促进集体转移活动；中小学校舍、幼儿园园舍的建筑活动；加强消防设施事业，等等。地区开发与振兴活动中，政府系统金融机构和其他有关组织，在金融、信息、地区与开发业务等方面发挥着重要作用，主要包括振兴与开发整备公司、日本开发银行、中小企业事业团、产业基础整备基金及 NTT 无息融资制度等。1974 年 8 月，由工业再布局、产煤地区振兴公团改组成立了地区振兴整备公司，目的是谋求人口与产业由大城市向地方分散，加速各地区的开发与发展，通过开展振兴地方据点城市业务、加强地方城市开发业务、工业再布局业务、促进高技术产业选址建厂业务等，达到促进全国人口和产业的适当布局与提高各地区居民福利的目标。地区振兴整备公司每年用于上述事业的预算相当庞大，且总额不断上升，1978 年为 1 015.6 亿日元，1985 年为 1 241.4 亿日元，1993 年为 1 760.8 亿日元。其中用于地方城市开发的占首位，其次依次为核心工业集中配置地段的建设、高技术城区、促进产业业务设施再布局、产业高技术化设施等项目。

构筑了一套促进落后地区的开发优惠政策体系。为解决经济发展中产业向东京"一极集中"所产生的严重区域失衡问题，日本政府在国土综合开发的基础上，加强了地方开发，包括一般落后地区开发和特定落后地区开发。从总体上看，日本对落后地区的开发虽有一定的滞后性，不可避免地遇到某些难以解决的问题，但也取得了明显的成效，形成了一套比较完整的政策体系，特别是北海道和冲绳地区开发中的一些成功做法，为日本政府促进落后地区发展积累了有益的经验。1950 年日本政府在中央设立了北海道开发厅，并于同年制定了《北海道开发法》，包括开发计划的制定、计划推动的行政组织、预算编制程序和优惠政策措施等诸多内容，并视需要每年加以修订。根据《北海道开发法》，日本内阁自 1951 年以来，先后制定并实施了六次"北海道综合开发计划"，每一期计划都有明确重点和有限目标，第一期计划（1952~1962 年）的重点是交通、电力等基础设施建设和资源开发；第二期（1963~1970 年）是基础设施和产业振兴；第三期（1971~1977 年）是调整产业结构和发展社会福利设施；第四期（1978~1987 年）是形成稳定的综合环境；第五期（1988~1997 年）是形成综合竞争能力；第六期（1998 年以来）是环境资源平衡发展和形成自立能力。1972 年 5 月 15 日，美国将琉球群岛的行政权交还予日本，日本随即设立冲绳开发厅，并制定了《冲绳振兴开发特别措施法》，以拟定冲绳振兴与开发计划。到目前为止，冲绳共实施了三期振兴开发计划，每期 10 年。其中第三期振兴开发计划（1992～2001 年），大体上延续了前两期计划开发的方向，主要目标是缩小冲绳与日本本土的收入差距；自主发展的基础条件的建设；充分利用冲绳的地理特征，活用其所具有的丰富的亚热带海洋性自然景观及特有的传统文化及历史遗迹，建设成具有国际规模的旅游地区，并借以振兴产业、文化，以求自立发展。

2.3.2 切实加强对落后地区农业的政策倾斜和扶持力度

日本的农业补贴政策主要有价格支持和生产补贴两种。

日本农产品都不同程度地受到了政府的价格支持，尤其大米得到的价格支持最多。价格支持成为日本农业保护的最重要手段，价格支持保护的主要形式有以下几种。

（1）管理价格制度。属于这种价格制度的产品主要是稻米，另外还有烟草，这类产品的价格由政府制定，政府按制定的价格收购产品。

（2）最低保护价格制度。这种方式主要用于对小麦、大麦以及加工用的土豆、甘薯、甜菜、甘蔗等的价格支持。为了保证这些产品的价格不至于跌至很低的水平，政府规定了最低价格标准，若市场价格低于规定的最低限度时，产品全部由政府的有关机构按规定的最低价格购入。

（3）价格稳定带制度。这种方式主要用于对肉类和奶类产品的价格支持。这种价格支持制度是政府在自由贸易的前提下，通过买进和卖出方式，使产品的市场价格稳定在一定的范围内，从而形成了所谓的"价格稳定带"，"价格稳定带"一般要高于市场的均衡价格。

（4）价格差额补贴制度。这种方式主要用于对大豆、油菜籽和加工用牛奶等产品的价格支持。具体操作是，政府规定目标价格，当市场价格低于目标价格时，政府把实际市场价格与目标价格之间的差额直接补贴给农民。这种制度的作用与最低保护价格制度类似。不同的是，在这种制度下，农民可以在市场上按体现供求关系的自由价格全部出售其产品。

（5）价格平准基金制度。这种方式主要用于蔬菜、小肉牛、仔猪、蛋类及加工水果等的产品的价格支持。这种制度实质上也是一种差价补贴制度。所不同的是，当这些产品的市场价格低于政府规定的目标价格时，价格差额不是全部由政府支持，而是由政府、农协和生产者三者共同出资建立的资金支付。这种由政府、农协和生产者共同出资建立的基金被称作"价格平准基金"。

（6）目标稳定价格制度。这种方式主要用于对奶制品的价格支持。基本做法是，政府每年制定出各类奶制品的"目标稳定价格"，当市场价格低至该价格的90%时，由畜产品推销公司收购该类产品；当市场价格高于该价格的4%时，畜产品推销公司则抛售该类产品。

日本政府对农业的生产补贴种类繁多，主要有以下几种形式：

（1）水利建设补贴制度。水利建设补贴是日本农业投入补贴的重点对象。对于大型的骨干工程，则由中央政府直接投资兴建，对于小型的工程，则由政府提供补贴，补贴占全部费用的比率大约在60%左右，有些工程甚至可达90%，政府还为农民负担的部分提供低息贷款。

（2）农地整治补贴制度。农地整治包括土地改良、农田扩并与土地整理、农用地开发、水田改作等。

（3）机械设备补贴制度。农民联合购买拖拉机、插秧机、联合收割机、育苗设施，大型米麦加工、烘干、贮藏设备以及某些灌溉、施肥设施等，都可以得到政府的补贴，补贴的数量一般可占到全部费用的50%左右。

（4）基础设施补贴制度。农民联合建设温室和塑料大棚、建设现代化养猪、养鸡、养牛场等，也可以得到政府的补贴，补贴的数量一般占到全部费用的40%左右。另外，农民联合栽培多年生植物、果园、茶园、桑园等，也能得到政府的一定补贴。

（5）农贷利息补贴制度。亦即"制度贷款"制度，政府补贴以外的农业投入费用由农民承担。为了鼓励农民向农业增加投入，日本政府通过低息贷款的形式给农民以支持。早在20世纪50年代就实行了"制度贷款"

制度。所谓"制度贷款",是指按照法律、政令、条例以及纲要,国家、地方公共团体或相当于地方公共团体的机构成为贷款的当事者,通过利息补贴、损失补贴、债务担保以及其他类似的优惠措施进行干预的那部分贷款。"制度贷款"属于长期低息贷款,其利率比市场利率低1/3～2/3。

(6)灾害补贴。日本是一个自然灾害频繁的国家。根据日本相关农业政策,灾害补贴对象包括:被灾害损害的公共设施、农地及农业设施。灾害补贴的费用主要由国库承担,这样可以减轻农民的负担,降低农产品成本,不会因自然灾害过分影响农民收入和生活水平。灾害补贴不会对农产品价格和农产品贸易产生扭曲作用,因此属于"绿箱"政策范围,不需要做出减让承诺。

(7)农业保险补贴。农业本身受自然因素影响最大的产业,农业生产经营活动对保险的需求非常强烈,但是一般的商业银行无力承担,日本农业保险的做法是由政府直接参与保险计划,并具有强制性,凡是生产数量超过规定数量的农户和农场必须参加保险。保险额根据每千克保险额乘以标准产量的70%计算得到。每千克保险额每年由农林渔业部规定,标准产量由农业互助社按田块情况确定。稻农交纳相当于正常年景收入10%的保险费,政府对农作物保险的保费补贴为50%～80%。保费补贴和损失赔偿对稳定农民收入起到了重要支持作用。

2.3.3 成立专门组织管理机构,重点支持落后地区发展

日本从中央到地方建立专门的组织管理机构。日本为促进北海道开发,在中央政府中设立北海道开发厅,厅长官为国务大臣。厅下设北海道开发局,局直接对厅负责。厅的办公地点设在东京,局的办公地点设在北海道的札幌市。但是日本政府也因地制宜赋予开发区和地方政府很多自主权。例如日本进行北海道开发也将行政人员的配置、权力的配置和经费的支配等相当大的部分下放给北海道政府,北海道开发厅只负责北海道开发中的直辖部分。这是一种双重负责的开发体制,其特色在于中央单为地方开发设立机构,与地方机构并存,而且开发的主要责任不是交给地方政

府，而是由中央政府的开发机构负责，这种由中央政府设立直辖的北海道开发机构，便于开发工作在中央政府的各省、厅之间进行协调，有利于北海道的综合开发。将部分权力下放到地方政府，又有利于地方政府根据当地实际情况使用较大的自主权，执行中央政府的政策和措施。

2.3.4 积极建设落后地区的农业基地

战后日本农业地区分布的最重要特征是从大城市近郊农业地带向中间农业地带、偏远农业地带移动。偏远农业地区能够由落后的农业地区逐渐发展为全国最重要的农业基地。采取的主要措施是：充分利用偏远地区的自然优势，发展牧草和青贮饲料的种植，使之成为全国最重要的畜牧业基地；不断改良水稻品种，培养耐寒、早熟品种，注意预防自然灾害，大力进行土地改良工作，贯彻执行农业发展政策，特别是经济补贴政策，使偏远农业地区成为全国最重要的粮食基地；交通运输系统的改善，缩短了农产品的运输时间，使偏远地区的农产品，尤其是蔬菜、水果等及时运到京滨、中京、阪神三大消费市场成为可能。九州的宫崎县、鹿儿岛县利用南国风光的特点，创建了全国性的偏远蔬菜产地；东北地区的福岛县、山形县的黄瓜几乎垄断了东京蔬菜市场。随着偏远农业地带分区专业化的进一步增强，偏远农业基地的建设已成为日本开发欠发达地区的典型。

2.3.5 大力发展特色农业，推行"一村一品运动"

20世纪70年代的石油危机使日本整个经济萎缩，到北海道、四国、九州等欠发达地区建厂的投资大大减少。大分县政府就是在这种背景下，于1979年率先在日本开始倡导和推进"一村一品运动"的。"一村一品"是一个形象的提法，事实上可能是一村数品，或数村一品，这"一品"是指发展具有本乡特色的产业。大分县大山町提出"种好梅、栗，旅游世界"的口号，组织青年在山区种植梅子和栗子，当获得高收入后，到中国、韩国、以色列和美国去旅行，进而"站在世界的角度，考虑家乡的建设"。通过"一村一品运动"的开展，大分县已有一些町村的人口处于稳定状态或略有回升，其经济社会效益十分明显。从整个国民经济的角度看，"一村一品运动"的作用并不大，所创造的价值仅占国民收入的1%左右，但是对经济落后、人口过疏的地方来说，是地区振兴措施的一个重要内容。"一村一品运动"对发挥各地区资源优势，使每个角落充满活力与生机，对于社会的稳定发展，无疑是重要的。

2.3.6　大力建设和完善交通基础设施

大力建设和完善交通系统是日本政府缩小地区差异的重要措施。日本政府不断强化交通建设在促进落后地区发展中的作用，中央和地方政府的财政支出很大部分用于落后地区的交通体系建设。地方政府主要负责城市间的干线和支线的道路建设；中央政府成立的由国家控股的"道路公团"，则重点投资建设跨地区的干线道路和高速公路。随着日本高速公路不断向边远落后地区延伸，加强了这些地区与大都市圈的经济联系，为推动落后地区的经济发展发挥了巨大作用。日本政府在颁布所有有关地区开发的法律法规中，几乎都对基础设施的建设做出了专门规定，明确提出对这方面的投资予以资金保障，并在税收和贷款上给予优惠。基础设施投资在日本政府财政支出中占有极高的比重，占40%~50%。考虑到落后地区基础设施建设的需要，日本公共设施建设特别补助率较高，如北海道河川整治、国道及港口建设由中央特别补助达80%以上，冲绳河川、河堤、治山、海岸、港口及机场等建设的国库特别补助率高达90%以上。同时，政府还通过各种法律法规，大力鼓励私人企业和财团法人进行基础设施投资建设，拓宽资金筹措渠道。

2.3.7　建立了完善的农业科技推广体系，为落后地区农业发展奠定坚实基础

与工业相比，农业在开发和应用先进技术上有较大困难。尤其是日本，由于小规模土地所有者占主要地位，农民在开发和利用先进科学技术上困难更多。有鉴于此，政府从多方面进行支持。

首先，建立由三级组成的全国农业科研试验网。日本中央、县和市町村政府都设有完善的农业科研和试验机构，而且相互协作和配合，形成全国性的科研试验网。据统计，全国有各类农业科研机构752所，科研人员37 119人，其中农林水产省直接管理的农业、食品和植物科研机构6个，农业试验场、农场和种畜场42个，肥料、饲料、农药和畜用药等检验分析机构15个，动植物检疫机构6个。1960年以来，日本农业科研经费不断增加，1976年达1 518亿日元，约占政府科研经费总额的30%。

其次，建立完善的推广制度。为使科研成果在各地得到应用和推广，在全国建立了完善的推广普及制度和组织。中央研究机构或大学的科学试验成果，要在各地方的农业试验场（一般厂农业区域协调试验场）进行试验，鉴定其在特定自然条件下是否有推广价值，在获得成功的地区，将其提交给当地农政局和基层农业试验场进行论证认可，决定是否推广。为了推广和普及农业科研成果，在县一级建立农业改良普及所和普及员制度；在基层农业合作组织设置农业指导课和农业指导员；在市町村政府设农业技术员，这3股技术力量形成一支强大的基层技术指导和推广队伍。

最后，大力发展各种层次的农业教育。农业科研的发展和先进科研成果的普及，是以大力发展农业教育事业、培养大批农业科学技术人才为基础的。日本一般国立综合大学中都有农学部；还有农业大学66所，1977年农业大学在校生就达64 900人；还有中等农业技术学校677所，在校学生20万人；此外，20世纪60年代政府提倡高中教育多样化和大兴职业教育以来，普通高中也设有农业教育课程，并设有各种各样农业技术人员和农民进修培训机构。

2.3.8　建立了完善的法律体系，保证了区域均衡发展的顺利进行

日本开发欠发达地区的重要措施是立法先行、计划与立法相结合。自20世纪50年代起先后制定了《北海道开发法》、《冲绳振兴开发特别措施法》、《过疏地区振兴特别措施法》、《地方据点地区整治法》等法律，共126部。这些法律主要解决欠发达地区的经济、社会和环境等面临的问题。

在地区振兴与开发的诸法律中，比较重要的有：①《促进产业结构转换、临时措施法》，简称《结构转换法》。立法的目的在于缓和产业结构转换过程中产业活力下降、雇佣恶化等问题，促进企业对经济环境的适应和产业结构顺利转换。②《利用民间企业能力促进特定设施建设临时措施法》，简称《民促法》。立法的目的在于适应技术革新、信息化、国际化等经济环境的变化，有效地利用民间企业的资金和经营管理能力，加强经济社会基础设施建设。③《关于促进地方据点城市区域整备及产业业务设施再布局的法律》，简称《地方据点城市法》。立法的目的在于促进地方据点城市地区建设和产业业务设计重新布局。④《关于促进特定商业集聚的特别措施法》，简称《特定商业集聚法》。立法的目的在于促进民间企业齐心协力共建商业设施和商业基础设施，官民一体健全相关公共设施。⑤《关于促进有利于地区产业高度化的特定事业集聚的法律》，简称《脑力选址布局法》。立法的目的在于促进特别事业向法律指定的地区集中，靠智力发展地区经济，改进地区产业布局。⑥《多极分散型国土形成法》，简称《多极分散法》。立法的目的在于促进过密地区诸功能分散，以各地区为主导集聚有特色的功能，形成地区据点。⑦《综合休养地整备法》，简称《休养胜地法》。立法的目的在于发挥民间企业力量建设休养观光地，充实国民生活，以第三产业为中心振兴地区经济。⑧《促进高科技集聚地域开发法》，简称《高科技城法》，立法目的在于扶植高新科技产业，建设高科技城，发展地区经济，提高居民生活。

2.4　发达国家促进地区间平衡发展方面的经验及政策启示

受自然资源禀赋、区位优势以及经济基础等因素的影响，我国区域经济发展长期处于不平衡状态，已经成为我国建设社会主义和谐社会中一个突出的问题，制约着我国总体经济实力的提升和发展。我国要走出一条具有中国特色的平衡区域经济发展的道路，有必要借鉴国外区域经济平衡发展的成功经验。

2.4.1　建立综合性的区域协调管理权威机构

美国、日本和德国在解决区域经济不平衡的问题时，都建立了专门的区域发展管理机构，如美国的田纳西河流域管理局、阿巴拉契亚区域委员会，日本的北海道开发厅，德国的区域经济政策部际委员会等。这些专门的区域管理机构促进了区域经济协调发展政策的落实。在我国，由于机构改革的速度大大滞后于区域经济的发展，到目前为止还未建立起综合的专门的区域协调管理机构。要想有效推动区域经济的协调发展，有必要建立起一个区域协调管理机构，如"区域协调管理委员会"，该机构可以由国家发改委、财政部、中国人民银行等有关部门领导和区域经济专家组成，负责制定区域协调发展的总体政策和规划，并将政策和规划上报全国人大，促进区域协调发展法律制度的建设，统筹全国区域经济合作工作，指导和规范地区区域合作机构组织的运作，并监督和约束其行为。

表 2 - 3　　　　　　　　　国外政府设置的区域协调管理机构

国家	援助组织结构名称
英国	中央政府（DETR，DTI，BERR）和地方政府（RDAs，NWDA，GO - NW 等）
日本	北海道开发厅、冲绳开发厅和国土开发厅
美国	地区再开发管理局、经济开发署、阿巴拉契亚区域委员会和一些其他的州际区域开发委员会
法国	中央政府成立"工业改革部际委员会"，地区政府成立"工业结构改革委员会"，省级政府成立"工业改革办事机构"等
德国	联邦经济部下设立联邦地区发展委员会和执行委员会，州政府设立地区发展委员会，市政府成立劳动局和经济促进会等职能部门

资料来源：邹晓霞：《国家区域援助政策的国际经验及对中国的启示》，载《经济研究参考》2011 年第 33 期，第 28 页。

2.4.2　大力推进落后地区的基础设施建设

美国、日本和欧盟对落后地区的开发都是以建设交通、通信、电力等基础设施为突破口的。我国中西部地区受经济、地理、环境等因素的制约，各种基础设施的建设和服务成本过高。目前，我国的基础设施投资主体过多地依赖政府的财政资金，因此，对落后地区的基础设施建设，必须多渠道筹集资金，并在财税和信贷等方面给予一定的优惠，鼓励企业参与兴建基础设施项目，对投资基础设施建设的外资给予特殊优惠政策，充分发挥政策性银行的作用。对于跨省区的基础设施建设，包括连接高速公路和铁路等交通干线、跨流域的水利设施、生态环境保护设施、基础教育等，主要由中央政府投资建设；对于省区内的一般基础设施建设，以地方筹资建设为主，既可以为落后地区发展创造良好的投资环境，又能够明确地方政府的责任，调动地方政府的积极性。因此，要进一步加大国家对落后地区基础设施建设的投资力度，积极推进基础设施投资主体的多元化，合理运用经济杠杆促进基础设施建设，进一步完善价格运行机制，采用支持性价格政策筹集建设资金，并贯彻落实"受益者负担，投资者受益"的原则。首先，增加财政扶持力度，对于主要项目建设，国家应给予更大的投资倾斜和优先开发权；其次，可通过发行债券、进行股份经营、运用BOT投资方式等多种形式引导民间资本和国际资本投向落后地区基础设施建设，积极促进政府和国内外企业合资建设，并对于投资落后地区基础设施建设的外资给予特殊优惠政策，以重点吸引资金相对充裕的国际资本；最后，还可积极利用金融杠杆，设立专项投资基金，扩大融资渠道。在投资项目方面，特别应该大力投资中西部落后地区以公路为主的交通基础设施，改善交通状况，打通与沿海地区对外联系的通道，降低货物运输成本，活跃商品流通市场，推动区域间要素和产品的自由流动，建设全国统一大市场，促进落后地区产业发展。

2.4.3 优化落后地区的农业产业结构，形成合理的农业区域布局

要依托地区优势，重点发展落后地区的农业产业体系。从大的地区类型方面看，粮食生产区应稳定面积、提高单产、优化品质，提高粮食生产水平；生态脆弱地区，要有计划、有步骤地退耕还林、还草、还湖，发展

林果业和水产业，改善生态环境；自然条件优越地区，可以多种一些效益比较高的经济作物，积极发展高效农业和创汇农业。各地都应立足本地的资源优势，按照市场需求，发展特色农业，培育竞争优势。如日本的"一村一品运动"，将"一村一品"发展为"一乡一品"、"几乡一品"，甚至"几县一品"，形成专业化、区域化的布局。从具体的地域分布来看，由于西部地区农村自然条件和社会经济条件差异较大，农村发展和结构调整也不能搞"一刀切"。在黄土高原地区，以发展苹果、红枣等经济作物和杂豆、小米、土豆等特色粮食作物为切入点，提高农产品深加工程度；在西北干旱区，以发展管道输水和滴灌等节水灌溉技术为切入点，结合水费政策调整，减少水稻等高耗水作物种植面积，扩大耗水相对较少的棉花、葡萄、瓜果等高附加值农产品种植面积，提高水资源产出率；在青藏高原区，应重视利用高原生态环境清洁无污染的特点，重点发展特色绿色农牧产品，积极发展草地畜牧业，并在有条件的农牧区积极发展以民族手工艺品和宗教文化用品为主的特色传统民族手工业；在四川东部和重庆丘陵地区，以发展下游产业特别是养殖业为切入点，转化大宗粮食产品生产，加强畜禽产品的深加工；在贵州喀斯特山区，要以解决人畜饮水和建设基本农田为切入点，通过户建水窖解决人畜饮水，修建梯田，建设基本农田；在云南和川西山区，要利用资源优势，大力发展特色经济作物，如花卉、热带水果、蚕桑、反季蔬菜等。

2.4.4 重视落后地区农业的自我发展能力培养

我国落后地区均为中西部地区，其支柱产业仍然是农业，因此，高度重视落后地区农业的持续发展和自我发展能力的培养对于我国区域平衡发展具有重要的现实意义。

1. 进一步加大农业投入的力度，建立资金投入保障机制

目前，财政用于"三农"的投入总量虽然不断增加，但由于落后地区自然条件较差、底子薄且对农业的依存度高，所以仍需进一步加大对农业的投入。增加财政对农业的投入，既要求财政不仅在支农绝对数量上保持

稳定增长，也要在相对增长率上保持稳定增长；不仅要增加财政支农资金总量，还要从完善国家农业投入法律法规体系入手，建立健全稳定可靠的财政支农投入保障机制。

2. 转变农业投入的项目结构

搞好农业发展软硬件环境就农业投入的项目结构而言，一要加大对农业基础设施的投入，提高农业基础设施投入占财政支农资金的比例，为提高落后地区的农业发展水平提供物质保障；二要注重对农业科技与服务支撑体系研究，增加科技成果转化投入；三要加大财政支农资金对农村教育的投入力度，普及农村义务教育，大力支持开展农业劳动者职业教育和科普教育，提高农业劳动者的科技文化素养和技能水平，为提高落后地区的农业发展水平提供优秀人才；四是创建现代农业示范区，以国家现代农业示范区为发展引擎，实行整体推进和重点突破相结合，提高落后地区的农业自我发展水平。

3. 依托特色资源优势和市场机制，调动各农业投入主体投资积极性

充分利用本地资源优势，因地制宜培育特色产业，大力发展农牧业观光旅游业、农产品物流业，开发具有地方特色的"精品"或"拳头产品"使落后地区资源优势转变为经济优势。落后地区的发展要更多地依靠市场机制，充分调动农户、企业以及其他组织的投资积极性，充分发挥各种民间资本，特别是外商投资、国内企业和私人资本的积极作用。主要措施包括以下几个方面：首先，加大对农村社会经济发展所需的公共产品和准公共产品的供给，以改善农村社会经济发展环境，引导和带动全社会资金投入新农村建设。其次，建立健全相应的配套引导机制，如信贷担保机制、农业风险补偿机制、财政贴息机制等，利用财政投资、融资手段优化农业信贷体系，引导金融资源向农村流动，以矫正市场自发调节的不足。最后，进一步扩大东部与中、西部地区间在互利互惠、优势互补基础上的经济合作和对口支援，充分运用政策、资金等手段向落后地区引流资金。

2.4.5 增强中央宏观调控能力，优化区域政策工具

1. 进一步强化中央的宏观调控职能，集中力量扶持落后地区

针对区域经济发展不平衡的客观性以及由此引发诸多经济社会问题的实际，世界上许多国家在其落后地区经济发展中都采取了各种政府干预的政策。区域均衡发展是一个需要多部门多地区配合长期而系统的战略性工程，对于我国而言，应充分体现"集中力量办大事"的体制优势，进一步强化中央的宏观调控职能，突出中央在平衡地区发展、扶持落后地区的主导作用。

2. 充分发挥财政转移支付工具的强大作用，强化转移支付的力度

由于发达地区和欠发达地区的地方财政能力有明显差距，因此，由中央财政实施财政转移支付协调区域经济发展就显得十分重要。国家财政应重点投向社会公益事业，以减少地区间政府公共服务水平的差距，引导自然资源、资金、技术、人力资源等向落后地区转移。从财政援助力度来看，欧盟区域政策基金的资金大约占欧盟总预算的1/3左右，比较起来，我国对落后地区的专项援助金额就显得相对较小了。而我国落后地区较多，需要的资金也更多，所以要加大财政援助的力度，不仅要逐年增加用于实施区域经济政策的资金，还要提高用于区域政策的财政转移支付在整个财政支出的比例。

3. 设立区域政策基金工具，加大财政援助力度和质量

在推行区域政策时，可适当借鉴欧盟经验，针对存在的区域问题相应地建立区域政策基金工具，将各种区域政策资源纳入基金框架中进行统一安排，这就有效协调了各项区域政策工具共同实施下可能产生的矛盾与冲突，为区域政策工具提供了有力的资金保障，提高了区域政策的实际效率。改革开放以来，虽然我国一直安排专项资金支持落后地区的发展，但与欧盟相比，规模明显偏小，且管理方式不尽完善。我国的做法是大量资金仅仅对应于相应的地区，有时只是个别省份，再一级一级下放，并不对

应相应的项目，带有较大的随意性，致使资金到位率和使用率不高。对此，我国应借鉴欧盟经验，将资金集中使用，设立促进落后地区社会与经济发展的类似于欧盟区域政策基金工具的专门基金，然后由各个问题区域申报具体的地区发展项目，中央主管区域政策的部门要对各地区申报的基金项目进行严格论证和审查，再决定是否发放和发放多少基金，这样，一方面能够确保基金用到最需要、效率最高的地区和项目上，另一方面，也能够保证基金的使用效果和质量，防止资金被挤占、挪用、贪污和浪费。在基金工具的设立上，主要包括以下几方面内容：第一，设立专门基金工具主要用于资助落后城镇地区基础设施建设、产业结构调整与发展、市场培育、能源开发与环境治理、帮助中小企业发展等方面，从而促进落后城镇地区经济发展，缩小我国各城镇地区间经济发展水平和人均收入差距。第二，设立专门用于资助落后农村地区经济发展的基金工具。由于 WTO 规定不允许政府对农业直接补贴以防止世界农产品价格扭曲，所以该基金的资助范围主要为提供农业科研、病虫害控制、培训、技术推广和咨询服务、检验服务、市场促销服务、农业基础设施建设、环境治理与保护以及自然灾害救济保障等服务，扶持农业生产，建设多功能农业，促进农村经济发展，增加相对落后地区的农村居民人均收入。第三，设立社会发展基金，主要用于科技研发、人力资源开发、创造就业机会和改善劳动力市场上，通过加强社会基础来充分释放落后地区的经济发展潜力，缩小我国区域经济差异。

4. 建立健全金融支持体系，重点加强落后地区间接援助的投入力度

一是要增加人民银行落后地区分行的调控权限。如总行要增加对落后地区人民银行分行再贷款、再贴现的限额，适当延长再贷款期限；对金融机构因支持落后地区开发中出现的临时性、季节性资金需求，及时给予更长期限的再贷款支持；积极拓展再贴现业务，支持商业银行扩大票据业务，加大对落后地区重点行业再贴现的支持力度；增加对以城市商业银行为主的中小金融机构再贷款，积极扶持落后地区中小金融机构的发展；积极鼓励落后地区中小金融机构参加全国银行间同业拆借市场，增强融资能力等等。二是要适当增加商业性金融机构的种类。如放松落

后地区金融机构业务限制，吸引更多的国内外金融机构进驻该地区开展金融业务；同时还可考虑在落后地区试行私人投资办银行。三是要增强政策性金融机构的功能。一方面要通过解决政策性金融机构的资金来源问题和加强对政策性金融机构的贷款对象和规模进行有效管理，来增强现有政策性金融机构的筹资功能，解决落后地区经济的弱质性；另一方面还要适当增加政策性金融机构的种类，尤其是促进落后地区的农业发展的金融机构。四是出台发展落后地区资本市场的鼓励政策，支持其通过资本市场拓宽融资渠道。如优先考虑资源开发性企业上市；发行落后地区开发建设债券；设立产业投资基金，鼓励投资者向落后地区农牧业、矿产以及基础设施等产业投资；设立落后地区开发基金，为外来投资提供资金配套、贴息贷款等。

表 2 - 4　　　　　　　　我国区域平衡发展可使用的政策工具

政策工具	主要手段	国外可借鉴的典型案例
公共投资	公共基础设施、农业基础设施项目、环境改善项目、区域发展基金、国有公司	英国政府为开发区提供基础设施、工厂和开垦废弃土地；意大利的"南方发展基金"
转移支付	一般转移支付、专项转移支付	各国普遍采用，侧重点各有不同
经济激励	工业投资补贴；就业或工业补贴；租金补贴；居住区调整补助；所得税、进口设备关税、出口利润税税收减免；区位调整的税收返还和特许权；运费调整和补贴；特别折旧率；优惠贷款；信贷担保；社会保险政府特许权；土地征收和抵偿；低价出租和出售厂房；技术援助、培训和信息咨询服务	英国政府对投资于特别发展区、发展区和中间区的企业分别给予相当于设备投资的44%、40%和20%的补贴
直接干预	新建、扩建企业许可证制度；城市功能区划分；建设材料的配额	英国1945年的《工业布局法》规定：在发展区以外建厂，面积超过1万英尺要取得建筑许可证
政府采购	对不发达地区公司强制性采购比例	意大利规定政府采购总额的30%要从南方购买

　　资料来源：韩凤芹：《国外政府干预地区差距的实践及借鉴》，载《经济研究参考》2004年第10期，124页。

2.4.6 尽快建立和健全农业保护政策体系，为农业发展提供制度保证

实践证明，实施农业保护政策，不仅稳定了农业发展，而且农业生产率的提高又为工业的进一步发展提供了广阔的市场，从而带动了国民经济的持续发展。与国外相比，中国农业在国民经济中的地位和作用更加重要，从为工业发展提供资金到增加市场需求，带动经济发展。中国的工业化是在经济发展低水平下，通过超前发展重工业开始的，农业成为工业化积累的主要资金来源。据测算，农业新创造价值的25%左右被工业部门抽走，造成自身积累长期不足，现代化进程异常缓慢。中国目前已进入工业化中期，工业发展已具备了自身积累的能力，政府对农业实施保护的时机已经成熟。正是由于这种以牺牲农业为代价的工业化政策的实施，再加上农业天生的弱质性特征，因此中国农业和农村经济异常脆弱。为确保农业稳定发展、农民增产增收，政府应加强农业的保护立法，对有关土地制度、农业开发、农产品流通以及农村人口的非农转移等做出明确的法律规定，对有关农业信贷资金安排、农业税收、农业科技开发和推广应用、农产品价格等方面采取的保护措施制度化，避免以往习惯用临时性政策措施解决农业问题的做法，真正将农业和农村经济的发展纳入法制化、制度化的轨道。

2.4.7 促进落后地区农业、农村和环境协调发展，不断扩展农民的增收空间

发达国家现代农业的发展，已经较好地解决了农产品的数量、质量和结构问题，对农产品的需求也基本稳定下来。在这种情况下，农业应当如何发展，农民怎样才能增收，欧盟政府制定了有利于农民的新政策，创造收入的新增长点。例如，进行农产品深加工和精加工，举办乡村休闲娱乐旅游服务项目，农地上植树造林种草，等等。只要农民兴办的发展项目符合国家或欧盟的目标和要求，就可以得到国家或欧盟的资助。更重要的

是，这种政策将农民置于经济发展、社会和谐和环境保护的中心，成为三者协调发展的主体，通过政府的目标导向和资助措施，引导农民创办经营项目，既扩展了农民增收的空间，提高了农民的收入，又实现了农业的多功能发展，促进了经济、社会和环境三者的全面协调发展。虽然我国国民经济和农业发展水平与法国相比，还存在不小的差距，农业支持和保护的力度也还不大。但是，法国注重农业、农村和环境协调发展的思想和政策，对于我们促进社会经济发展，保护生态环境，走农业可持续发展的道路，实现农民增收、农业发展和农村稳定的目标，具有十分重要的借鉴意义。

2.4.8 建立教育、科研、推广三结合的农业科教体系，推动落后地区农业发展

在日本的农业现代化进程中，农业科研、农业教育以及科学技术的普及推广发挥了重要的作用。我国要实现农业现代化，必须借鉴发达国家的经验，建立科研、教育和技术推广三结合的农业科教体系。经过几十年的努力，我国在农业教育、科研和技术推广方面取得了不小的成绩，科技进步对农业经济增长的贡献率大大提高。但是，由于受到经济条件限制，以及教育、科研体制的影响，我国农民的科技文化素质还较为低下，农村文盲、半文盲的比例高达30%，农业科研成果的数量和质量与发达国家相比还有较大差距，科研成果的转化率也只有30%~40%。这些都是制约我国农业现代化的不利因素。为了加速农业科技进步，促进农业持续稳定发展，在教育、科研和科技推广方面要采取一些切实有效的措施，并全力实行。首先，加大农业科研和教育投入，努力提高农业科教投入的总体水平；其次，发展农村教育事业，在普及九年制义务教育的基础上，搞好农业高等教育和职业技术教育，并抓好中年农民和干部的科技培训工作；最后，加大农业技术推广力度，加强农业技术推广体系的规范化建设，努力避免随意性和盲目性。

2.4.9 完善相关法律制度，为地区平衡发展提供长效的制度保障

法律规范是国家制定或认可的，由国家强制力保证实施的规则，是国家各项政策得以顺利实施的保障。在世界各国开发落后地区的经验中，最重要的一条就是制定规划，并使区域开发政策法律化。采取法律条文的形式来确定待开发地区的选择、开发内容和程序、资助的方式和重点、优惠措施的具体内容等，使落后地区开发政策法律化，并依法成立相应的区域经济管理机构，来负责实施。目前，我国在地区发展立法上仍处于空白状态，虽然近年来政府为扶持中西部地区发展、解决地区间协调发展问题制订了很多计划、政策和措施，但其中有些计划、政策和措施并未能真正落到实处，实施效果并不理想。其间一个很重要的原因就是这些计划、政策、措施不具有法律地位，缺乏强制执行力，其实施在很大程度上依赖于执行者的水平和自觉性，对不执行计划、政策等的行为也未规定相关人员的责任。因此，中央政府应该加强地区发展的立法工作，尽快将控制地区发展差距的计划、政策、措施等转变为法律规范，如将抽象的"投资倾斜"、"优先安排"等政策表达以严密的法律条文的形式予以规定，明确界定地区发展过程中涉及的有关政府的责权利关系，为各级政府实施地区发展提供法律依据，使区域协调发展工作有法可依，走上法制化轨道，从而确保预期的效果。

本章小结

本章首先介绍了美国、欧盟和日本等发达国家和地区在进行粮食补贴促进地区间平衡发展上的主要做法，归纳出各国粮食补贴政策措施基本上都包括价格支持、收入补贴支持以及农业基础设施建设补贴、信贷补贴等其他一般服务支持，可以看出补贴的方式随着经济的发展也在不断调整。然后，总结了发达国家在进行粮食补贴促进地区间平衡发展方面的主要经验和对我国的主要启示。

第 3 章

我国现有粮食主产区支持政策分析

自新中国成立以来,根据不同时期的经济社会发展状况和对粮食生产的具体需求,出台了多种政策支持粮食主产区和粮食产业发展。这些支持政策虽然不同于粮食主产区利益补偿政策,但对这些政策进行梳理,并分析典型案例,对确定我国粮食主产区利益补偿政策有重要的借鉴意义。

3.1 我国粮食支持政策的演变

按照支持方式的不同,我国粮食支持政策大体上经历了 1949～1984 年、1985～2000 年、2001～2003 年和 2004 年至今四个阶段。

3.1.1 1949～1984 年:以保障工业建设和城市需求为目的的粮食支持阶段

新中国成立以后,大规模的工业建设需要大量资金。由于缺乏外部资金支持,工业化的原始积累只能依靠农业提供,降低粮食价格、抬高工业品价格进而扩大工农业剪刀差就成为工业化资本积累的重要途径;工业化的发展也带动了城镇规模的不断扩大,城镇居民对粮食的需求也不断增加。为了支撑工业化建设,保障城镇居民对粮食特别是低价粮的需求,国家于 1953 年开始实行了粮食统购统销政策,粮食的收购、销售的数量和价格由国家统一规定。虽然 1958～1965 年国家先后 4 次提高粮食收购价格,但小麦、稻谷等主要粮食价格自 1965 年以后 12 年没有提高。为了提高粮食产量，从 20 世纪 50 年代末开始，国家实行了"机耕定额亏损补贴"，通过补贴国营农机站的方式促进农业机械化发展，60 年代还实行了加价奖励、奖售工业品等政策，这些政策对提高粮食产量有一定的帮助。可以说这一阶段国家的粮食支持政策的基本特征是：通过各种方式提高粮食产量以保障供应，通过低价收购、统购统销等方式保持粮食低价格。这种粮食政策虽然客观上也促进了粮食生产的发展，但粮食价格长期维持在很低的水平，从根本上来讲这是通过剥夺农业部门利润的方式支持工业部门和城镇居民，农业部门尤其是粮食产业利润的大量流失又制约了粮食生产的发展，导致粮食生产长期在低水平徘徊。这个时期的粮食支持政策实质上是对工业化的支持。

以家庭联产承包责任制为代表的农村改革，极大地调动了农民和农业的生产积极性，解放了农村生产力，促进了粮食生产的极大发展。国家通过提高统购价格、超购加价等方式大幅度提高了粮食收购价格，促进了粮食产量的大幅增加；同时为了不增加城镇居民粮食消费负担，保持市场价格稳定，国家保持粮食销售价格基本不变。随着粮食收购价格的不断提高，粮食购销价格倒挂的现象日趋严重；同时受售粮收益增加的刺激，农民售粮积极性不断提高，造成了国家超购粮食数量也不断增加。以上两个因素导致了国家财政对粮食补贴越来越多，1984 年国家财政对粮油净补贴达到 209 亿元，占当年财政收入的 14.3%，财政压力巨大。这一时期的粮食政策虽然提高了种粮收益，促进了粮食产量的大幅增长，但从宏观上来看，依然属于补贴城镇居民的阶段。

3.1.2　1985~2000 年：以中间环节补贴为主的粮食支持阶段

随着粮食产量的进一步增加和温饱问题的逐步缓解，1985 年国家取消了粮食的统购政策，改为合同定购，并逐步缩小合同定购的范围，扩大市场调节的范围，粮食收购逐步开始市场化。在继续提高粮食收购价格的同时，逐步提高粮食统销价格，以减小购销价格倒挂，对购销倒挂部分和国有企业经营费用给予补贴。与粮食统购退出相配套的是 1990 年粮食专项储备制度的实施，通过粮食储备，一方面保障粮食安全，另一方面减小农民粮食销售风险，提高农民种粮积极性。

1993 年，国家开始探索粮食购销市场化改革，实施了"保量放价"的政策，即在国家宏观调控下，积极稳妥地放开粮食价格，但保留粮食定购数量。同时为了配合粮食购销市场化改革，国家建立了粮食收购保护价制度，小麦、稻谷、玉米、大豆等主要粮食品种按照保护价对农民敞开收购，并逐步提高保护价格水平，以提高农民种粮积极性。随着粮食统销制度的逐步取消、粮食储备体系的建立和完善，为了适应粮食购销市场化需要，中央和地方财政用原来补贴粮食销售的资金建立粮食风险基金，粮食基金定向用于补贴粮食收购、储备企业等流通环节。

随着我国农业发展水平的不断增加，我国粮食供求水平由长期短缺变成总量大体平衡、丰年有余。与此同时，粮食生产结构不合理、库存增加、财政负担过重的问题日益严重。国家于 1999 年开始逐步减少保护价收购品种，并下调低质粮的收购价格。

从以上分析可以看出，无论是补贴粮食购销倒挂部分和粮食购销企业经营费用，还是补贴粮食储备企业，都是对粮食产销中间环节的补贴，虽然这一阶段国家也实施了粮食定购与平价化肥、柴油和预购定金挂钩的"三挂钩"政策，通过将粮食销售与农资等挂钩，提高农民交售商品粮的积极性，但总体而言，国家粮食支持政策的重点依然不在粮食主产区和种粮农民。

3.1.3 2001～2003 年：粮食主产区支持起步阶段

2001 年我国加入世贸组织，为了应对加入 WTO 对粮食产销带来的冲击，国家开始调整粮食支持政策的重点和范围。加快粮食主销区粮食市场化改革步伐，在粮食主销区率先放开粮食收购市场。重点支持粮食主产区，在继续调整保护价收购范围的同时，将粮食主产区优势作物列入继续保护价收购范围，按保护价敞开收购，并加大支持力度。2002 年，率先在安徽、吉林等粮食主产省试点粮食直补，并逐步扩大直补试点范围。

3.1.4 2004年至今，转变支持方式，重点支持粮食主产区阶段

2004年，国家全面实行粮食购销的市场化运作，同时转变以往以流通补贴为主的粮食支持政策，通过种粮农民直接补贴、粮食最低收购价和临时收储等多种方式，加大对粮食主产区和种粮农民的支持力度。

2004年，在安徽、吉林等省份试点的基础上，开始在全国范围内推行粮食直补政策，对种粮农民直接补贴；在粮食直补的基础上，逐步增加了良种补贴和农机具购置补贴；为了降低生产资料价格上涨给种粮农民带来的损失，2006年开始实行农资综合补贴。随着时间的演进，补贴标准也逐步提高。为了进一步激励粮食主产区发展粮食生产的积极性，除了在粮食主产区继续实行最低收购价政策之外，2005年国家开始实施产粮大县财政奖励政策。在缩小保护价收购范围的基础上，进一步加强对重点粮食产区、重要粮食品种的最低收购价政策。2005年以来，根据市场价格情况，分别在不同地区启动了相关品种最低收购价格执行方案，并不断提高最低收购价格。同时为了增加种粮农民收益，国家还实行了临时收储政策，重点支持玉米、大豆等粮食品种的生产。此外，从2004年开始进行农业税减免试点，到2006年在全国范围内彻底取消农业特产税，进一步减轻种粮农民的负担。

至此，我国初步形成了综合性收入补贴、专项性生产补贴以及最低收购价政策相结合的种粮补贴政策框架。

3.2 我国现有粮食主产区支持政策的主要内容

我国现有粮食主产区支持政策可以归纳为一个支持、一项奖励、四种补贴，即最低收购价支持政策、产粮大县财政奖励政策和良种推广补贴、农机购置补贴、粮食直接补贴、农资综合补贴四种粮食补贴政策。业已初步形成了综合性收入补贴、生产性专项补贴、区域性补贴、最低收购政

策相结合、兼顾国家粮食安全、种粮农民收入和区域经济发展的粮食补贴政策体系，其中产粮大县奖励政策可看做是针对粮食主产区政府的补贴，其他可以看做是针对农民的补贴。详细情况如图3－1所示。

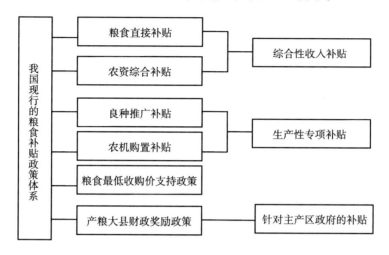

图3－1　我国现行的粮食补贴政策体系

3.2.1　粮食直接补贴

粮食直接补贴是将原来用于补贴流通环节的资金转向补贴种粮农民。2002年中央财政分别安排6.27亿元和1 461.7万元在安徽省的来安县、天长市和吉林省的东丰县开展农民种粮直接补贴试点工作，对粮食的补贴直接兑现给种粮农民。2004年中央财政安排116亿元资金对全国29个省份全面实施农民种粮直接补贴政策，2005年农民种粮直接补贴资金增加到132亿元。2005年增加到132亿元，比上年增长13.79%，2006年在2005年的基础上再增加10亿元，兑付粮食直补资金142亿元，2007年粮食直补资金进一步增加到151亿元，2008年和2009年继续维持在151亿元的较高水平。2010年、2011年国家继续实施对种粮农民直接补贴，稳定粮食直补资金151亿元的水平（见图3－2）。

粮食直补采取向主产区倾斜的做法，资金从粮食风险基金安排，由中央和地方共同筹集。在实践中，虽然粮食直补的受益人都是农民，但各地补贴方式和补贴标准不完全一致，目前，粮食直补的补贴方式主要有四

（亿元）

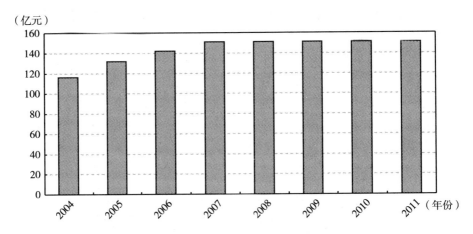

图3-2　2004年以来中央对种粮农民直补资金

资料来源：中国农业信息网，http：//www.agri.gov.cn/。

种，分别是：根据农民交售的粮食数量进行补贴，根据农民的实际粮食种植面积进行补贴，根据农业税田亩和计税常产进行补贴，根据农民的粮食订购量和应缴农业税额综合进行补贴。从目前来看，大多数地区采用计税面积进行补贴，并采用"一卡通"的形式打入农民的账户上。

3.2.2　良种推广补贴

良种推广补贴（通称良种补贴）是我国加入WTO以后，根据《农产品协定》的相关规定出台的第一个农业补贴措施。种粮农民要获得良种补贴必须满足两个条件：一是在规划的优势区域内，二是购买良种。良种补贴的金额等于每亩补贴标准乘以补贴面积。其中补贴标准由国家统一规定，良种补贴通过补贴优势地区优势品种，引导农民采用良种，促进良种的规模化连片生产，从而推动我国农业科技水平和农业综合生产能力的提升。良种补贴主要来源于中央财政资金，具体实施一般由省财政厅牵头，从目前已实施的补贴资金到户的方式来看，良种补贴方式主要有三种形式：一是招标采购、差价供种，二是市场采购、事后补贴，三是按计税面积直接补贴到户。

2002年农业部率先在部分粮食主产县进行良种补贴试点，2002年中央财政设立大豆良种推广补贴项目，补贴东北三省和内蒙古高油大豆适宜生态区的高油大豆品种,当年安排1亿元资金补贴面积66.67万公顷。2003年高油大豆补贴面积扩大到133.33万公顷,同时实施了66.67万公顷优质专用小麦良种推广补贴。2003年良种补贴开始在全国实行,水稻、小麦、玉米等主要粮食品种在全国31个省份实现了良种补贴的全覆盖,大豆良种补贴覆盖到整个东北地区。2004~2008年,逐步扩大补贴作物的种类和范围,2009年中央财政安排农作物良种推广补贴资金154.8亿元,水稻、小麦、玉米和棉花在全国31个省份实行良种推广补贴全覆盖,大豆在东北三省和内蒙古实行良种推广补贴全覆盖。2010年中央财政将继续增加良种补贴资金,安排良种补贴资金204亿元,比上年增加44亿元。2011年增加到220亿元,小麦、玉米、大豆和油菜每亩补贴10元,其中,新疆地区的小麦良种补贴提高到15元(见图3-3)。

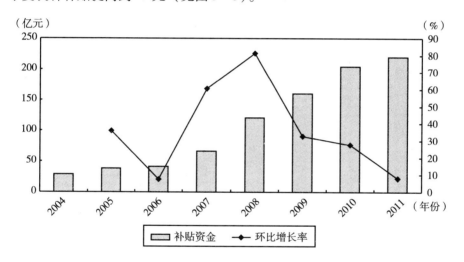

图3-3 2004年以来中央良种补贴资金及增长率

资料来源:中国农业信息网,http://www.agri.gov.cn/。

3.2.3 农机购置补贴

农机购置补贴是由中央、省和各级地方财政安排专项资金,对个人、农场职工、农机专业户和直接从事农业生产的农机作业服务组织购置和更新大型农机具给予的部分补贴。农机购置补贴的范围是国家支持的先进适用农业机械。中央财政农机购置补贴资金实行定额补贴,即同一种类、同一档次农业机械在省域内实行统一的补贴标准。农机具购置补贴资金来源于中央财政设立的农业机械购置补贴专项资金及地方财政配套资金，由农业部和财政部共同组织实施。财政部门的主要职责是落实补贴资金预算，及时拨付补贴资金，对资金的分配使用进行监督检查，农机管理部门具体负责补贴专项的组织实施和管理。补贴标准和价格由农业部、财政部确定，价格为最高限价，只能向下浮动。农机购置补贴对改善农业物质装备水平、促进农业机械化的发展、提高农业生产效率、增强农业综合生产能力有重要意义。

2004 年设立农机具购置补贴项目，当年各级财政筹集 4.1 亿元补贴资金（其中中央财政 7 000 万元），带动农民投入 20 亿元，补贴各类农机具 10 多万台（套）。2004～2008 年，各级财政累计安排农机具购置补贴资金 121.6 亿元（其中中央财政 69.7 亿元），补贴各类农机具 225 万台（套）。2009 年中央财政再一次大幅度增加农机具购置补贴资金，安排农机具购置补贴资金 130 亿元，实施范围扩大到全国所有的农牧县（场），补贴机具种类扩大到 12 大类 128 个品种，覆盖所有农牧渔业生产急需关键环节的农业机械。2010 年中央财政准备安排农机具购置补贴资金 144.9 亿元，比上年增加 14.9 亿元，补贴范围继续覆盖全国所有农牧业县（场），并进一步扩大补贴机具种类，把牧业、林业和抗旱、节水机械设备纳入补贴范围，补贴机具种类涵盖 12 大类 180 个品种。2011 年农机具补贴增加到 175 亿元，在原来的补贴品种基础上各地可再自行增加 30 个品目（见图 3 - 4）。

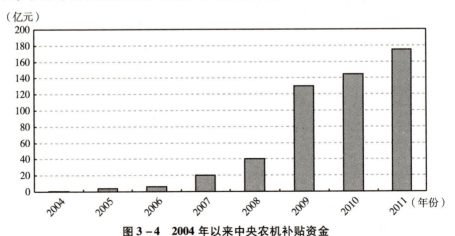

（亿元）

图 3 - 4　2004 年以来中央农机补贴资金

资料来源：中国农业信息网，http：//www.agri.gov.cn/。

3.2.4 农资综合补贴

为了缓解农资价格上涨的压力，降低农业生产成本，国家于 2006 年开始实行农资增支综合补贴，补贴金额根据预计全年农资价格变动对农民种粮收益的影响综合测算，补贴发放后，不随当年农资实际价格变动而调整。补贴资金由中央财政负担。在资金分配上，重点向粮食主产区和产粮大县倾斜，粮食播种面积、产量、商品量越多，补贴越多。农资综合直补资金全部由中央财政负担，纳入粮食风险基金，实行专户管理，对资金拨付的每一个环节都进行严格的监管，确保补贴资金足额及时发放。农资综合直补的操作方式也存在差异，部分省区参照粮食直补政策实施，部分省区重新制订实施方案。

2006 年中央财政设立农资综合补贴项目，安排 120 亿元对种粮农民在柴油、化肥等生产资料增支实施直接补贴，用于稳定农民种粮收益。当年中央财政安排农民种粮直接补贴和农资综合补贴资金 262 亿元，全国 7.28 亿农民直接受益。2007 ~ 2009 年，中央财政安排农民种粮直接补贴资金均为 151 亿元，合计 453 亿元；安排农资综合补贴资金为 276 亿元、482 亿元和 716 亿元，合计 1 474 亿元。综合性收入补贴力度逐年加大。2009 年中央财政安排农资综合直补资金 756 亿元，相对于 2006 年的 120 亿元，增长了 5.3 倍。2010 年中央财政继续加大农资综合直补力度，安排农资综合补贴 835 亿元，较上年增加 119 亿元，并逐步建立农资综合补贴动态调整机制，根据化肥、柴油等农资价格的变动及时安排农资综合补贴资金，适当弥补种粮农民农业生产成本的增加。2011 年，全国农资综合补贴金额为 835 亿元，成为当前我国第一大农业补贴项目（见图 3 - 5）。

3.2.5 最低收购价支持政策

随着我国粮食供求总体状况的变化，粮食品种不合理、库存增加、国有粮食企业亏损增加等问题日益严重。2004 年国家对农业补贴方式进行改革，变流通性补贴为直接补贴，以提高补贴资金使用效率；同时为

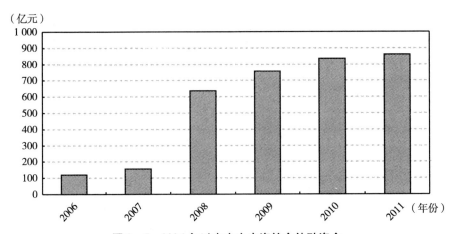

图 3 - 5   2006 年以来中央农资综合补贴资金

资料来源：中国农业信息网，http：//www. agri. gov. cn/。

了引导农民优化粮食品种结构，国家开始对重点粮食品种按照最低收购价限量收购。

国家对最低收购价给予两种补贴：一是对以国有粮食收储单位为代表的粮食企业在执行收购、就地储存、择机按市场价销售过程中，所发生的收购费用、保管费用给予补贴；二是对最低收购价政策执行中，因高进低出发生的亏损，由财政给予一定的补贴。

2004 年我国明确了对粮食生产优势区域和优势品种进行最低价收购制度。优势区域和优势品种包括河北、河南、山东、江苏、湖北、安徽的小麦，湖北、湖南、江西、安徽的早籼稻，湖北、湖南、江西、安徽、四川的中晚稻，黑龙江、吉林的粳稻。2005 年以来，根据市场价格是否低于最低收购价的情况，分别在不同地区启动了相关品种最低收购价格执行预案，2008 年提高了稻谷和小麦的最低收购价水平，扩大了稻谷最低收购价格实施范围，2009 年，国家继续提高最低收购价格水平，各品种最低收购价格见表 3 - 1。

表 3 - 1   　　　　　　　　稻谷、小麦最低收购价　　　　　　　单位：元/公斤

年份	2004	2005	2006	2007	2008	2009	2010	2011
早稻	1.4	1.4	1.4	1.4	1.54	1.6	1.8	2.04
中晚稻	1.44	1.44	1.44	1.44	1.58	1.84	1.84	2.14

续表

年份	2004	2005	2006	2007	2008	2009	2010	2011
粳稻	1.5	1.5	1.5	1.5	1.64	1.9	1.9	2.56
白麦	–	–	1.44	1.44	1.54	1.74	1.8	1.9
红麦	–	–	1.38	1.38	1.44	1.66	1.72	1.86
混合麦	–	–	1.38	1.38	1.44	1.66	1.72	1.86

资料来源：中国农业信息网，http：//www.agri.gov.cn/。

从最低收购价格水平来看，2004～2007年，中储粮按照早籼稻1.40元/公斤、中晚籼稻1.44元/公斤和粳稻1.50元/公斤的最低收购价在水稻主产省份实行托市收购，带动稻谷价格回升到最低收购价水平。2006年国家对小麦实行最低收购价政策。2006～2007年，中储粮按照白小麦1.44元/公斤、红小麦和混合麦1.38元/公斤的最低收购价在小麦主产省份实行托市收购，使小麦市场收购价格迅速回升，并持续运行在最低收购价水平之上。2008年国家在年初和新粮上市前先后2次提高稻谷和小麦的最低收购价。2009年国家大幅度提高稻谷最低收购价。2010年国家继续提高粮食最低收购价格，其中白麦、红麦和混合小麦每千克最低收购价分别提高到1.80元、1.72元和1.72元，均比上年提高0.06元；稻谷最低收购价格水平也将作较大幅度提高，早籼稻每千克1.86元，中晚稻每千克1.94元，粳稻每千克2.10元，分别比上年提高0.06元、0.10元和0.20元。

在对水稻、小麦两大口粮采取最低收购价敞开收购的同时，从2008年下半年开始，为稳定市场，解决东北农民卖玉米难、价格下降问题，保护农民利益和种粮积极性，我国对玉米、大豆等粮食产品采取临时收储政策。首批玉米临时收储计划于2008年10月下旬下达，仅计划收储500万吨；12月初国家下达了第二批收储计划，计划收储500万吨；当月下旬，又下达了第三批计划，计划收储2 000万吨；到2009年2月中旬，进一步下达了第四批计划，追加收储1 000万吨。自2008年10月至2009年2月，国家先后下达了四批临储计划，收储4 000万吨玉米。收储计划在东北的吉林、黑龙江、辽宁和内蒙古执行，平均收购价格为1.50元/公斤，比上年平均提高0.10元/公斤，提价幅度7.1%。其中黑龙江1.48元/公斤、吉林1.50元/公斤、辽宁和内蒙古1.52元/公斤。收储数量分布为：吉林

1 730 万吨、黑龙江 910 万吨、辽宁 730 万吨、内蒙古 630 万吨，收购执行期截至 2009 年 4 月底。同时，国家还决定，临时收储玉米将按照顺价销售的原则在批发市场上择机销售。此后直到 2014 年，玉米等粮食的临时收储政策一直在执行。

3.2.6 产粮大县财政奖励政策

为了缓解产粮大县财政困难的状况，提高地方政府发展粮食生产的积极性，国家从 2005 年开始，由中央财政对产粮大县进行奖励。奖励的范围是 1998～2002 年连续 5 年平均粮食产量大于 4 亿斤，且粮食商品量大于 1 000 万斤的县；或者虽然达不到以上条件，但对区域内粮食安全起着重要作用，对粮食供求有重大影响的县。奖励资金由中央财政拨付到省级财政，省级财政在收到奖励资金后，两周内拨付到县级财政（产粮大县财政资金总量情况和变化情况见表 3－2 和图 3－6）。奖励资金由县财政统筹安排，合理使用。政策实施以来，中央财政一方面逐年加大奖励力度，另一方面不断完善奖励机制。为更好地发挥奖励资金促进粮食生产和流通的作用，中央财政建立了"存量与增量结合、激励与约束并重"的奖励机制，要求 2008 年以后新增资金全部用于促进粮油安全方面开支，以前存量部分可继续作为财力性转移支付，由县财政统筹使用，但在地方财力困难有较大缓解后，也要逐步调整用于支持粮食安全方面开支。2010 年产粮大县奖励资金规模约 210 亿元，奖励县达到 1 000 多个。对粮食产量或商品量分别位于全国前 100 位的超级大县，中央财政予以重点奖励；超级产粮大县实行粮食生产"谁滑坡、谁退出，谁增产、谁进入"的动态调整制度。2011 年中央财政安排奖励资金 225 亿元，对粮食生产大县除一般性财政转移支付奖励政策外，对增产部分再给予适当奖励。

表 3－2　　　　　　　　产粮大县财政奖励资金　　　　　单位：亿元

年份	2005	2006	2007	2008	2009	2010	2011
金额	55	85	140	140	175	210	225

资料来源：中国农业信息网，http://www.moa.gov.cn/。

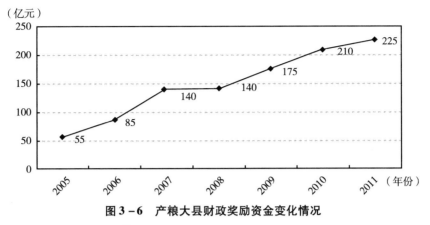

图 3 - 6　产粮大县财政奖励资金变化情况

资料来源：中国农业信息网，http：//www.agri.gov.cn/。

3.3　现有粮食主产区支持政策的成效和问题

3.3.1　主要成效

1. 粮食生产有了较大提高

粮食直补资金的兑付，农业税的减免，粮价的上涨，这些政策都对种粮面积的扩大和粮食的增产都发挥了积极的作用，从而实现了我国粮食产量连续八年增长，产量由 2003 年的 43 069 万吨，达到了 2011 年的 57 000 万吨；粮食种植面积由 2003 年的 14.9 亿亩（9 941 万公顷）达到 2011 年的 16.6 亿亩（11 057 万公顷）。粮食产量连续稳定增长，不仅是我国粮食综合生产能力的有力恢复，也是粮食生产发展的一个突破。虽然这些成就不能完全归功于现有粮食支持政策，但它在扩大种粮面积和促进粮食增长方面确实发挥了相当大的作用。

2. 农民收入有了较快增长

粮食直接补贴政策的一个主要目标就是促进农民增收。实施粮食直补政策的几年来看，政策确实让种粮农民得到了实惠，收入有所增加。2004年，我国农民人均纯收入 2 936.4 元，2011 年增加到 6 977 元，增长了

137.635%。农民收入的增加，对提高种粮农民的积极性起到了比较明显的作用。

3. 获得了良好的政治效应

粮食直接补贴政策是一种经济行为，也是一种政治行为，政策的实施会产生经济和政治的双重效应。直接补贴政策实施至今不仅对我国的经济发展起到了积极作用，同时也取得了良好的政治效应。近年来，我国国力增强，财政收入增加，政府对"三农"的投入力度也在不断加大，粮食直接补贴政策、取消农业税政策的实施，是"工业反哺农业，城市支持农村"的具体落实，它标志着我国粮食宏观调控政策的重大转变。直补政策获得了农民的支持，改善了农业和工业的关系。在直补政策的落实过程中，农村基层干部从以前的"讨钱人"变成现今的"送钱人"，这种转变在很大程度上改善了干群关系。农民对政府制定的此项政策很是欢迎。

3.3.2 突出问题

从前述分析来看，我国粮食主产区的补贴政策对稳定和提高粮食生产、促进农民增收起到了比较明显的效果。但是粮食产量的提升和农民收入的增加，并不仅仅归功于粮食主产区补贴政策。从实践来看，粮食补贴政策还存在一些比较突出的问题，补贴的主要在以下几个方面。

1. 粮食补贴标准偏低

我国粮食补贴资金总量虽然在逐年增加，补贴的规模也在不断扩大，但亩均粮食补贴标准仍然偏低。以 2011 年为例，直接直补、良种补贴、农机具购置补贴、农资综合直补以及产粮大县奖励等各项补贴资金总额达到 1 606 亿元，应当说是一个了不起的数字，但按全国 18.2 亿亩耕地计算，亩均补贴却只有 88 元，这与欧美、日本等一些发达国家数百元甚至上千元的亩均补贴相比力度明显偏低。此外，近年来，化肥、农药、柴油等农业生产资料价格普遍上涨，水稻、玉米、小麦等粮食作物的平均直接费用以 6%~8% 的年均速度上涨，很显然补贴不足以弥补种粮农民因生产成本上涨而增加的支出，因此，从当前和今后国内外粮食市场供求形势以及农资价格的上涨情况来看，要调动和提高农民的种粮积极性，必须要进一步加大补贴力度，提高粮食补贴标准。

2. 粮食补贴资金结构缺乏合理性

国家对粮食补贴各项目资金投入的比例不尽合理。2011 年，对促进粮食增产具有较强效应的良种补贴和农机具购置补贴在补贴资金总额中所占的比重较小，分别只有 15.93% 和 12.67%。对于促进粮食增产和农民增收具有弱效应的粮食直补资金支出占 10.93%，农资综合补贴占 60.465%。粮食补贴资金支出结构中资金配置扭曲问题更加突出，农资综合直补资金投入的比例增长过快，从粮食补贴资金支出结构来看，政府对各类粮食补贴资金支出规模的安排不尽合理，应该适当加大对生产性专项补贴资金的投入力度。

3. 农民增收目标与粮食增产目标没有有效耦合

粮食补贴政策虽然把调动农民种粮积极性、促进粮食增产和农民增收作为粮食补贴政策的主要目标，但从长远看，必须考虑到农业补贴所带来的农产品结构性过剩、农业竞争力下降以及财政负担重等现实问题。粮食增产和农民增收的目标两者之间没有有效耦合，虽然国家近几年对种粮农民的补贴力度逐年加大，农民收入水平也有所提高，但粮食生产的经济效益比较低下，种粮农民与从事其他产业的农民之间的收入差距越来越大，极大地影响农民的种粮积极性，危及我国粮食的长期安全。因此，实现粮食补贴政策目标的关键是如何提高粮食生产的经济效益，保障种粮农民的收益，协调好粮食增产和农民增收之间的关系。

4. 粮食补贴运行程序烦琐，政策执行成本高

粮食补贴政策的落实涉及财政、农业、粮食企业和金融等多个部门，各部门之间缺少必要的信息平台，造成人力、物力、财力的重复，降低了粮食补贴政策的效率。另外，粮食补贴种类较多，对象分散，粮食补贴政策的操作工作量大，有的是按种植面积发放补贴，有的是按计税面积或计税常产发放补贴，并且不同的粮食品种其补贴标准也不完全相同，要想在规定的时间内，把这些补贴分文不差的发放到种粮农户手中，其任务之重、难度之大、政策执行成本之高不可低估。粮食补贴政策的实施成本直接影响到补贴政策的效果，因此，如何保证粮食补贴政策在公平性的前提下简化补贴手续，降低政策执行成本，提高粮食补贴效率是今后完善粮食补贴政策体系的关键。

5. 补贴对象缺乏针对性，补贴政策缺乏差异化

现行的粮食补贴基本以地区为主，同一地区补贴标准基本相同，类似于"普惠制"的补贴模式。尽管粮食直补、农资综合直补被看作是收入性支付政策，但是，直接收入支付并不意味着完全脱离粮食生产，若完全与种粮面积或产量挂钩又不符合 WTO 关于非扭曲性国内支持政策的一般规则。目前这种类似于"普惠制"的补贴模式，实际上是把对粮食的补贴扩大为对整个农业的补贴，对种粮农民的"特惠"政策扩大为对全体农民的"普惠"政策，越来越接近于社会保障计划，有悖于粮食补贴政策的设计初衷。同时粮食补贴政策也没有考虑到农户的特征差异性，随着农村劳动力转移和土地流转的加快，农户粮食生产的预期目标也将产生差异化，是满足家庭消费还是市场化的经营销售，对补贴政策的反应存在明显的差异。因此，如何保证粮食补贴政策的激励效应，必须考虑到农户的异质性特征，制定更加合理的差异化补贴标准，完善粮食补贴政策的操作方式。

3.4 粮食支持政策演变和实施的启示

自新中国成立以来，随着经济社会的不断发展，我国粮食支持政策也不断变化，从总体上来讲是适合我国经济社会发展需要的，对促进粮食增产、农民增收和主产区发展发挥了重要的作用。但是当前我国粮食支持政策也存在很多问题，在全面建设小康社会的背景下，粮食支持政策要真正适应当前经济社会发展的需要，就必须在建立粮食主产区利益补偿机制方面进行探索。

3.4.1　粮食支持政策要符合本国国情

粮食支持政策要符合本国的实际情况，符合农业发展规律及农业长期发展方向，这是评价粮食支持政策是否合理的根本出发点。粮食支持政策首先要受社会经济状况的制约，并与当时的社会经济发展保持一致。我国在制定粮食支持政策时，应在正确认识我国经济社会发展总体形势、粮食生产能力、供求关系、居民消费水平等多种因素，客观评估国际经济形势、粮食供求状况等外部因素的基础上，正确选择并适时调整粮食支持政策。

我国作为一个拥有 13 亿人口的发展中大国，吃饭问题始终是我国农业发展的根本问题，保障粮食供给始终是我国粮食支持政策的基本点。从改革开放前的统购统销、到 2004 年以前的保护价敞开收购、三挂钩政策、粮食储备和风险基金，再到现在的四种补贴、最低收购价，各项政策的共同的目的之一就是促进粮食生产，保障粮食供应。从效果上看，各项政策在不同的历史阶段，对促进粮食生产，保障粮食供应确实发挥了相应的作用。从这个角度来讲，我国粮食支持政策是符合我国实际情况的。

3.4.2　粮食支持政策是随着时代发展不断变化的

粮食支持政策是国家宏观经济政策的一个重要组成部分，其目的要与宏观经济政策和整个国家发展战略保持一致，其内容要与当时具体粮食供求状况和国际粮食市场状况相适应，手段要受到不同历史时期社会环境、体制机制的制约。而随着时代的不断发展，国家整体战略、经济形势、体制机制、国际环境都发生相应的变化，因此，粮食支持政策也会随着时代的发展不断变化。

从我国粮食支持政策历史演变可以看出，我国粮食支持政策是随着我国社会经济整体状况、粮食供求形势、国内外粮食形势等众多因素的变化而不断变化的。粮食统购统销政策是与新中国成立以后实行的高积累、低消费的工业化战略是一致的，目的是为工业化积累资金，保障城镇供应，这种粮食政策也只有在高度集中的计划经济条件下才能实行。改革开放以来，家庭联产承包责任制大大解放了农村生产力，市场经济体制逐步确立，此时粮食支持政策的目标、内容和手段都发生了相应的变化，目标上由单纯增加产量变为增加产量、调整结构和增加收入等多个目标；内容上从单纯的消费补贴变为价格支持、补贴支持、粮食储备、风险基金等多种方式；从手段上看，从单纯的计划和行政手段转变为计划手段与市场手段并用。随着粮食产量的进一步增加和我国市场化改革的进一步深入，我国粮食支持政策进一步变化，对农民收入支持在粮食支持政策中所占的比重越来越大，政策手段越来越市场化；尤其是加入WTO以后，为了符合WTO规则，我国开始引入以粮食直补为主的"绿箱"政策。

3.4.3　粮食支持政策已经进入粮食主产区利益补偿的新阶段

我国粮食生产已经由长期短缺转变为总体平衡、丰年有余，虽然保障粮食供应仍然是粮食支持政策的重要目标，但这个目标的紧迫性相对于以前已经大大降低，在这种情况下，粮食政策如果继续过多强调产量目标，不仅会造成粮食供过于求，粮价下跌损害农民利益；而且政府也由于大量的财政支出而背上沉重的负担。

当前我国粮食方面的主要问题在于一个薄弱、三个拉大。一个薄弱是农业基础设施薄弱；三个拉大，一是不同区域之间，即粮食主产区与主销区之间发展差距不断拉大；二是不同行业之间，即粮食产业与其他产业之间收入差距不断扩大；三是不同作物之间，即种粮收益与其他作物收益差距不断扩大。在当前的形势下，粮食支持政策的目标如果继续局限于增加种粮农民的收入，虽然在一定程度上可以缓解种粮收益与其他作物收益差距不断扩大的趋势；但由于粮食产业与其他产业收入差距拉大的主要原因在于粮食产业链条短，加工增值程度低，因此粮食产业与其他产业收入差距不会因农民收入的提高而缩小；粮食主产区与主销区尤其是粮食主销区收入差距扩大的原因在于主销区经济尤其是二、三产业的发展受土地指标的限制相对于粮食主产区要小得多，可以拿出更多的土地用于发展效益远高于粮食产业的其他产业，因此，提高种粮农民收入也无助于缓解粮食主产区与主销区发展差距的拉大。

可以说，当前粮食支持政策的两个重要目标，虽然在当前及未来仍然非常重要，但由于经济社会的不断变化，粮食支持政策的环境已经发展了变化，原有的政策已经难以适应新的需求。建立粮食主产区利益补偿机制，通过扶持粮食主产区发展的方式，带动粮食增产、农民增收，解决一个薄弱和三个拉大的问题，已经成为当前粮食支持政策的重点关注方面。

本 章 小 结

本章首先对我国粮食支持政策的演变进行了梳理，提出我国粮食支持政策根据战略目标的不同，大体上可以分为以保障工业建设和城市需求为目的的粮食支持阶段、以中间环节补贴为主的粮食支持阶段、粮食主产区支持起步阶段和转变支持方式重点支持粮食主产区阶段四个阶段。现阶段我国对粮食主产区的支持政策主要包括最低价收购制度、四项补贴和对产粮大县财政奖励政策，并系统阐述了我国现行的对种粮农民直接补贴、良种补贴、农机补贴、农业生产资料综合补贴、粮食最低价格收购政策、产粮大县奖励政策的执行情况。

同时，本章从总体上评述了我国现行的粮食主产区补贴政策的总体效果，指出对稳定和提高我国粮食生产、促进农民增收、取得的政治效应等方面取得的成就，但也指出粮食产量的提升和农民收入的增加，并不仅仅归功于粮食主产区补贴政策，并且从实践来看，补贴的效率也即单位补贴成本获得的补贴效果也并不高，粮食补贴政策还存在一些比较突出的问题，如粮食补贴标准偏低、粮食补贴资金结构缺乏合理性、农民增收目标与粮食增产目标没有有效耦合、粮食补贴运行程序烦琐、补贴对象缺乏针对性等。

最后，通过对我国粮食支持政策演变和当前政策实施的分析，提出粮食支持政策要符合我国国情，要随时代发展变化而变化，并做出了我国粮食支持政策已进入建立粮食主产区利益补偿的新阶段的判断。

第 **4** 章

粮食主产区与主销区的
量化比较分析

　　本章在前面分析的工农业产品价格剪刀差给粮食主产区和主销区带来的巨大差距的基础上，进一步对主产区和主销区农业经济发展差距情况进行比较。包括：粮食主产区和主销区在粮食生产、地方财政收入及农民人均纯收入方面的比较。经过这一直观的统计描述分析，进一步通过多元线性回归模型验证粮食主产区和主销区财政收入的差距，以及农民人均纯收入的差距。

　　分析过程中，为了更加明晰地反映出主产区与主销区在粮食生产和经济收入等方面的差距，我们从粮食主产区和主销区分别选出一个代表省份进行比较。主产区以河南省为代表，主销区以广东省为代表。

4.1　粮食主产区与主销区粮食生产情况的比较

4.1.1　人均粮食播种面积比较

　　粮食播种面积是反映地区粮食生产规模的主要指标，而人均粮食播种面积能更好地反映单位劳动力粮食的生产能力。图 4 - 1 所示的是粮食主产区河南省和主销区广东省的农民人均粮食播种面积变化趋势，从中可以看出，在改革开放以来的 30 多年间，两省的人均粮食播种面积差异发生了巨大的变化。

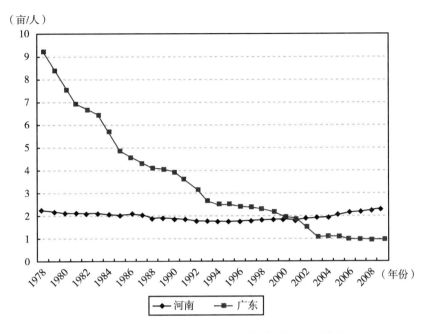

图 4 - 1 河南省和广东省农民人均粮食播种面积的比较

资料来源:《河南统计年鉴》、《广东统计年鉴》, 1979 ~ 2011。

从具体数值来看, 改革开放初期, 广东省的人均粮食播种面积远高于河南省, 但是广东省粮食播种面积下降迅速, 到 2001 年人均粮食播种面积低于河南省。人均粮食播种面积也由 1978 年 9 亩的人均播种面积下降到 2009 年 1 亩的人均播种面积; 而河南省人均粮食播种面积一直比较稳定, 从 1978 年以来缓慢下降到 1995 年的 1.75 亩/人, 之后逐渐回升, 到 2009 年, 人均粮食播种面积为 2.34 亩。

从图 4 - 1 来看, 两省的人均播种面积呈现出明显的差距, 这是由于 30 年来, 广东省地处沿海地区, 粮食种植的机会成本远大于河南省, 粮食用地转为其他更有经济价值的用途, 广东省人均粮食播种面积持续下降, 而河南省地处内陆, 粮食种植的机会成本相对于广东省要低很多, 农业用地面积得以保持, 从而人均粮食播种面积保持平稳造成的。

两个省的人均粮食作物播种面积, 反映出一个很有价值的信息, 就是随着二、三产业的发展, 主销区种粮机会成本远大于粮食主产区, 因此, 以广东省为代表的主销区农民人均粮食播种面积大幅下降, 而以河南省为代表的粮食主产区，人均粮食播种面积规模大，时间序列上相对平稳，粮食主产区播种面积保持了稳定的发展势头，这是保障粮食产量一个重要的手段，并因此为保障我国粮食安全起到重要作用。可见，保持粮食主产区的优势地位对于保障国家粮食安全是十分重要的。

4.1.2 人均粮食产量比较

为了进一步比较粮食主产区和主销区的粮食生产规模，我们选取产量指标对河南省和广东省粮食产量差异进行比较。图4-2显示的是，粮食主产区河南省和主销区广东省的人均粮食产量。可以看出，随着时间的推移，人均粮食产量也出现了越来越大的差距。

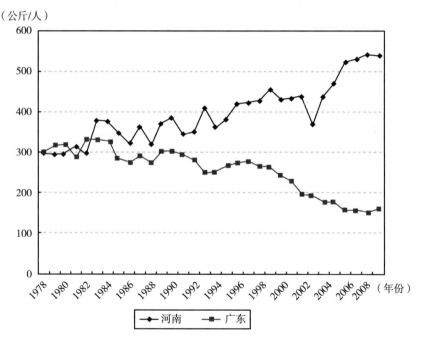

图4-2 河南省和广东省人均粮食产量比较

资料来源：《河南统计年鉴》、《广东统计年鉴》，1979~2011。

如图4-2显示，两省的人均粮食产量也呈现明显的差距，表现出人均粮食产量最初非常相近，但是随着时间的推移，差距越来越大的特征。在1978年，两省人均粮食产量基本持平，大约为300公斤/人，之后，粮食主产区河南省的人均粮食产量不断攀升,到 2009 年接近 550 公斤/人,除满足河南省自身粮食需求外,已经成为粮食主要输出省份,是我国重要的商品粮的供给基地。而广东省人均粮食产量持续走低,到 2009 年接近 150 公斤/人,需要大量购入外省市的商品粮。

具体来看,两省的人均粮食产量差异表现为四个不同的阶段。第一阶段为 1978～1982 年,这一阶段两省人均粮食产量差距不是很明显,从 1978～1980 年主产区河南的人均粮食产量微弱下降,广东的略有上升,并且高于河南的人均粮食产量;到 1981 年,河南的人均粮食产量由 1980 年的 295 公斤上升到 313 公斤,高于广东,因为广东的人均粮食产量较 1980 明显下降,为 286 公斤;1982 年河南的人均粮食产量略低于广东,这一阶段两省人均粮食产量差异小于 37 公斤。第二阶段为 1983～1991 年,这一阶段河南与广东人均粮食产量变化趋势比较类似,差异进一步扩大,并且高于广东人均产量,差异为 37～46 公斤。第三阶段为 1992～2009 年,这一阶段两省人均粮食产量差距急剧扩大,河南省远高于广东省,最大差异值为 2008 年,差距为 391 公斤,这主要是由于广东人均粮食产量迅速下降与河南省人均粮食产量迅速提高所致。

由此可见,在满足我国粮食需求和保障国家粮食安全方面,作为粮食主产区长期以来在商品粮供给方面做出了巨大的贡献。

通过上述分析,我们可以得出粮食主产区在粮食供给及保障国家粮食安全方面发挥着举足轻重的作用。那么,既然粮食主产区为我国粮食供给起着如此重要的作用,那与主销区相比,以农业为主的粮食主产区在长期的发展过程中,地区经济发展、农民收入水平及产业发展水平是不是由于如此重要的贡献而相对较高呢?为了解决这个疑问,我们继续下面的研究。

4.2　主产区与主销区经济发展比较

4.2.1　农业产业发展和二、三产业发展比较

为了说明粮食主产区和主销区地区生产总值的差异,我们首先从政府

层面出发，对河南省和广东省地区生产总值及其构成情况入手，进行详细的分析和比较，以反映两省间农业产业发展，二、三产业发展的差异。

从河南省生产总值及一、二、三产业的结构图（见图 4-3、图 4-4）可以看到，90 年代以来，广东省和河南省生产总值都在迅速增加，但是广东省的生产总值远高于河南省，1991 年广东为 694.6 亿元，到 2011 年上升到 20 711 亿元，人均接近 4 万元，而河南省同年生产总值由 323.03 亿元上升到约 5 700 亿元，人均接近 2 万元。因此，从绝对数量上来看，粮食主产区河南省与主销区广东省生产总值差距十分明显。

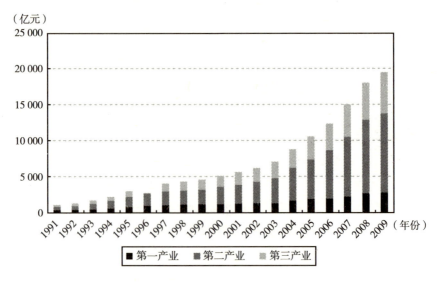

图 4-3   河南省生产总值构成情况

资料来源：《河南统计年鉴》、《广东统计年鉴》，1979~2011。

再从地区生产总值的构成来分析，如表 4-1 所示，自 1990 年以来，河南省生产总值中第一产业由 30% 以上下降到近年的 15% 左右，第二产业比重由 35.2% 上升到 56.5%，第三产业基本持平，占到 30% 左右；广东省的情况是，第一产业在 1990 年低于河南，为 25% 左右，2009 年下降到仅占 5%，第二产业比重在 1990 年与河南较为接近，为 39.5%，到 2009 年上升占到 50%，第三产业比重 1990 年高于河南，为 35.8%，2009 年上升占到 46% 左右。从三产结构差距来看，截止到 2009 年，广东第一产业比重低于河南 9.1 个百分点，第二产业比重低 7.3 个百分点，第三产业比

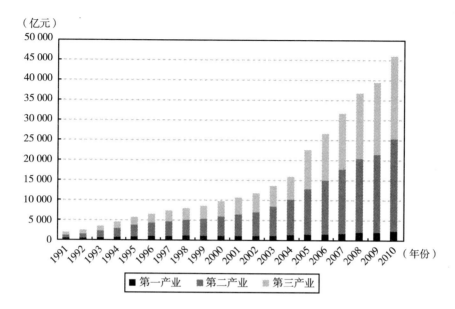

图4-4 广东省生产总值构成情况

资料来源:《河南统计年鉴》、《广东统计年鉴》,1979~2011。

重比河南高16.4个百分点。

表4-1 河南省和广东省生产总值结构比较 单位:%

年份	河南			广东		
	第一产业比重	第二产业比重	第三产业比重	第一产业比重	第二产业比重	第三产业比重
1990	34.5	35.2	29.4	24.7	39.5	35.8
1991	32.0	37.1	30.9	22.0	41.3	36.7
1992	27.7	42.6	29.7	19.0	45.0	36.0
1993	24.7	46.2	29.1	16.3	49.6	34.1
1994	24.6	48.2	27.2	15.4	49.6	35.0
1995	25.4	47.3	27.3	15.2	50.2	34.7
1996	25.6	47.0	2.9	14.4	50.2	35.4
1997	24.7	47.1	28.2	13.5	49.9	36.6
1998	24.6	46.2	29.2	12.7	50.4	36.9
1999	24.5	45.3	30.2	12.1	50.4	37.6
2000	22.6	47.0	30.4	10.4	50.4	39.3

年份	河南			广东		
	第一产业比重	第二产业比重	第三产业比重	第一产业比重	第二产业比重	第三产业比重
2001	21.9	47.1	31.0	9.4	50.2	40.4
2002	20.9	47.8	31.3	8.8	50.6	40.6
2003	17.6	50.4	32.0	8.0	53.6	38.3
2004	18.7	51.2	30.1	7.8	55.4	36.8
2005	17.9	52.1	30.0	6.3	50.3	43.3
2006	15.5	54.4	30.1	5.8	50.7	43.6
2007	14.8	55.2	30.1	5.3	50.4	44.3
2008	14.8	56.9	28.3	5.4	50.3	44.4
2009	14.2	56.5	29.3	5.1	49.2	45.7

资料来源：《河南统计年鉴》、《广东统计年鉴》，1979~2011。

无论是粮食主产省份，还是非主产省份，第一产业比重都在下降，广东省近年第一产业的比例仅是河南省第一产业比例的1/3，河南省第二产业发展迅速填补了第一产业下降的份额，而广东省是二、三产业共同发展，不仅填补了第一产业迅速下降的份额，还拉动了生产总值的快速增长。

总体来看，作为粮食主产区的河南省，农业对于生产总值的贡献远大于广东省，但是其能创造出的地区生产总值的绝对数量及二、三产业的产值和比重都与主销区的广东存在很大差距，粮食主产区未来的发展不得不引起我们的思考。

4.2.2 地方财政收入比较

我们继续从政府层面出发，采用能深入体现地区经济发展水平的地方财政收入指标来分析粮食主产区和主销区的差别。从图4-5可以发现，河南省和广东省地方财政收入在近些年都有明显的上升趋势，但是广东省上升幅度更大，地方财政收入的规模也更大，相比较而言，粮食生产占主要份额的粮食主产区河南省的财政收入较主销区广东省明显较少。

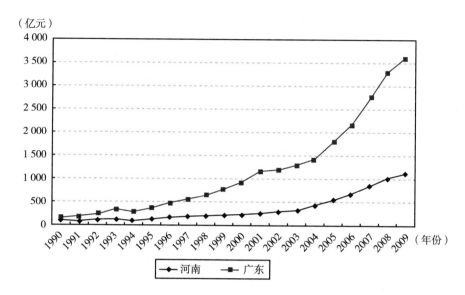

图 4 - 5　河南省和广东省地方财政收入比较

资料来源:《河南统计年鉴》、《广东统计年鉴》, 1979 ~ 2011。

从具体数值来看, 1990 年时, 广东和河南的地方财政收入差别不大, 约为 130 亿元, 之后广东的发展速度快于河南, 差距越来越大, 到 2009 年时, 广东的地方财政收入值为 3 649.81 亿元, 而河南仅为 1 126.06 亿元, 比广东低了 2 523.75 亿元。具体到地方财政收入的人均量, 自 1984 年以来, 河南省和广东省人口基数和增幅差别不大, 地方财政的人均额度表现出与图 4 - 5 的总额度相同的趋势。

也就是说, 以河南为代表的粮食主产区无论在地方财政收入总额还是在地方财政收入人均额度上, 随着时间的推移, 与以广东为代表的主销区的差距越来越大。粮食主产区未来在保障国家粮食安全的使命与经济发展的矛盾问题不得不引起我们的深思。

4.2.3　农民人均纯收入比较

上述分析让我们看到了从政府层面出发, 宏观数据揭示出来的粮食主产区与主销区间巨大的差距。以下将具体到农民的视角, 对两个省的农民人均纯收入情况进行深入分析, 发现粮食主产区河南省与主销区广东省的差异特征，分析结果见图4-6。

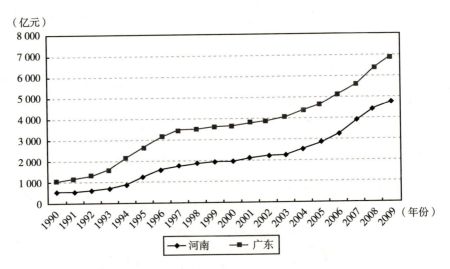

图4-6　河南省和广东省农村居民家庭人均纯收入比较

资料来源：《河南统计年鉴》、《广东统计年鉴》，1979～2011。

可以看到，1990年以来，无论是河南省还是广东省，农村居民家庭人均纯收入均具有比较明显的上升趋势，尤其是近年，广东省的上升趋势更为明显，幅度也更大，至2009年，河南省农村居民家庭人均纯收入大约为4 900元，而广东省为6 900元，人均收入高2 000元的差距值得我们深思，粮食主产区农民纯收入水平不及主销区，粮食主产区农民收入低下严重挫伤了其种粮的积极性，也给我国粮食安全的保障带来困难。

再从两省农民人均纯收入的结构来详尽分析，根据《河南统计年鉴》、《广东统计年鉴》将农民人均纯收入划分为工资性收入、家庭经营现金收入（其中包括农业现金收入）、财产性收入及转移性现金收入四个组成部分，工资性收入和家庭经营现金收入是农民人均纯收入的主要组成部分，主产区河南和主销区广东在结构上呈现出明显的区别。从工资性收入比重来看，河南的比重由1990年的10.24%上升到2009年的25.29%，同期广东比重由23.54%上升到54.21%，可见，广东农民在非企业组织中得到的收入、在本地企业或者外地打工获得的收入占纯收入比重越来越高，增长速度也远快于河南，到2009年已经占据纯收入一半以上的比重；家庭经营现金收入比重也是人均纯收入一个重要的组成部分，其中农业现金收入反映了农业收入对纯收入的贡献份额，河南的农业现金收入比重尽管有所下降，由 1990 年的 63% 下降到 2009 年的 57.86%，但依然占据很高的份额，说明河南农民收入对农业的依赖程度依然很大，而广东相应地比重下降明显，由 57.69% 降为 25.96%，表明广东农民现金收入中来自农业的贡献越来越小；从财产性收入和转移性现金收入的比重变化来看，河南比广东的变化要小，广东的增加更为明显，由 1990 年的 5% 上升到 11.62%（见表 4 - 2）。

表 4 - 2　　　　河南和广东农民家庭人均纯收入构成比较　　　　单位：%

年份	河南					广东				
	工资性收入比重	家庭经营现金收入比重	其中：农业现金收入比重	财产性收入比重	转移性现金收入比重	工资性收入比重	家庭经营现金收入比重	其中：农业现金收入比重	财产性收入比重	转移性现金收入比重
1990	10.24	84.72	63.00	0.35	4.69	23.54	71.46	57.69	0.84	4.16
1995	8.71	86.62	78.70	1.81	2.87	24.87	66.40	44.56	1.37	7.36
2000	17.39	78.28	64.82	1.06	3.26	35.99	54.25	34.39	1.95	6.86
2005	21.64	75.16	64.17	0.91	2.28	47.61	44.03	34.41	3.10	5.26
2006	22.94	73.54	61.99	0.90	2.65	57.21	33.34	25.24	4.35	5.10
2007	24.40	71.60	60.50	1.02	2.98	56.94	32.69	25.64	5.56	4.81
2008	25.03	70.27	59.68	0.88	3.84	52.05	37.04	29.16	4.77	6.13
2009	25.29	69.57	57.86	0.87	4.29	54.21	34.17	25.96	4.73	6.89

资料来源：《河南统计年鉴》、《广东统计年鉴》，1979～2011。

综合上述分析，河南和广东农民人均纯收入绝对数在不断增长，但是主产区河南远低于主销区广东，并且差距在不断加大，就收入结构而言，河南对农业的依赖程度更多，而广东主要依赖于工资性收入，同时财产性收入和转移性收入份额的不断增加也表明广东农民收入结构的多元化发展水平更高。因此，对于主产区来说，在不削减农业收入的前提下，如何保障农民收入快速增长，调动农民种粮积极性是一个重要议题。

4.3 主产区和主销区财政收入差异及影响因素分析

以上我们分析了以河南省和广东省为代表的粮食主产区和主销区的财政收入差别状况，以下继续运用计量模型模拟两地区财政收入的差距及影响因素问题。

以各地区地方人均财政收入（Y）为被解释变量，选择如下解释变量：以河南作为虚拟变量（X_{11}），即当 $X_{11}=1$ 时为河南，当 $X_{11}=0$ 时为广东，以衡量两省地方财政收入的差距；选取地区生产总值（X_{12}）指标作为衡量地方经济整体发展水平的指标，一般来说，地方经济发展水平越高，地方财政收入也越多；第二产业比重（X_{13}）、第三产业比重（X_{14}）作为衡量非农产业发展水平，二、三产业发展水平越高，对地方经济的带动能力就越强，因此，将二、三产业合并为一个变量，即二、三产业占生产总值的比重（$X_{13}+X_{14}$）；农村居民家庭纯收入（X_{15}）和城镇居民家庭纯收入（X_{16}）为解释变量，我们知道城乡居民收入差距是反映地方经济发展平衡的重要指标，因此将城乡收入差距（$X_{16}-X_{15}$）作为解释变量。模型变量中，涉及价格的指标均已经过平减处理，C_1 和 u_1 分别为常数项和随机扰动项。基于上述变量，建立如下多元回归方程：

$$Y_1 = C_1 + a_1 X_{11} + a_2 X_{12} + a_3 (X_{13}+X_{14}) + a_4 (X_{16}-X_{15}) + u_1$$

运用 Eviews 软件进行分析，对河南和广东的数据进行回归，结果如表4-3所示。

表4-3　　　　　　　河南和广东人均财政收入回归分析结果

Dependent Variable：Y		
Method：Least Squares		
Date：05/25/12　Time：10：16		
Sample：1 52		
Included observations：52		

续表

Variable	Coefficient	Std. Error	t – Statistic	Prob.
C *	– 611. 1782	352. 3746	– 1. 734456	0. 0894
X_{11} ***	– 373. 7370	73. 55270	– 5. 081214	0. 0000
X_{12} ***	0. 153991	0. 010730	14. 35126	0. 0000
$(X_{13} + X_{14})$ ***	1366. 991	442. 4090	3. 089879	0. 0034
$(X_{16} - X_{15})$ ***	0. 181043	0. 023245	7. 788359	0. 0000
R-squared	0. 958524	Mean dependent var		779. 4321
Adjusted R-squared	0. 954994	S. D. dependent var		1020. 542
S. E. of regression	216. 5046	Akaike info criterion		13. 68431
Sum squared resid	2203089.	Schwarz criterion		13. 87193
Log likelihood	– 350. 7921	F-statistic		271. 5443
Durbin-Watson stat	0. 305381	Prob（F-statistic）		0. 000000

注：*** 、** 和 * 分别表示在 1%、5% 和 10% 的显著水平下通过检验。

从两省人均财政收入的回归方程来看（见表 4 - 3），$R^2 = 0.96$，$F = 271.54$，解释变量和方程的显著性较强，系数和整体方程拟合效果都很好。从系数来看，X_{11} 的系数很有意义，它是度量在给定相同水平的地方生产总值、二、三产业比重及城乡收入差距水平的情况下，河南和广东人均地方财政收入的平均差距，即控制其他变量不变的情况下，河南比广东的人均地方财政收入少 373.74 元，进一步验证了上述统计分析中的粮食主产区河南省和主销区广东省在地方财政收入方面的差距。地区生产总值（X_{12}）的系数表明，对于河南和广东两省来说，地区生产总值与地方财政收入正相关，地区生产总值的增加有助于人均地方财政收入的增加。解释变量二、三产业占生产总值比重（$X_{13} + X_{14}$）的系数表明了，该解释变量对于人均地方财政收入显著的正向效果，比重每增加 1%，人均地区财政收入会相应增加 13.67 元，可见二、三产业发展对地区经济的强大带动作用，未来农业发展和地区经济发展的矛盾问题如何解决，第一、二、三产业间的关系如何协调，是一个严峻的问题。城乡收入差距（$X_{16} - X_{15}$）的系数表明，城乡差距越大，人均地方财政收入越高，尽管系数值比较小，依然是值得我们深思的问题，从统计数据来看，广东的城乡收入差距远大于河南，可是广东的人均地方财政收入也远大于河南。因此，未来不仅农民收入如何提高是个关乎农业发展的大问题，城乡收入差距的缩小也是摆在政府和科研工作者面前的一个难题。

通过上述分析，粮食生产大省河南在保障充足粮食生产的前提下，如何拓展财政收入渠道是一个主要的议题，如果不能有效地提高财政收入，长期与主销区不断加大的财政收入差距，势必影响地方政府推动粮食发展的积极性。

4.4　主产区和主销区农民人均纯收入差异原因分析

以上的分析说明，主产区河南省的农户和主销区广东省的农户农民人均收入差异明显，为了深入分析这种差异，我们对河南省和广东省农民人均纯收入进行回归分析，解释收入差距显著的原因。

被解释变量 Y_2 为农民人均纯收入，将如下变量作为解释变量：X_{21} 为虚拟变量，即当 $X_{21}=1$ 时为河南，当 $X_{21}=0$ 时为广东，以衡量两省的人均纯收入差距。X_{22} 为农作物总播种面积，用来表示农业生产情况。X_{23} 是地区生产总值，用来衡量地区总体经济发展水平。C_2 和 u_2 分别为常数项和随机扰动项。建立多元回归方程：

$$Y_2 = C_2 + b_1 X_{21} + b_2 X_{22} + b_3 X_{23} + u_2$$

运用 Eviews 软件进行分析，对河南和广东的数据分别进行回归。由表 4-4 的回归结果可以发现，河南省和广东省农民人均纯收入的回归系数和方程拟合效果很好。从系数的含义来看，X_{21} 的系数是度量在给定相同水平的地方生产总值及农作物播种面积的情况下，河南和广东农民家庭人均纯收入的平均差距，即控制其他变量不变的情况下，河南比广东的农民家庭人均纯收入少 3 421.185 元，进一步验证了上述统计分析中得出的粮食主产区河南省和二、三产业更为发达的主销区广东省在农民人均纯收入存在巨大差距的结论。农作物播种面积（X_{22}）的系数表明，对于两省来说，农作物播种面积的增加对于农民人均纯收入的作用是正向的，表明农作物可以提高农民人均纯收入，但是该系数较小，表明提高农作物播种面积对于农民收入增加的作用很小，因此，未来农作物收入对于政府来说是个不得不面对的难题。地区生产总值（X_{23}）的系数表明，对于河南和广东两省来说，地区生产总值与农民家庭人均纯收入正相关，但是系数值较小，表明地区生产总值的增加对农民家庭人均纯收入的增加有微弱的带动作用。因此，未来如何增加粮食主产区农民收入及拓展收入来源是政府要面临的重要议题，如果农民收入在主产区与主销区之间持续加大，势必会影响主产区农户粮食生产积极性，威胁国家粮食安全。

表 4－4　　　　　　　河南和广东农民人均纯收入回归分析

Dependent Variable：Y				
Method：Least Squares				
Date：05/25/12　　Time：21：30				
Sample：1 52				
Included observations：52				
Variable	Coefficient	Std. Error	t－Statistic	Prob.
C *	－2174.825	1286.374	－1.690663	0.0974
X_{21} *	－3421.185	1886.192	－1.813805	0.0760
X_{22} *	0.490152	0.245376	1.997552	0.0514
X_{23} ***	0.241925	0.015609	15.49941	0.0000
R-squared	0.840243	Mean dependent var		2577.012
Adjusted R-squared	0.830258	S. D. dependent var		2971.537
S. E. of regression	1224.265	Akaike info criterion		17.13187
Sum squared resid	71943605	Schwarz criterion		17.28197
Log likelihood	－441.4287	F-statistic		84.15216
Durbin-Watson stat	1.123102	Prob（F-statistic）		0.000000

注：***、**和*分别表示在1%、5%和10%的显著水平下通过检验。

本章小结

通过上的统计描述和计量分析，我们可以得出一些有价值的结论。1980~2009年，粮食主产区河南省在人均粮食作物播种面积保持稳定，人均粮食产量不断上升，是我国重要的商品粮调出大省，而主销区广东省两项指标则大幅下降，到 2009 年，远低于河南，需要从外省大量调入商品粮。可见，粮食主产区播种面积保持了稳定的发展势头，在满足我国粮食需求和保障国家粮食安全方面做出了巨大的贡献。

但是，当我们从河南省和广东省地方财政收入和农民家庭人均纯收入指标来看，尽管近些年都有明显的上升趋势，但是广东省上升幅度更大，地方财政收入的规模也更大，相比较而言，河南省的财政收入较广东省明显较少。也就是说，以河南为代表的粮食主产区无论在地方财政收入总额还是在地方财政收入人均额度上，随着时间的推移，与以广东为代表的主销区的差距越来越大。农民人均纯收入也是如此，两省的绝对数在不断增长，但是主产区河南远低于主销区广东，并且差距在不断加大，就收入结构而言，河南对农业的依赖程度更多，而广东主要依赖于工资性收入，广东农民收入结构的多元化发展水平更高。因此，对于主产区来说，在不削减农业收入的前提下，如何保障地方财政收入及农民收入快速增长，调动农民种粮积极性是一个重要议题。粮食主产区未来在保障国家粮食安全的使命与经济发展的矛盾问题不得不引起我们的深思。

通过上述统计分析，我们初步可以得出粮食主产区河南尽管播种面积及粮食产量高于主销区，但是其地方财政收入及农民收入水平却远远落后于主销区广东。为了进一步验证这一结论，我们进行了多元线性回归验证。

地方财政收入差异分析模型结果表明：①主产区和主销区人均地区财政收入存在巨大差异，在控制其他变量不变的情况下，河南比广东的人均地方财政收入少 373.74 元；②模型的解释变量系数还解释了一个重要的信息，即二、三产业占生产总值比重的增加会显著带动人均地区财政收入的增加，可见二、三产业发展对地区经济的强大带动作用，未来农业发展和地区经济发展的矛盾问题如何解决，第一、二、三产业间的关系如何协调，是一个严峻的问题；③城乡收入差距的系数也反映出一个值得我们深思的问题，即城乡差距越大，人均地方财政收入越高。因此，未来不仅农民收入如何提高是个关乎农业发展的大问题，城乡收入差距也是摆在政府和科研工作者面前的一个难题。

农民人均纯收入的多元线性回归模型进一步验证了上述统计分析中得出的粮食主产区河南省和二、三产业更为发达的主销区广东省在农民人均纯收入存在巨大差距的结论，即控制其他变量不变的情况下，河南比广东的农民家庭人均纯收入少 3 421.185 元；农作物播种面积的系数虽然反映出农作物播种面积的增加对于农民人均纯收入的作用都是正向的，但是该系数较小，表明提高农作物播种面积对于农民收入增加的作用很小。因此，未来农作物增收对于政府来说是个不得不面对的难题。

　　通过上述分析可知，如果不能有效地提高主产区河南省的地方财政收入和农民收入，长期与主销区不断加大的差距，势必影响地方政府推动粮食发展的积极性，影响农民的种植积极性，威胁国家粮食安全。因此，未来在保障主产区粮食生产安全的前提下，如何增加农民收入、拓展收入来源、缩小城乡收入差距，提高农民和地方政府的积极性，确定合理的三次产业结构，解决农业发展和地区经济发展的矛盾问题是必须要面对的重要议题。

第5章

现行粮食补贴政策实施情况及效益评价：基于河南省产粮大县的案例分析

本章选择我国产粮大省河南省的滑县、固始县、唐河县、邓州市、濮阳县、浚县等地进行调查研究，剖析每种补贴政策如粮食直补政策、良种补贴政策、农机购置补贴政策、农资综合补贴和产粮大县财政奖励政策等的执行情况及总体效果、效率及存在的主要问题。[①]

5.1 基于 DEA 模型的粮食补贴政策效果总体分析

为了评价各种补贴政策对农民增收和粮食生产的影响，我们运用数据包络分析（Data Envelopment Analysis，DEA）和 DEA solver3.0 软件，根据滑县、固始县、唐河县、邓州市、濮阳县等 2010 年、2011 年的各项补贴数据以及农民人均纯收入水平和粮食总产情况进行总体分析。

---

① 为了获得我国现行粮食补贴实施情况的第一手资料，为粮食主产区利益补偿机制研究奠定基础，课题组一行 5 人，在 2012 年 5 月 9 日~23 日，赴河南省进行实地调研。河南省是我国的第一产粮大省，自 2004 年以来河南省粮食总产和单产连续 9 年创历史新高，其中夏粮连续达到 10 连增，所选择的滑县、固始、唐河、邓州、濮阳 5 个县粮食产量位居河南省前列，也是全国重要的产粮大县和粮食生产先进县，其粮食补贴情况和效应在全国具有比较普遍的代表意义。课题组在县农业局、财政局、发改委有关部门帮助下，分别召开座谈会，并设计农户调查问卷，深入到农户家中进行问卷调查，结合宏观案例调查和农户微观调查进行分析。

5.1.1 DEA 模型简介

数据包络分析，是以相对效率概念为基础发展起来的一种崭新的效率评价方法。其基本思路是把每一个被评价单位作为一个决策单元（Decision Making Units，DMU），再由众多 DMU 构成被评价群体，通过对投入和产出比率的综合分析，以 DMU 的各个投入和产出指标的权重为变量进行评价运算，确定有效生产前沿面，并根据各 DMU 与有效生产前沿面的距离状况确定各 DMU 是否 DEA 有效。DEA 方法是一种非参数型的确定性生产前沿分析模型，优点在于不需要假设函数的具体形式就可以对企业效率进行度量，其运用生产过程的活动分析模型和线性规划技术对企业效率进行估计。

DEA 的数学模型。假设有 n 个决策单元，每个决策单元都有 m 种类型的"输入"，以及 S 种类型的"输出"，分别表示该单元耗费资源和"工作成效"，令 $X_j = (x_{1j}, \cdots, x_{mj})^T$，$Y_j = (y_{1j}, \cdots, y_{sj})^T, j = 1, 2, \cdots, n$，则可以用 (X_j, Y_j) 表示第 j 个决策单元 DMU_j。其中，x_{ij} 为第 j 个 DMU 对第 i 种类型输入的投入量，y_{rj} 为第 j 个 DMU 对第 r 种类型输出的产出量。对应于权系数 $v = (v_1, \cdots, v_m)^T$，$u = (u_1, \cdots, u_s)^T$，每个决策单元都有相应的效率评价指数。

每个决策单元都有相应的效率评价指数：

$$h_j = \frac{u^T Y_j}{v^T X_j}, j = 1, 2, \cdots, n$$

于是考察第 j 个 DMU 的综合效率的模型为：

$$\bar{P} \begin{cases} \max h_{j0} = \dfrac{u^T Y_{j0}}{v^t X_{j0}} = V_{\bar{P}} \\ s.t.\ h_j = \dfrac{u^T Y_j}{v^T X_j} \leq 1,\ j = 1,\ 2,\ \cdots,\ n \\ v \geq 0,\ u \geq 0 \end{cases}$$

该模型可以转化为以下评价模型：

$$\begin{cases} \min\theta \\ \sum\limits_{j=1}^{n} X_j\lambda_j + S^- = \theta X_0 \\ \sum\limits_{j=1}^{n} Y_j\lambda_j - S^+ = Y_0 \\ \lambda_j \geqslant 0, j = 1, 2, \cdots, n \\ S^- \geqslant 0, S^+ \geqslant 0, \end{cases}$$

通过该模型可得到规模报酬不变前提下得到的技术效率值 θ。其中 S^+，S^- 是松弛变量。根据判定定理，当 $\theta_0 = 1$，$S^+ = 0$，$S^- = 0$ 时，则该决策单元为 DEA 有效。当 $\theta_0 = 1$，$S^+ \neq 0$，或 $S^- \neq 0$ 时，则该决策单元为 DEA 弱有效。当 $\theta_0 < 1$，则该决策单元无效。

在 CCR 模型的基础上加上一个限定条件，$\sum\limits_{K=1}^{n}\lambda = 1$，便能够得到 BCC 模型（也即规模报酬可变前提下的模型），据此可以分析纯技术效率。将两个模型结合起来，根据公式（技术效率＝纯技术效率×规模效率），可以计算规模效率。

5.1.2 评价样本的各项指标数值

根据调查县市提供的资料，课题组整理了 2010 年、2011 年滑县、固始县、唐河县、邓州市、濮阳县各项补贴数据、农民人均纯收入水平和粮食总产情况如表 5-1 所示。

表 5-1 　　　　**2010 年、2011 年河南 5 县各种粮食补贴资金及粮食总产及农民人均纯收入**

评价单元	粮食直补资金（万元）	生产资料综合补贴（万元）	良种补贴（万元）	农机补贴（万元）	产粮大县奖励（万元）	粮食总产（吨）	农民人均纯收入（元）
滑县 2011	2 715.57	12 521.98	3 839.25	1 905	9 519	1 329 000	5 299.7
固始 2011	2 368	10 919.29	3 731.48	1 802	5 377	1 204 223	6 305
唐河 2011	4 342	14 320.01	4 575.15	1 183	6 141	1 143 000	7 095

续表

评价单元	粮食直补资金（万元）	生产资料综合补贴（万元）	良种补贴（万元）	农机补贴（万元）	产粮大县奖励（万元）	粮食总产（吨）	农民人均纯收入（元）
邓州 2011	3 148.31	17 628.31	4 509.9	1 942	5 100	1 060 000	7 139
濮阳 2011	1 797	8 807.8	2 446.24	1 352	4 639	892 345	6 341
滑县 2010	2 715.57	10 657.82	3 740.56	1 431	10 103.5	1 312 296	4 998
固始 2010	2 368	9 294	3 610.05	1 320	6 216	1 203 202	5 380
唐河 2010	3 298.47	12 945.53	4 418.5	1 181	8 356	1 135 302	5 919
邓州 2010	3 141	14 946	4779.71	1 429	2 594	1 035 200	6 141
濮阳 2010	1 797	7 496	2446.89	1 216	3 731	871 758	5 324

资料来源：滑县、固始、唐河、邓州、濮阳县农业局提供资料。

5.1.3　结果与分析

运用 DEA 分析得出各县 2011 年、2010 年补贴资金的技术效率、纯技术效率及规模效率如表 5-2 所示。各项投入的投入冗余情况见表 5-3。

表 5-2　　　　2010 年、2011 年河南 5 县各种粮食补贴效率

DMU	技术效率	纯技术效率	规模效率	规模报酬增减情况
滑县 2011	0.9782	1	0.9782	递增
固始 2011	1	1	1	不变
唐河 2011	1	1	1	不变
邓州 2011	0.8544	1	0.8544	递增
濮阳 2011	1	1	1	不变
滑县 2010	1	1	1	不变
固始 2010	1	1	1	不变
唐河 2010	1	1	1	不变
邓州 2010	1	1	1	不变
濮阳 2010	1	1	1	不变

资料来源：滑县、固始、唐河、邓州、濮阳县农业局提供资料。

从表5-2可以看出，2010年所选产粮大县及2011年固始县、唐河县、濮阳县粮食综合补贴政策的技术效率和规模效率均为1，规模报酬也处于不变状态，由此可见在大多数产粮大县，粮食生产补贴政策是有效率的，对粮食生产和农民收入增长产生了比较理想的效应，如若扩大补贴规模将会产生比较明显的产出和增收效应。这一点与粮食主销区有较大的差别。滑县在2011年补贴技术效率虽然没达到1，但也处于比较高的状态。邓州市粮食补贴政策相对较低，技术效率和规模效率均为0.8544，规模报酬处于递增状态。

表5-3　　　　　　　各种粮食补贴投入冗余量及产出不足量

DMU	技术效率	粮食直补 S-(1)	农资综合补贴 S-(2)	良种补贴 S-(3)	农机补贴 S-(4)	产粮大县 S-(5)	粮食总产 S+(1)	农民人均纯收入 S+(2)
滑县2011	0.9782	0	64.8481	0	32.1567	2 470.71	0	1 067.1251
固始2011	1	0	0	0	0	0	0	0
唐河2011	1	0	0	0	0	0	0	0
邓州2011	0.8544	32.8694	2 598.048	0	96.5313	0	26 454.188	0
濮阳2011	1	0	0	0	0	0	0	0
滑县2010	1	0	0	0	0	0	0	0
固始2010	1	0	0	0	0	0	0	0
唐河2010	1	0	0	0	0	0	0	0
邓州2010	1	0	0	0	0	0	0	0
濮阳2010	1	0	0	0	0	0	0	0

资料来源：滑县、固始、唐河、邓州、濮阳县农业局提供资料。

从表5-3可以看，技术效率值较低的邓州市粮食直补、农资综合补贴、农机补贴存在着投入冗余，说明这些补贴政策执行过程中还存在问题，对粮食增产的作用没有完全发挥出来，这与该县基础设施条件特别是排涝条件较差也有关系。滑县农资综合补贴、农机补贴、产粮大县奖励资金等存在投入冗余，说明这些补贴政策执行过程中还存在问题，作用没完全发挥出来，存在着需要改进的地方，农民人均纯收入存在着产出不足。

5.2 粮食直接补贴政策实施情况及效益评价

为了全面深入了解粮食直接补贴政策实施情况和效益，以及对粮食生产和农民增收的影响，我们对濮阳县农户进行了问卷调查。濮阳县地处华北平原，位于河南省东北部，黄河下游北岸，豫、鲁两省交界处。濮阳县辖 20 个乡镇，1 004 个行政村，土地面积 1 382 平方公里，耕地面积 132.8 万亩，人口 108.4 万人，其中农业人口 93.9 万人，占总人口的 84.6%，沿黄滩区涉及七个乡镇，340 个行政村，15.8 万人，18.7 万亩耕地，是一个典型的农业大县，主要粮食作物有小麦、玉米、大豆等，常年粮食作物种植面积 120 万亩。濮阳县先后命名为"国家商品粮基地县"、"全国农业技术推广先进县"、"省农业结构调整先进单位"等荣誉称号，连续 8 年蝉联"全国粮食生产先进县"，粮食生产实现了"九连增"。分析濮阳县的种粮直接补贴的主要做法和经验，科学评价濮阳县种粮直补的主要成效，剖析存在的突出问题，提出有针对性的改进措施，对于完善我国粮食主产区粮食直补政策具有十分重要的意义。

5.2.1 基本情况

1. 补贴的基本程序

濮阳县对粮食直接补贴，与农业生产资料综合补贴与一起采用"一卡通"现金补贴方式。资金来源由中央财政预算安排。中央财政按照当年测算确定的粮食直补规模，坚持"价补统筹、动态调整、只增不减"的基本原则。补贴资金兑付采取当年补上年的办法。上年新增补贴资金连同存量补贴资金于当年年初拨付，安排次年预算。濮阳县粮食直补的具体程序和步骤是：乡镇财政所乡镇财政所根据综合直补补贴的兑现规定和要求，编制各项补贴资金兑现底册，以村组为单位将每个农户的补贴面积、补贴标准、补贴金额张榜公示不少于 7 天，无异议后县级财政部门编制补贴资金落实方案于当年 3 月中旬之前逐级上报省对种粮农民直接补贴办公室，3 月底前省直补办批复完毕。根据省直补办批复的补贴资金落实方案，县级财政部门按时将补贴资金从农业发展银行拨入在同级农村信用联社开设的"农民补贴资金"专户。同时，乡镇财政所及时将各项补贴资金兑现底册抄送乡镇农村信用社营业网点，由农村信用社营业网点为享受补贴的每个农户开设固定的补贴存款账户，免费为每个农户办理补贴专用存款折，并在存款折摘要栏分别注明"粮食直补"补贴项目和金额，县级财政部门会同承办银行将补贴资金存入每个农户的固定补贴存款账户，并向每个农户发放补贴兑现通知书，农民凭本人身份证（户口簿），按照乡镇政府通知的时间到指定地点领取存款折，并在《补贴资金兑现底册》上签字、按指印。补贴兑现工作于当年 4 月底基本结束。

2. 补贴规模

自 2006 年以来，按照当前价格计算的粮食直接补贴基本稳定在 1 797 万元，补贴面积稳定在 119 万亩，补贴标准为每亩 16 元。濮阳县自 2005 年以来的粮食直补额如表 5 - 4 所示。

表 5 - 4　　　　　　　2005 年以来濮阳县粮食直补兑现情况

年份	补贴总额（万元）	补贴面积（万亩）	每亩补贴额（元）
2005	1 539	119	12. 98
2006	1 797	112	16
2007	1 797	112	16
2008	1 797	112	16
2009	1 797	112	16
2010	1 797	112	16
2011	1 797	112	16

资料来源：濮阳县农业局提供资料。

5.2.2　主要做法

1. 强化领导责任

为顺利把补贴资金发放到农户手中，濮阳县财政局成立了粮食直接补贴工作领导小组，主管副局长具体负责，并抽调部分科室科长分包乡镇进行督导。各乡镇也高度重视粮食直补工作，乡镇长为第一责任人，分管领导具体负责，明确3~5名业务骨干，财政、粮食、农发行、农信社、监察等部门等相关部门按照职能分工，承担相应责任，确保此项工作顺利实施。并为保障补贴工作顺利发放，做到有章可循，濮阳县还制定了《濮阳县对种粮农民粮食直补和农资综合直补实施方案》，明确规定了发放补贴资金的范围、标准、程序、措施、责任等，保证了资金及时、顺利、安全发放。

2. 大力进行宣传

为使农民清楚、明白国家各项补贴政策，濮阳县加大了补贴政策的宣传力度，基本做到了家喻户晓、深入人心。宣传中县财政部门和各乡镇充分利用广播、板报、宣传车、张贴标语、悬挂条幅、设立政策咨询台等多种形式宣传补贴政策。如在直补发放期间，在县电台黄金时段将县直补办《通告》连续20天全文播放，采取电视讲话和答记者问方式对政策进行宣讲。通过宣传，让广大群众对粮食直补的有关事宜、优惠政策、补贴标准等方面进行了广泛宣传，做到家喻户晓，充分调动广大基层干部和农民群众的积极性，努力促成项目区领导高度重视、政府统一组织、有关部门密切配合、干部积极工作、群众踊跃参与等有利于项目实施的良好氛围，为整体工作顺利开展和政策落实打好基础。

3. 严格补贴程序

严格按程序操作是保障资金及时、安全发放到农民手中的关键，所以，在制订方案时详细考虑到发放中的各个环节和重点，加以明确、细致规定。一是严把方案制订关。由乡镇财政所以村组为单位编制《粮食直补和农资综合直补资金兑现底册》，并以村组为单位，张榜公示每个农户的补贴面积、补贴标准、补贴金额。无异议后，县直补办根据《底册》编制资金落实方案，报省财政厅批复。二是严把补贴资金分配关。根据省直补办批复的《实施方案》和省财政厅拨付的资金总额分配资金，县直补严格执行省粮补办核准的每亩补贴标准。三是严把资金兑付关。直接将补贴资金拨入到在农村信用联社开设的"粮食直补资金"专户，由营业网点将每个农户的补贴资金打到粮补专用存折上，农民凭本人身份证（户口簿）、粮补通知书和"一折通"存折在全县任何一家农信社营业网点随时办理存取款。四是严把资金管理关。资金实行专户管理，设立"粮食直补资金"和"农资综合直补资金"专账，单独核算。

4. 责任督导到位

在落实补贴政策过程中，强化责任，指定具体责任单位和责任人，实行责任追究制，把落实补贴工作列入年终考核内容。同时，加强督导，保证落实补贴政策不走过场，让农民得到"真金白银"。在粮食直补中，各乡镇政府主要负责人为直补工作第一责任人。县乡两级必须做到"四到户"、"七不准"。在补贴兑现过程中，切实做到"四到户"，即政策宣传到户、清册编制到户、张榜公示到户、补贴兑现到户。严格执行"七不准"，即不准降低补贴标准，不准由村组干部代领代发存款折（银行卡），不准借发存款折（银行卡）之机向农民收取任何费用，不准用补贴款抵扣各种收费和债务，特别是不准抵扣水费、修路等集资款项，不准截留、挤占和挪用补贴资金，不准违规向享受补贴农户以外的个人或集体支付补贴资金，不准拖延补贴兑现时间。财政、监察部门加强对补贴兑现工作的监督检查，发现问题及时查处。谁出问题追究谁的责任。县直补办坚持二十四小时值班和"四个一竿子插到底"的工作方法，让群众满意、上级放心。《直补通知书》必须由财政所人员亲自发放，坚决杜绝村组干部代领代发，防止政策棚架，资金截留。对财政所在直补政策落实实行"一票否决"制度。信访案件查证属实的追究相关人员的责任。

5.2.3 补贴效益分析

1. 对粮食生产的效益分析

从事实上来分析，濮阳县自2006年以来，粮食种植面积逐年加大，粮食总产和单产都在增加，具体如表5-5所示。从表5-5来看，自2005年以来粮食种植面积、粮食单产及粮食总产基本上都呈上升趋势，连续多年创历史新高，但除了 2006 年上升幅度较大外，其他年份上升幅度均较小。

表 5 - 5   2004 年以来濮阳县粮食生产情况

年份	粮食种植面积 （万亩）	粮食单产 （公斤/亩）	粮食总产 （万公斤）	粮食总产环比增长率 （%）
2004	189.6	369.41	70 040	
2005	192.69	360.56	69 476.5	- 0.8
2006	191.175	403.66	77 170.2	11.07
2007	193.44	438.11	84 748.1	9.82
2008	195.95	432.66	84 778.1	0.04
2009	198.78	434.65	86 399.2	1.91
2010	200.55	434.68	87 175.8	0.9
2011	202.8	440.01	89 234.5	2.36

资料来源：濮阳县农业局提供资料。

结合粮食直补情况来分析，毋庸置疑，粮食直补对粮食生产有一定的激励作用，但是由于农资价格上升幅度较大等原因，使实际补贴大打折扣，加上粮食价格的上涨幅度远小于其他物品，种粮农民的积极性并没因为粮食直补而大幅度的提升。从补贴方式来分析，粮食直补基本上是按计税面积进行的补贴，补贴面积小于种植面积，且实际的种粮大户等并没有得到更多的补贴。另从农民是补贴资金的方式来看，获得补贴现金后归农民直接支配，较少用来购买农资的，因此事实上粮食直补对粮食生产的促进作用并不明显。

2. 对农民增收的效益分析

自 2005 年以来，濮阳县农民收入有了较大幅度的提升，2011 年农民人均纯收入达到 6 341 元，是 2005 年的 2.60 倍。具体情况如图 5 - 1 所示。

从粮食直接补贴对农民收入增长的刺激作用来看，主要是使农民获得一定的补贴现金这种直接作用，但这种作用的贡献率很低，这种 2011 年补贴额仅占农民人均纯收入的 0.25%。由于粮食的比较效益远低于其他产业，并且对粮食生产的作用也并不明显，因此粮食直补对农民收入增长的间接贡献率更少。

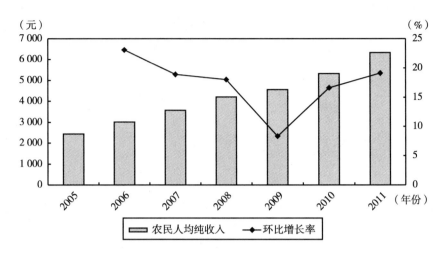

图 5 - 1 2005 年以来濮阳县农民人均纯收入

资料来源：濮阳县农业局提供资料。

5.2.4 存在问题

1. 补贴力度不够

濮阳县 2006 年以来粮食直补标准一直是每亩 16 元，与粮食生产成本相比，补贴标准仍然很低。根据《全国农产品成本收益资料汇编》（2012 年），2011 年河南省小麦各种生产成本累计 331.8 元，水稻生产成本累计 399.11 元，玉米各种生产成本累计 249.76 元，粮食直补额占各种粮食作物生产成本补贴额均不到 5%。近两年物价总体水平和农资价格上升幅度较大，而粮食价格上升幅度很小，更使粮食直补实际补贴额大打折扣。另外是粮食直补并没对所有耕地进行全覆盖。濮阳县的粮食直补面积自 2006 年以来一直是 112 万亩，这是按照计税面积进行的补贴，没有进行相应调整，而约 20 万亩的耕地没享受补贴；以前年度因土地流转、逃避税费等因素形成的"黑地"有 5 万亩也未享受补贴。

2. 补贴对象有失公平

近年来，农地流转的幅度越来越大，不少农户由于外出务工将土地流转出去，自己本身并不从事来农业生产。粮补资金的初衷是鼓励农民种粮，补贴应该补给实际种地的农户，而实际上粮食直补资金是补向了享有土地承包权的农户，而往往不去核实这些农户是否将农地流转出去，或者虽然没有进行农地流转，但并没有种植粮食而是种植其他粮食作物。据调查，很多种粮大户或从事粮食生产的家庭农场或者合作社，并没有得到应该享受的补贴。虽然 2013 年中央 1 号文件规定新增粮食生产直接补贴向真正从事粮食生产的新型农业经营主体倾斜，但实际支持力度远远不够。因此，种种不公平现象导致农民种粮积极性受到一定影响。

3. 发放形式有待改进

经过调研发现，目前大多数地区都采取"一卡通"的形式将粮食直补资金直接打到农户账户上，虽然比以前的发放方式相比大大降低了发放成本，但产生的效应会大打折扣。很多农户由于对政策缺乏了解，所以当他们能领到补贴时就觉得已经非常满足，而当问他们领到是什么补贴时，90% 以上的农民并不知道是具体名目，对国家补贴的目的和初衷并不了解，大都还是感觉仅仅是一笔补贴，农户使用粮食直补资金的用途与粮食生产并无关系，使粮食直补的增产效应和增收效应并不理想。

4. 监督机制有待完善

按照规定粮食直补面积是由各村专管员申报财政所包片会计审核，而实际中这两项职责通常由一人行使。或者即使是由两人分别行使申报，审核行为也缺乏有效的制约机制。这为申报审核人员提供了虚列农户的机会。在粮食直补款发放过程中，"一卡通"是通过专管员和包片会计发放，这样他们有可能将虚列农户的"一卡通"存折扣留，并设法修改密码领取直补款。有个别村资金发放都是由村干部直接以现金发放，并且是以签字的方式来证明资金的发放，虽然看似发放的资金并不是很多，但是采取的是这样的现金发放方式，不分条目，很容易造成资金不明流动，也会让一些有想法的蛀虫有机可乘。

5.3 良种补贴政策实施情况及效益评价

良种补贴政策是中国政府遵循世贸组织规则，运用公共财力为农民选用优良品种及其配套技术提供资金补贴的重大政策，是新时期提高优势农产品质量和竞争能力，促进农业生产发展的有力举措。为了全面深入了解良种补贴政策对粮食生产和农民增收的影响，我们深入到滑县农户家中进行了问卷调查。

滑县位于河南省东北部，地处黄河故道，是一个典型的农业大县，滑县粮食生产在粮食主产区具有较强的代表性。县域面积1 814平方公里，辖10镇12乡和1个产业集聚区，1 019个行政村，总人口130万人，耕地面积195万亩，素有"豫北粮仓"之美誉，粮食总产连续21年位居河南省第一位，被农业部誉为全国稳定发展粮食生产的一面红旗。2011年全县粮食种植面积265.6万亩，平均单产500.3公斤，粮食总产量132.9万吨，在国务院首次召开的全国粮食生产表彰奖励大会上，滑县被评为全国粮食生产先进单位，这是在连续八年蝉联农业部"全国粮食生产先进县标兵"的基础上，又获得的一项国家级殊荣。调查分析滑县的良种补贴的主要做法和经验，科学评价滑县良种补贴的主要成效，剖析存在的突出问题，提出有针对性的改进措施，对于完善我国粮食主产区良种补贴政策具有十分重要的意义。

5.3.1 良种补贴实施情况

滑县自2003年开始进行良种补贴，以后每年补贴的作物种类越来越多，补贴标准在逐年提高，补贴的对象范围在逐年加大，目前针对小麦、玉米、水稻等粮食作物基本上实现了全覆盖。2005~2011年，滑县连续七年实施了小麦良种补贴项目，累计实施面积922.0363万亩，目前补贴标准10元/亩，兑现补贴9 220.363万元。2006~2011年，滑县连续六年实施了玉米良种补贴，累计实施面积521.95396万亩，补贴标准10元/亩，兑现补贴 5 219.5396 万元。2008～2011 年，滑县连续四年实施了水稻良种补贴，累计实施面积 1.95238 万亩，补贴标准 15 元/亩，兑现补贴 29.2857 万元。另外，2007～2011 年，滑县连续五年实施了棉花良种补贴，累计实施面积 46.7537 万亩，补贴标准 15 元/亩，兑现补贴 701.3056 万元。2010～2011 年，滑县连续两年实施了花生良种补贴，累计实施面积 70.62607 万亩，补贴标准 10 元/亩，兑现补贴 706.2607 万元。

从补贴方式上看，在 2009 年以前，主要采取政府招标采购、农民补差价的补贴方式，自 2009 年以后，逐渐采用补现金的方式，也即采取"一折通（一卡通）"方式发放补贴资金，目前针对主要粮食作物如小麦、玉米、水稻等的良种补贴均采用这种方式。主要程序是：农户据实向村委会申报种植面积和品种名称，村、镇、县级、省级逐级核实、汇总，并建档备案。县级财政部门按照农业部门复核后的小麦、玉米、水稻良种补贴分户清册中所列补贴数额，会同承办银行将补贴资金存入补贴对象的固定补贴存款账户乡镇财政部门按照分户清册负责发放补贴兑现通知书。农民领取补贴兑现通知书时，应在分户清册上签字、按指印。领取通知书后，农民可持本人身份证（或户口簿）和农民固定补贴存款折、良种补贴兑现通知书，随时到承办银行营业网点办理补贴资金存取款业务。

表 5 - 6　　　　　　2005 年以来滑县良种补贴面积及补贴额

年份		2005	2006	2007	2008	2009	2010	2011
小麦	补贴面积（万亩）	90	99	99	121.73	167.02	167	178.29
	补贴额（万元）	900	990	990	1 217.28	1 670.18	1 670	1 782.9
玉米	补贴面积（万亩）		15	15	42.36	149.86	149.84	149.9
	补贴额（万元）		150	150	423.57	1 498.61	1 498.36	1 499
水稻	补贴面积（万亩）				0.48	0.49	0.49	0.49
	补贴额（万元）				7.2	7.39	7.35	7.35
棉花	补贴面积（万亩）			17	17	5.51	3.37	3.87
	补贴额（万元）			255	255	82.71	50.58	58
花生	补贴面积（万亩）						33.93	36.69
	补贴额（万元）						50.58	366.99
合计	补贴额（万元）	900	1 140	1 395	1 903.05	3 258.89	3 276.87	3 714.24

资料来源：滑县农业局提供资料。

5.3.2 良种补贴主要措施

1. 成立组织，强化领导

为确保补贴工作的顺利实施，县政府成立以主抓农业副县长任组长，县农业局、财政局、发改委、信用联社、监察局、审计局等单位负责人为成员的小麦、玉米、水稻良种补贴项目领导小组，领导小组下设办公室，办公室设在农业局，具体负责项目实施方案的制定、组织措施落实、督导检查、总结交流等项工作。各乡镇、街道办事处也高度重视良种补贴工作，乡镇长为第一责任人，成立相应机构，明确3~5名业务骨干，专门负责本辖区良补工作，确保此项工作顺利实施。同时成立专家指导组，负责制定小麦、玉米、水稻等高产高效综合栽培技术方案，开展技术培训宣传与技术指导服务等项工作，确保把优良的种子及时供销到户，补贴资金及时拨付到位，配套技术及时指导到田。

2. 强力宣传，广泛动员

实施好良种补贴项目，搞好宣传是前提。为把这项惠农政策落实得更好、更细、更实，让广大农民群众深切而直接地体会到党的关怀，确保惠农政策深入人心，滑县通过召开县、乡两级良种补贴工作专题会议、媒体宣传、补贴公示、播放电视游走字幕、召开技术培训会等方式对良种补贴的有关事宜、优惠政策、补贴品种、供种价格、补贴标准等方面进行了广泛宣传，让良种补贴政策家喻户晓，充分调动广大基层干部和农民群众的积极性，努力促成项目区领导高度重视、政府统一组织、有关部门密切配合、干部积极工作、群众踊跃参与等有利于项目实施的良好氛围，为整体工作顺利开展和政策落实打好基础。

3. 落实面积，强化监管

一是严格操作程序。为了确保良种补贴真正落实到位，每年滑县都以县政府文件的形式及时专门制定出台了《滑县人民政府关于印发滑良种补贴项目实施方案的通知》，规范项目实施。良种补贴面积首先由农户据实向村委会申报自己的种植面积和品种，由村委会登记、核实、公示后，由村组干签字、盖章确认后，上报到乡镇人民政府。乡镇人民政府汇总、核实后，由乡镇长签字并加盖公章后，将本乡镇的种植清册上报县农业、财政部门，严格操作程序，据实落实补贴面积。项目实施中，滑县严格遵循"政策公开、标准统一、补贴到户"的原则，实行"四公开"和"四到户"制度，即补贴政策公开、补贴面积公开、补贴标准公开、补贴农户公开，政策宣传到户、清册编制到户、张榜公示到户、补贴兑现到户。二是严格督导抽查。良种补贴领导小组对项目的实施情况实行严格督导检查，采取不定期抽查、明察暗访等有效形式，实地走访基层干部和农户，核对良种补贴清册，查看种植面积与实际补贴金额是否一致，做到发现问题，及时整改。县农业局、财政局均设立并公布了咨询举报电话，随时接受来自各方面的电话咨询和意见反映。三是严格资金管理。项目资金在财政部门设立了专门的账户，严格资金管理，杜绝任何地方、单位和个人虚报良种补贴面积以及套取、挤占、挪用补贴资金，做到了专款专用，切实发挥国家良种补贴资金效用。

4. 良法配套，科学种田

滑县始终把良种补贴项目作为一项重大综合技术推广项目来实施，坚持良种良法配套的原则，切实加大了配套技术的推广力度，实现良种和良法的累加效应。农业局抽调技术骨干力量，在项目实施的关键环节，采取技术人员直接到村、技术指导直接到田、技术培训直接到户、技术要领直接到人的"四直接"推广模式，切实提高适用技术覆盖率和到位率。并采取印发技术明白纸、播发电视游走字幕、制作电视专题、出黑板报、现场咨询等方式，广泛开展宣传培训活动，使关键技术措施家喻户晓。同时，滑县围绕高产创建活动的创建目标和工作要求，细化方案，明确责任，落实措施，通过抓好指挥田，办好示范方，积极引导广大农民选良种、配良法，科学管理，优质高产。

5. 部门配合，形成合力

良种补贴项目补贴的对象是千家万户，涉及面广，工作量大，时间

紧、任务重，因此，滑县切实加强了农业、财政、发改、监察、审计、广
电等多个部门之间的配合，明确分工，加强协作，形成了强大的合力，切
实把项目实施作为稳定粮食发展，增加农民收入的重要举措来抓，全面推
动项目的顺利实施。财政部门负责落实补贴资金预算、拨付工作；农业部
门负责项目组织实施、制订方案、良种推介、技术服务等工作；发改、监
察、审计部门负责项目的日常监督管理工作；广电负责项目的宣传工作，
其他各相关部门也都各司其职，各负其责，为良种补贴工作做好全程
服务。

5.3.3 良种补贴的效益评价

1. 对农民增收的促进效应

近年来，滑县种粮农民的收入有了较大提升，2011 年，滑县农民人均
纯收入达到 5 298 元，比 2005 年的 2 868 元增加 2 430 元（见图 5 - 2）。从
理论上分析，良种补贴对种粮农民增收促进作用的主要途径有三个，一是
通过补贴直接增加了农民的转移性收入；二是通过"良种与良法配套"，
提高单产，从而增加农民的家庭经营性农业收入；三是引导农民选用优良
品种，提高农产品质量，通过优质优价订单收购途径实现优质增收。

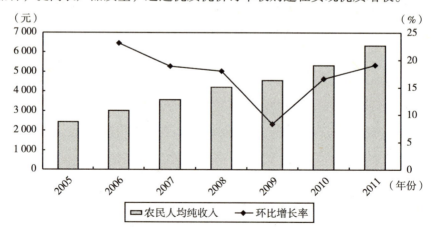

图 5 - 2　2005 年以来滑县农民人均纯收入变动情况

资料来源：滑县农业局提供资料。

但客观来讲，良种补贴对农民增收的贡献率并不算太明显，增加的转移性收入和经营性收入在农民人均纯收入中的比例较小，农民增收的真正原因更多的是其他原因，近年来采用直补现金"一卡通"方式，起到的增收效应就更加不明显。目前河南省也进入工业化的中后期阶段，相对于二、三产业，农业比较利益低下，粮食生产效益更低，农民收入来源中工资性收入已上升到第一位，因此目前的良种补贴对农民增收的贡献率较低。

2. 对粮食生产的促进效率

滑县近年来粮食产量有了加大幅度的提高，粮食总产连续九年实现历史新高，2011 年全县粮食种植面积 265.6 万亩，平均单产 500.3 公斤，粮食总产量 132.9 万吨。目前全县以小麦、玉米为主的大宗粮食作物良种覆盖率优质专用率均达到了 100%，花生、棉花、水稻的良种化水平也得到了大幅提幅。另外，通过良种良法配套，配套良法和新技术普及率显著提升，测土配方施肥、前氮后移、合理密植等关键技术进一步提高。由于良种的推广，也提升了粮食生产的规模化、标准化种植水平。

表 5 – 7　　　　　　　2004 年以来滑县粮食种植面积及产量

年份	粮食种植面积（万亩）	粮食单产（公斤/亩）	粮食总产（万公斤）	粮食总产环比增长率（%）
2004	243.3	369.41	104 990	
2005	250.74	433.08	108 590.6	3.43
2006	253.02	453.13	114 651.4	5.58
2007	254.055	486.28	123 542.9	7.76
2008	259.53	494.04	128 218.4	3.78
2009	262.185	497.69	130 486.7	1.77
2010	263.49	498.04	131 229.6	0.57
2011	265.6	500.3	132 900	1.27

资料来源：滑县农业局提供资料。

总体来说，自 2003 年以来的良种补贴对粮食生产起到了比较明显的促进作用，但起作用并没有完全发挥出来，特别是当前的现金"一卡通"直接补贴政策，使其对良种的采用推广的效应有所降低。从种植面积来分析，良种补贴对提升小麦种植面积的作用不明显，因为在河南省，冬春季节一般种植小麦，可替代作物种类、规模比较小，因此对秋粮如玉米等的种植面积的扩大作用也不明显。从提高单产上来分析，虽然小麦、玉米等主要粮食作物的良种利用率和单产有了较大的提升，这与良种补贴政策的实施是分不开的。但由于补贴的幅度较小，补贴方式不尽科学，其效应增长的空间还比较大。

5.3.4 存在的问题

1. 补贴标准偏低

良种在粮食生产诸多增产因素中，其贡献高达40%左右。但良种补贴的标准明显偏低，据我们调查，2011年滑县小麦、玉米良种补贴每亩均为10元，而小麦每亩地需种子费约70元，玉米每亩地约需种子费150元，补贴金额远低于良种费用，更远低于作物的生产成本，这就直接导致了补贴效果不明显，政策效应没有得到充分地显现。对调动农民种粮积极性作用不明显。低标准补贴加之人均耕地面积少，农户获得的补贴金额并不多，对降低其生产成本和增加收入作用有限。

2. 补贴方式不合理

目前，小麦、玉米、花生、棉花、水稻等良种补贴均是通过农户的"一卡通"账号，采取直补的方式将补贴款及时兑现给了广大种植农户，无论农户种植的是何种品种，种子来源无论是自留还是购买，只要种植的是补贴作物就予补贴，其以失去良种补贴的作用和意义，科学地讲，目前的良种补贴称作种植补贴更为准确。据调查，有40%的农户并不知道自己享受"一卡通"补贴的具体内容，因此对购买良种并没有较大的促进作用。

3. 配套工作经费缺乏

强力宣传发动、科学培训指导、印制补贴清册、核实上报面积、强化督导检查等是确保良种补贴工作顺利开展的必要前提和保障，这些工作都需要大量的人力，也需要一定的配套经费给予支持。但在具体工作中，滑县常缺乏工作经费而影响工作进程。

4. 项目下达时间晚

良种补贴具有很强的时效性，与农时关系密切，错过农时，良种补贴与种粮直补、综合直补毫无区别，其良种增产作用无从谈起。但是上级下达实施方案相对农时往往滞后，给工作造成很大被动。

5.4 农机补贴政策实施情况及效益评价

近年来，我国出台了一系列利农、惠农、支农政策，农机具购置补贴是其中一项十分重要的内容。农机购置补贴政策的实施加快了农业机械化的进程，提高了农业综合生产能力，促进农村劳动力转移和产业结构的调整，促进了农业节本增效和农民增产增收，为加快实现农业现代化做出了积极的贡献。但不可否认，在农机具补贴实施过程中，也出现了一系列问题和矛盾，如不能有效解决将会影响政策实施效果和党和政府形象。为了全面深入了解农机补贴政策对粮食生产和农民增收的影响，我们对唐河县农户进行了问卷调查。

唐河县位于豫鄂两省交界处、南阳盆地东部边缘，县域面积 2 497 平方公里，辖 21 个乡镇，521 个行政村，总人口 140 万人，其中农业人口116.5 万人，耕地面积 245 万亩，唐河县是一个典型的农业和粮食生产大县，先后被确定为全国首批商品粮基地县、财政部第一批财政支持科技成果应用试点县、全国粮食生产先进县、全国科技进步示范县等。唐河县自2005 年开始进行农机补贴政策，补贴程序逐渐规范，补贴农机具种类逐渐增多，补贴的幅度逐渐加大，对提高农业机械化水平、实现粮食生产的规模化经营、提高粮食产量和农民收入水平起到了重要作用。调查分析唐河县的农机具补贴主要做法和经验，科学评价滑县农机具补贴的主要成效，剖析存在的突出问题，提出有针对性的改进措施，对于完善我国粮食主产区农机具补贴政策具有十分重要的意义。

5.4.1 农机补贴基本程序和补贴规模

1. 基本程序

主要步骤是：（1）报名申请。购机者持本人身份证和村级证明到县农机局填写纸质《申请表》，申请购买补贴机具。（2）公示、确定补贴对象。县农机局根据当地实际情况、优先补贴等条件，经公示后，确认补贴对象。（3）填写《农机购置补贴指标确认通知书》，一式四份，县农机局和县财政局签字盖章后有效，县农机局和县财政局各留存一份，补贴对象两份（购机时提交经销商一份，其中一份加盖"补贴对象留存，不作结算凭证"字样的机手留存）。（4）购买机具：确认的补贴对象在补贴确认通知书的有效期内，凭补贴确认通知书到销售点购买申请的农机具，付给经销商扣除补贴金额后的款项。补贴确认通知书自己留一份，给经销商一份，并索要补贴机具的发票，然后向农机局提交 50 马力以上动力机人机合影照、发票、合格证复印件，一式三份。（5）登记入户。县农机局对补贴对象提交的材料、补贴机具品种、牌型和价格进行核实，经核实无误后，按照相关规定，对补贴机具进行编号和在机具显著位置喷涂标志，同时拖拉机、联合收割机登记入户，领取牌证。（6）建立健全档案。其内容：购机人申请表，《通知书》，身份证、发票、合格证复印机，村级证明，50 马力以上拖拉机、联合收割机人机合影照片。

2. 补贴规模

自实行农机补贴以来，补贴标准在不断提高，补贴的农机具种类在逐渐增加。2011 年全年，中央财政安排到唐河县的农机购置补贴资金共1 843万元。县农机局按照《河南省 2011 年农业机械购置补贴实施方案》和《河南省 2011 年农业机械购置补贴产品目录》中的补贴种类、补贴标准以及《南阳市 2011 年农业机械购置补贴资金使用方案》的要求，结合唐河实际，制定了《唐河县 2011 年农业机械购置补贴资金使用方案》，明确了唐河县 2011 年第一批、第二批农机购置补贴机具种类、补贴重点和补贴对象，科学合理地使用补贴资金，充分发挥项目扶持带动作用，以项目促发展，以项目优化结构。补贴对象为纳入实施范围并符合补贴条件的农民、农场职工、直接从事农机作业的农业生产经营组织。在申请补贴人数超过计划指标时，可按照公平公开的原则，采取农民易于接受的方式确定补贴对象，对直接从事农业生产的经营组织（农机合作社）、农机大户、种粮大户、移民及已经报废老旧农机并取得拆解回收证明的补贴对象，优先补贴，重点支持。购置农业机械实行定额补贴，即同一种类、同一档次农业机械在市域内实行统一的补贴标准，定额补贴按总体上不超过市场平均价格30%测算，单机补贴限额不超过5万元。100马力以上大型拖拉机、高性能青饲料收获机、大型免耕播种机、挤奶机、大型联合收割机、烘干机单机补贴限额可提高到12万元；200马力以上拖拉机单机补贴额可提高到20万元。

2011年全年的1 843万元补贴资金共补贴各种农机具1 785台（件），其中玉米收获机77台，深松机114台，谷物联合收割机75台，大中型拖拉机485台，旋耕机282台，播种机49台，秸秆还田机59台，花生脱壳机19台，抗旱水泵613台，铡草机4台，挖掘机5台，挤奶机1台，冷储罐1台，薯类收获机1台。全县共有1 375多户农户受益，引导农民投入购机资金3 842.3017万元（见图5-3）。

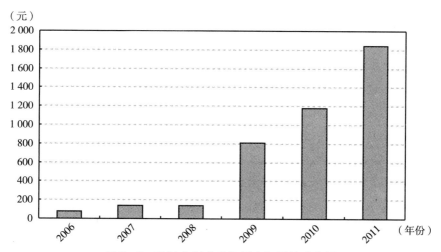

图5-3　2006年以来唐河县农机具补贴金额

资料来源：唐河县农业局提供资料。

5.4.2 唐河县农机补贴的主要措施

1. 加强领导，抓好农机补贴组织保障

为了切实加强农机购置补贴工作的组织领导，农机局成立了"农机购置补贴领导小组"，由局长任组长，分管副局长任副组长，下设三个办公室，即农机补贴项目实施办公室、农机补贴项目机械办理证照及机手培训管理办公室，农机补贴项目机具跟踪核查办公室，办公室主任分别由局领导班子成员担任，分工细致，责任明确，使农机购置补贴工作层层有人抓，层层有人管，切实做好政策宣传、补贴对象的确定公示、购机情况监管、核实、档案登记汇总、无证驾驶员培训和动力机登记入户等各项工作。同时，农机局积极与县农业、畜牧、水利、林业等部门联系沟通，切实站在"立足大农业，发展大农机，服务新农村"的高度，全面落实农机补贴政策。县农机局与财政局通力协作，建立健全并认真落实工作责任制，确保农机购置补贴政策顺利实施。

2. 强化监管，力争惠农政策不打折扣

一是成立由县纪委、检察院、财政局和农机局四部门有关领导组成的"唐河县农机购置补贴工作联席会"，全程参与补贴工作的监督管理，农机局内部纪检监察机构也同时全程参与监管，严防各种违法乱纪现象发生。二是加强宣传教育。对农机局干部职工尤其是具体实施补贴项目的工作人员进行警示教育，增强其法制观念，强化自律意识，严防滋生腐败思想。三是加强对农机经销商的管理。由"农机购置补贴工作联席会"以会代训对其进行教育培训，要求其严格执行补贴程序，不许乱涨价，不许投机取巧，违法违规，谋取私利，要政策宣传上不误导，补贴不打折扣，机具质量和售后服务有保障。否则，联席会将追究其责任，取消该经销商在唐河经营补贴农机产品的资格。四是严格执行公示制度。对申请人和补贴对象进行网上公示、张贴公示栏公示，寻求社会广泛监督，严防假冒身份现象。五是积极与县财政局联系沟通，加强对申请人和补贴对象的审查核实以及对农机补贴指标确认

通知书的管理发放工作，充分发挥了财政监管作用。

3. 严格管理，确保购机补贴公正透明

按照《河南省农机购置补贴实施办法》和省市有关要求，严格管理，规范操作，认真落实项目任务。一是认真做到"七个一致"。即报名时申请人必须与所持身份证一致；确认通知书上姓名必须与申请表、公示名单上的姓名相一致；购机发票上的姓名必须与确认通知书上的姓名相一致；人机合影上的动力机械发动机号必须与发票合格证上的发动机号相一致；办理驾驶证、行驶证、职业资格证的姓名必须与确认通知书上的购机人姓名相一致；学校、监理站与市场股所开具的办证票据上的姓名必须与确认通知书上的购机人相一致；补贴后跟踪检查的购机人与所购机械必须与确认通知书上登记的内容相一致。二是采取三种渠道，参考多种因素确认补贴对象。为了严防假冒身份、套取补贴资金，唐河县采取三种渠道确认补贴对象。即由县乡财政部门对照申请公示名单，逐人调查核实，各乡镇农业服务中心对照申请公示名单逐人调查核实，县农机局农机补贴项目跟踪核查办公室对照申请公示名单逐人调查核实。对符合条件的申请人，由县财政局和农机局根据申请报名的先后顺序、优先补贴对象条件和重点补贴机具种类，综合考虑，联合确认。三是加强对补贴农机具的管理。要求补贴对象按程序自主购机后，到县农机局接受核查，喷涂农机补贴标志，动力机械办理登记入户手续，建立补贴机具档案，一机一档，动力机械要一档八全，严防一机多补贴现象。

4. 加强宣传，提升农机补贴服务水平

为了确保购机补贴政策公开、公平、公正地贯彻落实，促进农机化新技术的推广应用，推进农业现代化发展，在农机工作会议上，重点宣传了农机购置补贴政策要求及补贴工作流程，并向县乡镇政府领导、合作社成员及种粮大户和农机大户，逐一发送了宣传资料，随后又在电视上播放通告，并采用流动宣传车深入乡村宣传，发送宣传资料，张贴公告等形式，广泛宣传农机购置政策、补贴程序、补贴标准、补贴机具管理等，让农民看得懂、记得住、做得到。对购置动力机械的补贴对象，及时组织开展技

术培训，通过理论知识和实践技能的学习考试，提高补贴对象的安全意识、法制观念、理论水平和驾驶操作水平，减少农机生产安全隐患，提高补贴农机具的功效。在项目实施过程中，安排农机推广站设立咨询台，解答农民群众的政策和技术咨询，安排农机局信访办设立投诉台，并公布投诉电话，接受广大群众和农机手的投诉，及时倾听农民的呼声，急群众之所急，谋群众之所需。积极协调农机生产、销售企业认真做好补贴机具的供货工作，督促企业搞好售后服务。

5.4.3 农机补贴的效益评价

1. 对农民增收的促进效益

总体上，农机补贴政策对农民增收有比较明显的促进作用。从直接享受农机补贴的农户角度，农机补贴政策降低了农民的购机成本，更重要的是促进他们进行农机作业，从而提高经营效益。农机户在本村和周边村庄作业外，有的还到周边县市跨区作业，据调查，大中型拖拉机平均每台每年收入 2.5 万元左右，高的达 3.5 万 ~ 5 万元，小麦联合收割机每台收入 4 万 ~ 8 万元不等。从其他未直接享受农机补贴政策的农户的角度，由于农业机械化的发展，机耕、机手、机播、病虫害防治等劳务的供给增多，更多的农民通过享受机械化服务间接得到实惠，大大减轻了农民劳动强度，节约了劳动时间。更多的农业劳动力可以从农业劳动中转移出来从事比较效益较高的其他产业，从而也增加了农民收入水平。

2. 对粮食生产的促进效益

农机补贴对粮食生产的促进作用，主要是通过提升农业机械化和规模化种植水平而实现的，这种作用总体来说是比较显著的。通过补贴政策导向，农民开始购买先进适用的大马力、高性能、复式农业机械，有效改善了农机装备结构，2011 年全县农机总动力达到 179.64 千瓦，比 2006 年增加了 87%，各种拖拉机达到 161 510 台，其中大中型拖拉机 3 610 台，是 2005 年底的 10 倍，配套农机具 331 980 部（件），机具配套比达到 1∶2.5。

农业机械化水平进一步提高，2011 年全县耕种收综合机械化水平达到
75%，比 2005 年增长 44% 个百分点。其中小麦综合机械化水平达到
100%，玉米达到 85%。农业机械化水平的提高也促进了农业现代化水平
的提高，使一些农业新技术逐步得到推广和应用，特别是在保护性耕作项目
区的带动下，秸秆还田、免耕播种技术得到大面积应用，辐射区在逐步扩
大，从而解决了秸秆的出路问题，改善了土壤结构，也解决了让各级政府头
疼的焚烧问题。另外，通过提升粮食作物机械化水平，大大减轻了粮食作物
的用工投入量，客观上也起到了促使扩大粮食作物种植面积的作用，从而也
使唐河县粮食产量有了一定幅度的增长（见表 5 - 8）。据我们调查，90% 的
外出务工农民仍然兼营粮食种植，这与农机补贴的功效是分不开的。

表 5 - 8　　　　　　　　2004 年以来唐河县粮食生产情况

年份	种植面积	总产	单产	总产环比增长率（%）
2004	268. 31	84 739. 1	315. 8	
2005	304. 28	94 267	309. 8	11. 24
2006	318. 08	111 707. 7	351. 2	18. 5
2007	317. 69	110 116. 1	346. 62	- 1. 42
2008	319. 84	113 067. 5	353. 51	2. 68
2009	321. 28	113 472	353. 19	0. 36
2010	321. 58	113 530. 2	353. 04	0. 05
2011	321. 87	114 171. 5	354. 7	0. 56

资料来源：唐河县农业局提供资料。

5.4.4　存在的问题

1. 大中型机具补贴金额偏低

从前几年的购机补贴实践来看，价格较低的小型机具补贴比例基本达
到 30%，农民一般具有支付能力，而价格十万元或者更高以上的机具如大
型拖拉机、收割机等补贴率仍然比较低，补贴后由农民负担的部分仍然较
高。这对于人均纯收入普遍较低的农民来说，购 1 台补贴后仍然高达几万
元或十几万元的大中型农业机械，还只能是望"机"兴叹。另外，随着农

机补贴政策的实施，前几年本身支付能力较强、购买意愿较强的农民已经买到所需机具，而支付能力较差、购买意愿相对不太强烈的农民虽有购买意愿，但由于经济条件限制没能形成有效需求。

2. 时间安排上不尽合理

一是上级下达的购机补贴计划太迟。每年春节过后，农民就着手购买农机具，以便尽快投入春耕生产。可是省农机局当年度的农机购置补贴计划指标要到3月底才能下来，而《农业机械购置补贴目录》（以下简称《目录》）下发就更迟，要到4月初。庄稼农时不等人，在这期间，往往会出现农民早买农机具享受不了补贴，而迟买农机具又耽误农业生产的两难局面。

3. 项目工作经费分配过少

农业机械购置补贴是项政策性强、涉及面广的工作，在操作程序制定、宣传公示、培训、办理手续、档案管理和跟踪服务等各环节中必须投入大量的人力和财力，要做很多细致烦琐的工作，势必增加农机管理部门的开支。由于农机部门尤其是基层农机推广部门工作经费不足，有的甚至基本的日常经费都不能维持，在这种情况下，对补贴工作的管理服务不可能做到非常到位，影响了农机补贴工作的进度和质量。

4. 燃油价格上升幅度过大

近两年，农用燃油价格上涨幅度较大，增加了农机经营的成本，制约了农民购机、用机积极性。同时，燃油价格的上涨，也增加了大多数农户的机收、机耕、机播等费用，从而降低了农机补贴的收入效应。近两年实行的生产资料综合补贴虽然包含对农用燃油补贴，但是这是针对所有种粮农民的补贴，虽然比较公平，但农机户需用燃油远远超过一般农户，因此缺乏效率。

5. 补贴工作存在矛盾

调查中发现，农民群众不满意现行《目录》中补贴机具的最高限价不对社会公布，经销商与农民在价格信息上不对称，同一机具销售价格不一致，造成了经销商与农民之间新的矛盾。部分厂家售后服务期较短，不能满足农机户需求。因为有的农机具购买后并不能马上投入使用，有些问题只有投入使用时才能发现，但这时却可能过了服务期。有的机具出现故障后，待服务人员赶到要较长的时间，机手损失较大。有的厂家"三包"服务人员技术和技能低，操作不熟练，维修能力差，有的购买配件困难，而且零配件标准不统一。

5.5 生产资料综合政策实施情况及效益评价

自 2003 年以来，为了保障国家的粮食安全，中央出台了一系列惠农惠粮政策，农资生产资料综合政策是其中的重要的一项。为了全面深入了解农资综合补贴政策实施情况和效益，以及对粮食生产和农民增收的影响，我们对固始县农户进行了问卷调查。

固始县位于河南省东南部、豫皖两省交界处，南依大别山，北临淮河水，位于国家农业部农产品区域布局规划"长江中下游平原中籼稻产业带和优质弱筋小麦规划区"内，素有"鱼米之乡"美誉。全县总面积 2 946 平方公里，辖 32 个乡镇，601 个村街，170 万人，其中农业人口 142 万人，常用耕地面积 175.1 万亩，常年农作物播种面积 420 万亩左右，常年粮食产量基本稳定在 10 亿公斤以上，是河南省第一人口大县、农业大县，也是全国第二批商品粮基地县、全国粮食生产百强县、全国粮食生产先进县。调查分析固始县的农资综合补贴执行情况，科学评价其主要成效，剖析存在的突出问题，提出有针对性的改进措施，对于完善我国农资综合补贴政策具有十分重要的意义。

5.5.1 基本情况

1. 补贴的基本程序

固始县对农业生产资料的综合补贴，与粮食直补一起采用"一卡通"现金补贴方式。资金来源由中央财政预算安排。中央财政按照当年测算确定的农资综合补贴规模，坚持"价补统筹、动态调整、只增不减"的基本原则。补贴资金兑付采取当年补上年的办法。上年新增补贴资金连同存量补贴资金于当年年初拨付，安排次年预算。固始县农资综合补贴的具体程序和步骤是：乡镇财政所乡镇财政所根据综合直补补贴的兑现规定和要求，编制各项补贴资金兑现底册，以村组为单位将每个农户的补贴面积、补贴标准、补贴金额张榜公示不少于 7 天，无异议后县级财政部门编制补贴资金落实方案于当年 3 月中旬之前逐级上报省对种粮农民直接补贴办公室，3 月底前省直补办批复完毕。根据省直补办批复的补贴资金落实方案，县级财政部门按时将补贴资金从农业发展银行拨入在同级农村信用联社开设的"农民补贴资金"专户。同时，乡镇财政所及时将各项补贴资金兑现底册抄送乡镇农村信用社营业网点，由农村信用社营业网点为享受补贴的每个农户开设固定的补贴存款账户，免费为每个农户办理补贴专用存折，并在存款折摘要栏分别注明"综合直补"补贴项目和金额，县级财政部门会同承办银行将补贴资金存入每个农户的固定补贴存款账户，并向每个农户发放补贴兑现通知书，农民凭本人身份证（户口簿），按照乡镇政府通知的时间到指定地点领取存款折，并在《补贴资金兑现底册》上签字、按指印。补贴兑现工作于当年 4 月底基本结束。

2. 补贴的规模

近年来，农资综合补贴按照当前价格计算的农资补贴绝对数额是逐年加大的，固始县自 2006 年以来的农资综合补贴额如表 5 - 9 所示。

表 5 - 9　　　　　　　　　2006 年以来固始县农资综合补贴兑现情况

年份	补贴总额（万元）	补贴面积（万亩）	每亩补贴额（元/亩）
2006	1 641	139.29	11.78
2007	3 655	139.29	26.24
2008	9 294	139.29	66.72
2009	9 294	139.29	66.72
2010	9 294	139.29	66.72
2011	10 929	139.29	78.39
2012	13 475	139.29	96.74

资料来源：固始县农业局提供资料。

5.5.2 主要做法

1. 搞好组织保障

为顺利把补贴资金发放到农户手中，固始县对种粮农民直接补贴农业生产资料综合补贴成立了以县主要领导为组长、农业局、财政局等相关部门为成员的领导小组。各乡镇也高度重视农资综合补贴工作，乡镇长为第一责任人，成立相应机构，明确3~5名业务骨干，确保此项工作顺利实施。并在农业局下设办公室，具体负责补贴日常工作，协调、指导、监督全县补贴工作。为保障补贴工作顺利发放，做到有章可循，固始县还制定了《固始县对种粮农民粮食直补和农资综合直补实施方案》，明确规定了发放补贴资金的范围、标准、程序、措施、责任等，保证了资金及时、顺利、安全发放。

2. 大力进行宣传

为使农民清楚、明白国家各项补贴政策，固始县加大了补贴政策的宣传力度，基本做到了家喻户晓、深入人心。县财政部门和各乡镇充分利用广播、板报、宣传车、张贴标语、悬挂条幅、设立政策咨询台等多种形式宣传补贴政策。如在直补发放期间，在县电台黄金时段将县直补办《通告》连续15天全文播放，采取电视讲话和答记者问方式对政策进行宣讲。通过宣传，让广大群众对农资综合补贴的有关事宜、优惠政策、补贴标准等方面有全面了解，做到家喻户晓，充分调动广大基层干部和农民群众的积极性，努力促成项目区领导高度重视、政府统一组织、有关部门密切配合、干部积极工作、群众踊跃参与等有利于项目实施的良好氛围，为整体工作顺利开展和政策落实打好基础。

3. 严格补贴程序

严格按程序操作是保障资金及时、安全发放到农民手中的关键，所以，在制订方案时详细考虑到发放中的各个环节和重点，加以明确、细致规定。一是严把方案制定关。由乡镇财政所以村组为单位编制《粮食直补和农资综合直补资金兑现底册》，并以村组为单位，张榜公示每个农户的补贴面积、补贴标准、补贴金额。无异议后，县直补办根据《底册》编制资金落实方案，报省财政厅批复。二是补贴资金分配关。根据省直补办批复的《实施方案》和省财政厅拨付的资金总额分配资金，县直补严格执行省粮补办核准的每亩补贴标准。三是严把资金兑付关。直接将补贴资金拨入到在农村信用联社开设的"粮食直补资金"专户，由营业网点将每个农户的补贴资金打到粮补专用存折上，农民凭本人身份证（户口簿）、粮补通知书和"一折通"存折在全县任何一家农信社营业网点随时办理存取款。四是严把资金管理关。资金实行专户管理，设立"粮食直补资金"和"农资综合直补资金"专账，单独核算。

4. 责任督导到位

在落实补贴政策过程中，强化责任，指定具体责任单位和责任人，实行责任追究制，把落实补贴工作列入年终考核内容。同时，加强督导，保证落实补贴政策不走过场，让农民得到"真金白银"。在农资综合补贴中，各乡镇政府主要负责人为直补工作第一责任人。县乡两级必须做到"四到户"、"七不准"，在补贴兑现过程中，切实做到"四到户"，即政策宣传到户、清册编制到户、张榜公示到户、补贴兑现到户。严格执行"七不准"，即不准降低补贴标准；不准由村组干部代领代发存款折（银行卡）；不准借发存款折（银行卡）之机向农民收取任何费用；不准用补贴款抵扣各种收费和债务，特别是不准抵扣水费、修路等集资款项；不准截留、挤占和挪用补贴资金；不准违规向享受补贴农户以外的个人或集体支付补贴资金；不准拖延补贴兑现时间。财政、监察部门加强对补贴兑现工作的监督检查，发现问题及时查处。谁出问题追究谁的责任。县直补办坚持二十四小时值班和"四个一竿子插到底"的工作方法，让群众满意、上级放心。《直补通知书》必须由财政所人员亲自发放，坚决杜绝村组干部代领代发，防止政策棚架，资金截留。"一票否决"制度，对财政所在直补政策落实实行一票否决。信访案件查证属实的追究相关人员的责任。

5.5.3　补贴效益分析

1. 对粮食生产的效益分析

从事实上来分析，固始县自 2006 年以来，粮食种植面积逐年加大，粮食总产和单产都在增加，具体如表 5 - 10 所示。自 2005 年以来粮食种植面积、粮食单产及粮食总产基本上都呈上升趋势，连续多年创历史新高，但除了 2006 年上升幅度较大外，其他年份上升幅度均较小。

表 5 - 10　　　　　　　2005 年以来固始县粮食生产情况

年份	粮食种植面积（万亩）	粮食单产（公斤/亩）	粮食总产（万公斤）	粮食总产环比增长率（%）
2005	210. 18	421. 14	88 515	
2006	226. 35	471. 31	106 682	20. 52
2007	231. 42	497. 05	115 028	7. 82
2008	226. 89	520. 71	118 145	2. 71
2009	230. 8	520. 21	120 064	1. 62
2010	230. 97	520. 93	120 320	0. 21
2011	231. 88	519. 33	120 422	0. 08

资料来源：固始县农业局提供资料。

结合农资综合补贴情况来分析，毋庸置疑，农资综合补贴对粮食生产有一定的激励作用，但是由于农资价格上升幅度较大等原因，虽然近年来的农资综合补贴的绝对幅度有所上升，但实际补贴大打折扣，加上粮食价格的上涨幅度远小于其他物品，种粮农民的积极性并没因为农资综合补贴而大幅度的提升。从补贴方式来分析，农资综合补贴基本上是按计税面积进行的补贴，补贴面积小于种植面积，且实际的种粮大户等并没有得到更多的补贴。另从农民是补贴资金的方式来看，获得补贴现金后归农民直接支配，较少用来购买农资，因此事实上农资综合补贴对粮食生产的促进作用并不明显。

2. 对农民增收的效率分析

自 2005 年以来，固始县农民收入有了较大幅度的提升，2011 年农民人均纯收入达到 6 305 元，是 2005 年的 2.26 倍。具体情况如图 5 - 4 所示。

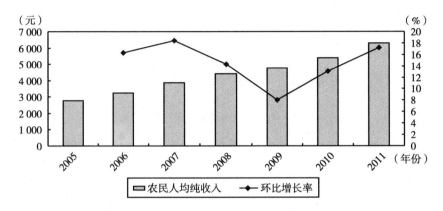

图 5 - 4 2005 年以来固始县农民人均纯收入

从农资补贴对农民收入增长的刺激作用来看，主要是使农民获得一定的补贴现金这种直接作用，但这种作用的贡献率很低，这种 2011 年补贴额仅占农民人均纯收入的 1.24%。由于粮食的比较效益远低于其他产业，并且对粮食生产的作用也并不明显，因此农资综合补贴对农民收入增长的间接贡献率更少。

5.5.4 存在的问题

1. 补贴标准相对偏低

目前农资价格上升幅度较大，使农资综合补贴实际补贴额大打折扣。经我们调查，就小麦生产而言，除人工费之外，种子投入一般一亩 40 元左右，化肥约 100 元左右，农药约 50 元左右，浇水灌溉约 40 元左右，机耕、机收、机播约 120 元左右，合计约 400 元左右，而目前的补贴额仅 96.74 元，还不到 1/4。与美、欧、日等国家相比，我国的粮食补贴幅度仍然较小。在农户调查中，90%的农民认为农资综合补贴仅对农资投入起到很少的补贴作用，对农民从事粮食生产的激励作用不明显，大多数农户反映"国家给予的惠农补贴，都让生产资料涨价给吃光了，甚至还不够"。虽然国家对农资价格进行了限价，但是效果不明显，河南省每年每亩粮食综合补贴的几十元的标准，是远远无法满足农资价格增长带给广大农民的负担，政府的补贴随着农资价格的上涨又通过中间渠道从农民的手中流了出去，农民增收的形势依然十分严峻。

2. 补贴对象有失公允

一是农资补贴并没对所有耕地进行全覆盖。固始县的农资补贴额自2006年以来一直是139.29万亩，这是按照2004年计税面积进行的补贴，一直没有进行调整，实际上是，固始县现有耕地面积175万亩，因土地丈量形成30多万亩未享受补贴；以前年度因土地流转、逃避税费等因素形成的"黑地"有5万亩也未享受补贴。固始县系农业大县，财力薄弱，特别是直补标准的大幅提高，矛盾更加突出。二是种粮大户并没有获得应有补贴。由于农民外出务工、经商等原因，农户之间私下转包土地比较频繁，而粮食补贴仍补给了原土地承包户，真正种粮的代耕户却没有得到补贴。因此，种种不公平现象导致农民种粮积极性被挫伤，这也就使得农民失去了通过种粮实现增收的动力。

3. 补贴资金发放成本较大

农资综合补贴是项政策性强、涉及面广的工作，在核实面积、档案管理、资金兑付等各环节中必须投入大量的人力和财力，要做很多细致烦琐的工作，势必增加相关部门的开支。2005年以来财政部门、农业部门为执行农资补贴工作，付出了辛勤的汗水。2005～2010年发放补贴通知书、存折，乡镇财政所的工作人员一年几乎有大半年在找农户发补贴。近两年存折发到位后，部分农户根本没有当回事，丢失严重、挂失随意，财政部门通过原存折账号打不进补贴款。

4. 资金发放形式不规范

经过调研发现，有个别村资金发放都是由村干部直接以现金发放，并且是以签字的方式来证明资金的发放。这种方式是最直接的，看起来也比较方便，但是就是这种看似简单的方式，笔者认为还是存在一些问题：其一，补贴内容混为一体，补贴数额模糊。很多农户由于对政策缺乏了解，所以当他们能领到补贴时就觉得已经非常满足，而当问他们领到是什么补贴时，98%的农民都是模棱两可；其二，降低了补贴额的实际效果。虽然领到料补贴，但是对于国家的初衷并不了解，因此大都还是感觉仅仅是一笔补贴，这大大降低了其实际效果；其三，容易滋生腐败。虽然看似发放的资金并不是很多，但是采取的是这样的现金发放方式，不分条目，很容易造成资金不明流动，也会让一些有想法的蛀虫有机可乘。

5.6　产粮大县奖励政策实施情况及效益评价

自 2005 年以来，中央财政针对出现的"产粮大县，财政穷县"的怪圈，出台了《中央财政对产粮大县的奖励办法》，旨在调动产粮大县重农抓粮的积极性，确保国家粮食安全，同时，缓解产粮大县财政上的困难，促进产粮大县的经济社会发展。为了全面深入了解产粮大县奖励政策实施情况和效益，以及对粮食生产和农民增收的影响，我们对固始县农户进行了问卷调查。

自 2005 年以来，固始县连续 7 年获得国家产粮大县奖励资金，调查分析固始县的产粮大县奖励资金使用情况，科学评价其主要成效，剖析存在的突出问题，提出有针对性的改进措施，对于完善我国产粮大县奖励政策具有十分重要的意义。

5.6.1　产粮大县奖励资金数额

固始县 2005 年产粮大县奖励资金 681 万元，2006 年产粮大县奖励资金 1 163 万元，2007 年产粮大县奖励资金 1 948 万元，2008 年产粮大县奖励资金 2 487 万元，2009 年产粮大县奖励资金 2 976 万元追加产粮大县资金 535 万元，2010 年产粮大县奖励资金 2 976 万元追加 3 240 万元，2011

年产粮大县 4 377（常规 2 924 万元追加 1 453 万元）追加 1 000 万元（见图 5 - 5）。

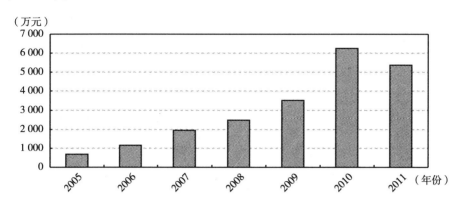

（万元）

图 5 - 5　固始县 2005 年以来产量大县资金奖励情况

5.6.2　产粮大县奖励资金使用情况

固始县产粮大县奖励资金使用主要为：①用于补充行政事业单位人员基本工资 5 556 万元；②用于补充教育经费支出 2 968 万元；③用于弥补公共卫生经费 4 714 万元；④用于改造农田水利设施 4 679 万元；⑤用于修缮粮油仓储设施 628 万元；⑥用于扶持粮油加工企业 328 万元；⑦用于水稻保险、地方粮食储备及农业发展等配套资金 2 510 万元。

5.6.3　资金发挥的积极作用

1. 对粮食生产的效益分析

国家出台对产粮大县进行奖励的目的，一方面，就是因为产粮大县为国家粮食安全做出了贡献，同时，因为粮食的比较效益低，为了公平而对其给予经济上的转移支付，也可以看做是对粮食主产区政府的种粮补贴。从另一方面来看，正因为有产粮大县奖励资金，才在一定程度上增强了县政府重农抓粮的积极性，促进了粮食生产，理论上实现了良性循环。产粮大县奖励资金的实行，稳定了粮食面积，提高了粮食产量。从资金使用用途来分析，基本上都是用在与农业有关的用途上，特别是 2005 年至今用于农田水利设施的资金累计达到 1 679 万元，开挖大塘、水库、疏浚渠道，建提灌站，改造中低产田等一系列农水项目工程的实施，为全县的农业发展和农业征收打下了坚实基础。2006 年固始县粮食种植面积 226.35 万亩，产量达到 106 682 万公斤；2007 年种植面积 231.42 万亩，产量达到 115 005 万公斤；2008 年种植面积 226.89 万亩，产量达到 118 144 万公斤；2009 年种植面积 230.81 万亩，产量达到 120 064 万公斤；2010 年种植面积 230.97 万亩，产量达 120 320 万公斤，面积稳定，产量持续提高，为县域经济发展和河南省粮食生产打下坚实基础。2009 年、2010 年固始县连续两年被国务院命名为粮食生产先进标兵县。

表 5 - 11　　　　　　　2005 年以来固始县粮食生产情况

年份	粮食种植面积（万亩）	粮食单产（公斤/亩）	粮食总产（万公斤）	粮食总产环比增长率（%）
2005	210.18	421.14	88 515	
2006	226.35	471.31	106 682	20.52
2007	231.42	497.05	115 028	7.82
2008	226.89	520.71	118 145	2.71
2009	230.8	520.21	120 064	1.62
2010	230.97	520.93	120 320	0.21
2011	231.88	519.33	120 422	0.08

为了检验产粮大县奖励资金对粮食总产量的影响，利用格兰杰因果关系法检验，所用软件是 EViews6.0，检验结果如下：

表 5 - 12　　　　产粮大县奖励资金与粮食总产的格兰杰因果关系检验

Null Hypothesis：	lag	F-Statistic	Prob.
ZI does not Granger Cause CHAN	1	1.24034	0.0466
CHAN does not Granger Cause ZI	1	1.12576	0.0410

从上述结果可以看出，在滞后 1 期的情况下，粮食总产（CHAN）是产粮大县奖励资金（ZI）的格兰杰原因，这与实际是一致的，因为国家就是根据粮食大县的总产量、种植面积等因素进行资金分配的。在滞后 1 期

的情况下，而产粮大县奖励资金（ZI）是粮食总产的格兰杰原因。这与实际也基本一致，也说明了产量大县奖励政策对来年及以后的粮食生产有一定的促进作用。

2. 对农民增收的效益分析

粮食产粮大县奖励资金主要是分拨给县政府财政部门，由政府统一分配使用，理论上对农民收入的提升并没有直接的作用，这些资金主要使用在与农业有关的项目上如发放农业事业单位人员工资、改善农业基础设施、扶持粮油加工业项目等，也会间接促进农民收入的增加。1993 年行政体制改革，乡镇农口事业单位被切块到乡镇管理，由于乡镇财力薄弱，很多乡镇的农口单位特别是农业技术人员基本工资没有保证，农技人员工作积极性不高。产粮大县奖励资金政策的实施，县财政拿出专门经费，解决县乡农技人员的工资和正常办公经费。目前全县农业技术人员状态良好，干劲很大，为全县的农业持续发展提供了技术支持。固始县财政基础薄弱，属于典型的财政穷县。农业基础设施很多都是以前年度修建的，防洪抗旱能力较弱，中低产田居多，粮食单产较低。产粮大县奖励资金政策的出台为改善农业基础设施提供了坚强的财力保证，2005 年至今用于农田水利设施的资金累计达到 1 679 万元，开挖大塘、水库、疏浚渠道，建提灌站，改造中低产田等一系列农水项目工程的实施，为全县的农业发展和农民增收打下了坚实基础。

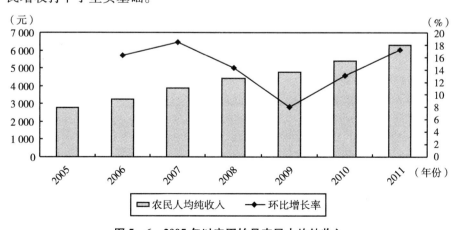

图 5－6　2005 年以来固始县农民人均纯收入

为了检验产粮大县奖励资金对粮食总产量的影响，利用格兰杰因果关系法检验，所用软件是 EViews6.0，检验结果如下：

表 5-13　产粮大县奖励资金与农民人均纯收入的格兰杰因果关系检验

Null Hypothesis：	lag	F-Statistic	Prob.
ZI does not Granger Cause INC	1	8.65912	0.0604
INC does not Granger Cause ZI	1	3.07031	0.1780

从上述结果可以看出，在滞后 1 期的情况下，而产粮大县奖励资金（ZI）是农民人均纯收入（INC）的格兰杰原因，这与实际比较吻合，也说明了产量大县奖励政策对来年及以后的农民人均纯收入有一定的促进作用。根据上述结果，不能得出农民人均纯收入是产粮大县奖励资金的格兰杰原因的结论。

3. 对区域发展的效益分析

固始县属于典型的农业大县，粮食总产连续增长，为打造河南省粮食核心区建设创造条件。但一直以来工业基础薄弱，财政收入每年连人员工资和正常的办公经费都难以保障，搞基本建设历来是心有余而力不足。产粮大县奖励资金政策的出台，极大地缓解县级财政压力，为农业生产和农业建设提供了坚强的财力保证。7 年来，产粮大县资金为解决农口单位人员工资、正常的办公经费和弥补县级公共卫生、公共支出以及全县的农田水利建设工程做出了应有贡献，2010 年又为扶持粮食加工企业提供资金支持。

5.6.4　问题和建议

存在的主要问题有：2011 年产量大县奖励资金有所减少，没有与产量同步增加而增加，省级政府有对奖励资金平衡分配的意向，对产粮大县的抓粮积极性有所损伤。县级政府对资金的使用缺乏灵活性。

针对上述问题，建议：上级政府继续加大对产粮大县特别是超级大县的奖励力度，科学测定、分配资金额，并扩大县级政府对资金的使用支配权，真正起到奖励激励作用。

本章小结

　　本章结合我国产粮大省河南省的典型产粮大县在粮食补贴方面的案例，剖析每种补贴政策如粮食直补政策、良种补贴政策、农机购置补贴政策、农资综合补贴和产粮大县财政奖励政策等的执行情况及总体成效、效率及存在的主要问题。

　　首先运用 DEA 模型，总体分析了各种补贴政策的总体补贴效果。从总体上来看，粮食主产区补贴政策是有效的，对粮食生产和农民收入增长取得了比较理想的促进效应。2011 年邓州市补贴效果较差，存在着投入冗余和产出不足，说明在补贴过程中还存在不少问题和需要完善之处。

　　以濮阳县为例，分析了粮食主产区产粮大县在对种粮农民直接补贴的补贴程序、补贴规模、主要做法、对粮食生产和农民增收的效益评价，以及存在的主要问题。案例分析表明种粮农民直接补贴对粮食生产和农民增收有一定促进作用，但效率并不显著，主要存在补贴力度不够、补贴对象有失公平、监督机制有待完善、发放形式有待改进等问题。

　　以滑县为例，分析了粮食主产区产粮大县在良种补贴的补贴程序、补贴规模、主要做法、对粮食生产和农民增收的效率评价，以及存在的主要问题。案例分析指出良种补贴对粮食生产具有比较明显的促进作用，但其作用没有完全发挥出来，对种粮农民增收贡献率较低，主要存在补贴标准偏低、补贴方式不合理、配套工作经费缺乏、项目下达时间晚等问题。

　　以唐河县为例，分析了粮食主产区产粮大县在农机补贴的补贴基本程序、补贴规模、主要做法、对粮食生产和农民增收的效益评价，以及存在的主要问题。案例分析指出农机补贴对粮食生产和农民增收具有比较明显的促进作用，但其作用没有完全发挥出来，主要存在大中型机具补贴金额偏低、时间安排上不尽合理、项目工作经费分配过少、燃油价格上升幅度过大、补贴工作存在矛盾等问题。

　　以固始县为例，分析了粮食主产区产粮大县在农资综合补贴的补贴程序、补贴规模、主要做法、对粮食生产和农民增收的效益评价，以及存在的主要问题。案例分析指出农资补贴对粮食生产和农民增收有一定促进作用，但效率并不显著，主要存在补贴标准相对偏低、补贴对象有失公允、补贴资金发放成本较大、资金发放形式不规范等问题。

以固始县为例，分析了粮食主产区产粮大县奖励资金取得和使用情况，并分析其对粮食生产、农民增收和地区发展的促进情况，以及存在的主要问题。案例分析指出产粮大县奖励资金对粮食生产和农民增收有一定促进作用，但作用不明显，对地区经济发展有比较强的促进作用。还存在着奖励幅度偏小、县级政府对资金的使用缺乏灵活性等问题。

第 6 章

粮食主产区利益补偿机制的
目标和原则

本章对现有粮食支持政策的产量目标和收入目标进行分析的，由于粮食的需求价格弹性较低，导致两个目标之间存在矛盾。在此基础上，提出类似主产区利益补偿政策的三个目标，即促进区域平衡发展、提高粮食综合生产能力、带动农民增收。此外，本章还提出了粮食主产区利益补偿的原则。

6.1 现有粮食支持政策的目标

6.1.1 粮食支持政策的两个一般性目标

一般而言，国内外粮食支持政策目标可以分为两大类：一是产量目标，二是收入目标。

产量目标是指粮食支持政策将粮食产量维持在一个较为合理的水平上，既要保证充足的粮食供给，以保证国内粮食需求，保障粮食安全；又要控制粮食的过度供给，以避免粮食过剩，粮价大跌。可以说，产量目标又分为增产目标和减产目标。当粮食供给小于需求时，通过各种措施提高产量，增加供应；当粮食供给大于需求时，在保障粮食生产潜力的前提下适当减少产量，提高价格，从而最终实现市场的基本均衡。例如，欧共体成立初期，为了增加粮食生产、提高自给率，将粮食支持政策的目标设定为"促进技术进步，保证农业合理生产和对生产要素特别的充分利用，以提高农业生产率"，这是一种典型的增产目标政策；而美国1933年通过的《农业调整法》，要求农民减少耕地面积，政府设定支持价格，对农民因减少耕地带来的损失给予补贴，从而降低粮食产量，缓解粮食供给过剩的状况。这是一种典型的减产目标政策。

收入目标是指粮食支持政策以提高粮食生产者受益为目标。由于农业自身的自然属性，导致粮食生产风险大；粮食需求的价格弹性很低，无法通过降低价格显著增加需求；粮食又属于生活必需品，受恩格尔定律的制约，食物支出在整个家庭支出中的份额随着经济的发展而不断降低，因此粮食需求增长要低于非必需品增长。以上原因造成了农民粮食收益不高，且增长缓慢，种粮农民的收入不仅与城市居民收入的差距会不断拉大，与农业内部其他作物生产者之间的收入差距也在不断拉大。这种收入差距首先影响到生产者的种粮积极性，进而影响粮食安全和社会稳定。为了保证粮食供应，缩小不同人群收入差距，政府通过以转移支付为重点的各类措施，稳定和提高种粮农民的收入，这就是粮食支持政策的收入目标。美国的粮食支持政策始终将稳定和提高农民收入作为基本目标，欧盟的粮食支持政策虽然最初是产量目标，但随着粮食产量的增加，粮食供应由短缺变为过剩，欧盟也将粮食支持政策的目标确定为增加农民收入。

6.1.2 产量支持与收入支持之间的矛盾

弹性理论表明，如果产品的需求价格弹性较低，价格的下降不能导致需求量同比例增加，那么由需求量增加带来的收入将无法弥补因价格下降带来的损失，即价格下降将导致生产者利益受损；如果产品的需求价格弹性较高，情况则相反，价格下降将增加生产者的收益。粮食作为人类最基本的生存资料，可替代性很小，因此需求的价格弹性很小，在一定程度上甚至表现出完全缺乏价格弹性，因此粮食需求水平变动比较平缓，一般呈现刚性缓慢上升的趋势。与需求价格弹性相比，粮食的供给价格弹性较大，在粮价提高的情况下，农民可以通过增加粮食种植面积、增加投入提高单产、减少储备量增加粮食销售量等方式，增加粮食供给。此外，粮价变动还会导致粮食进出口变动，也会对粮食的供给产生影响。

根据蛛网理论，如果供给价格弹性大于需求价格弹性，当受到外部影响使供求状况偏离市场均衡时，市场的波动会逐步加剧，并越来越远离均衡点，无法恢复均衡状态，即"发散型蛛网"（见图6－1）。在完全市场条件情况下，当受到外部冲击导致粮食供求发生变化，那么粮食价格和供给数量将发生频发波动，越来越偏离市场均衡点。

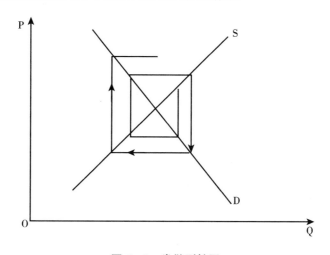

图6－1　发散型蛛网

如果政府对粮食市场进行调控，那么政府的粮食政策将面临"提高农民收入"和"保障粮食安全"两难选择，即收入支持与产量支持之间存在矛盾。这种矛盾可以用图6－2说明。图中 D 线为粮食需求曲线，S_1、S_3为粮食供给曲线。由于粮食的供给弹性要高于需求弹性，因此需求曲线比较陡峭，供给曲线比较平坦。假定完全市场条件的情况下，市场供求处于 a 点，此时粮食供给量为 q_1，价格为 p_1，农民收益为 $p_1 \times q_1$。如果政府希望增加农民收入，那么需要需减少粮食供给，即推动供给曲线由 S_1 向左平移至 S_2，那么价格变为 p_2，农民受益为 $p_2 \times q_2$，此时农民受益达到最大。如果政府需要增加粮食安全，那么就需要增加粮食产量，即将供给曲线由 S_1 向右平移至 S_3，粮食产量变为 q_3，此时粮食产量达到最大。从图6－2中可以看出，当农民受益达到最大时，粮食的供给量 q_2 在三个产量中是最低的；当粮食产量达到最大时，农民的收益为 $p_3 \times q_3$，在三个收入中是最少的。由此可见，在没有其他政策介入的情况下，增加粮食产量和增加农民收入存在矛盾，一个政策要同时达到"增加农民收入"和"保障粮食安全"两个目标是困难的。

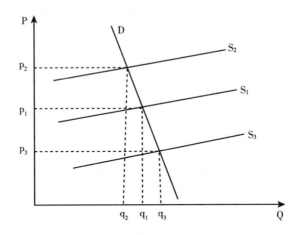

图 6 – 2 粮食供求曲线

此外，如果假定粮食安全和农民收入分别是粮食产量的函数，那么农民收入的效用曲线与国家粮食安全的效用曲线也不相同。如图 6 – 3 所示，粮食安全效用曲线是一条逐渐平坦（斜率逐渐减小）的上升曲线，这是因为粮食安全水平是粮食产量的增函数，即粮食安全水平随粮食产量增加；但粮食产量达到一定水平后，如果进一步增加，粮食安全增加的幅度会变小。农民收入的效用曲线是一条先升后降的抛物线，在粮食短缺阶段，即

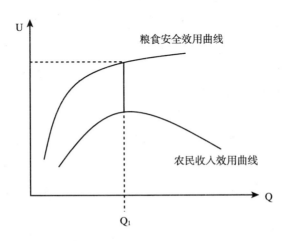

图 6 – 3 粮食安全效用曲线和农民收入效用曲线

粮食产量达到最高点以前，农民收入随粮食产量增加而提高；但粮食短缺结束以后，即达到最高点以后，由于粮食需求的低弹性，增加粮食产量则会导致农民收入减少。当产量达到 Q_1 以后，如果要继续增加粮食安全效用，需要进一步增加粮食产量，那么就会导致农民收入效用减少。从以上分析可以看出，在粮食短缺的情况下，增加粮食产量可以同时起到保障粮食安全和增加农民收入的双重作用；但当粮食产量达到一定水平以后，继续增加产量，保障粮食安全和增加农民收入的目标就开始冲突了。

6.2 粮食主产区利益补偿政策的目标

对我国粮食支持政策的研究可以看出，虽然当前粮食支持政策中也包括了粮食直补、农资综合补贴等以增加农民收入为目标的多种措施，但总体上来讲，我国粮食支持政策的主要目标还是"产量支持"，即增加粮食产量、保障粮食安全。而从本章之前的分析可以看出，传统粮食支持政策的"增加粮食产量"和"增加农民收入"两个目标在一定范围内是冲突的，尤其是当粮食产量已经达到一定水平以后，继续增加产量则会导致农民效用减少。这个冲突的关键在于粮食产量，即现有政策将粮食产量界定为现实产量，从而导致两难境地的出现。所以粮食主产区利益补偿政策的目标应脱离"现实粮食产量"这个具体目标，从促进整个主产区发展的角度考虑，通过促进主产区发展，增强主产区粮食综合生产能力，以生产潜力的提高保障粮食安全；通过促进主产区二、三产业的发展，带动农民增收。

6.2.1 以利益补偿促进区域平衡发展

1. 粮食主产区与主销区区域发展失衡

13 个粮食主产区以 40% 的国土面积和 64.1% 的耕地面积，提供了 75.5% 的粮食和 80.7% 的油料，提供了全国 80% 以上的商品粮，据曾福生、匡远配等测算①，粮食主产区对国家粮食安全贡献度为71.7%，为国家粮食安全做出了突出的贡献。

首先，由于粮食价格在整个价格体系中的基础地位，粮价上涨在我国受到较严格的控制，粮食价格上涨的速度要低于农业生产资料价格、农村工业消费品价格上涨速度；而粮食主销区主要是工业发达地区，是农业资料和工业消费品的主要生产区域，因此粮食主产区主要产品的价格上涨速度远低于主销区，这造成了粮食主产区与主销区收入差距的拉大。其次，根据产业经济学的微笑曲线理论，利润在产业链各个环节的分布是不均匀的。产业链的中间环节利润低，产前和产后环节利润高。粮食主产区处于粮食产业链的中间环节，而粮食主销区则处于产业链的前后两端，因此，粮食主产区从粮食产业链中获得的利润也低于主销区。总之，粮食主产区从粮食产业中获得的收益较低且低于主销区。

其次，由于我国对转变耕地用途有严格的限制，粮食主产区由于粮食种植面积大，基本农田比例高，因此限制耕地转变用途的政策对主产区的影响要大于主销区。二、三产业用地的限制影响了粮食主产区二、三产业的发展，也就造成了粮食主产区"粮食大省，工业弱省"的局面。自农业税取消以后，政府无法从农业中获得税收，地方政府的主要财政收入来源于二、三产业，二、三产业发展滞后必然又会限制地方政府财政收入的增加，这就造成了粮食主产区"产粮大省、财政穷省"的局面。可以说，当前国家粮食安全，在很大程度上，是通过严格的土地政策，靠限制粮食主产区的发展来维护的。

以上两个方面，造成了粮食主产区发展的滞后，粮食主产区与主销区尤其是沿海发达省份差距越来越大。虽然GDP无法完全衡量一个地区的经济发展水平，但依然可以看出粮食主产区与全国平均水平及作为主销区的东部沿海省市经济发展差距拉大的事实。现在将粮食主产区中黑龙江、吉林、河南3个主要粮食净调出省区的人均GDP与全国及北京、广东、浙江、福建4个粮食净调入省的人均GDP进行对比，可以看出，三个主产省

---

① 曾福生，匡远配：《粮食大省对粮食安全的贡献度分析》，载《农业经济问题》2009年第6期。

中，仅黑龙江人均 GDP 高于全国水平，吉林和河南均低于全国水平，而四个主销区人均 GDP 均高于全国水平。主销区省份人均 GDP 增速都快于全国水平，而主产区增速与全国水平相当，甚至低于全国。可以说，主产区与主销区在区域发展方面的差距还在继续拉大。

2. 以区域平衡为利益补偿的主要目标

如果说保障粮食安全是我国所有粮食政策根本目标的话，促进粮食主产区区域发展、缩小粮食主产区与主销区发展差距、实现区域公平则是粮食主产区利益补偿的主要目标。要制定合理的补偿标准，根据粮食主产区为保障国家粮食安全的贡献和付出的成本，增加对粮食主产区的转移支付和各项支持，促进主产区经济社会加快发展，确保主产区得到合理利益补偿。

首先，利益补偿政策应该有助于创造粮食主产区工业化和城镇化的宏观环境。一方面，单纯发展粮食产业对粮食主销区经济收益增长的带动作用较弱，以往就农业支持农业、就粮食支持粮食的思路和方法效果并不明显，另一方面我国已经进入了新型工业化、新型城镇化带动农业现代化的发展阶段，与这个阶段相适应，促进粮食主产区的发展也应该在继续加大农业投入、支持粮食产业发展之外，跳出农业和粮食，站在整个区域经济社会发展的高度上，统筹粮食主产区一、二、三产业发展，统筹城镇化与粮食产业发展的关系，逐步解决粮食主产区二、三产业和城镇化发展滞后的问题，通过工业化和城镇化的发展带动粮食产业现代化为主的农业现代化；通过工业化延长粮食产业链条，提高粮食增值程度，提高粮食产业效益；通过城镇化促进农业劳动力持续转移，减少粮食生产劳动力数量，提高粮食生产规模，提高劳动生产率。

其次，粮食主产区利益补偿政策要将输血与造血相结合，着重培育粮食主产区自身可持续发展的内在动力。中央政府应继续增加对粮食主产区的投入，在资金、技术、项目等方面给予重点倾斜。国家财政支农资金、农业基建投资、政策性银行贷款、支农工业项目、相关重大科技项目应优先向粮食主产区安排。虽然"输血"有助于提高粮食主产区经济社会发展水平，但如果粮食主产区自身无法形成持续发展的内在动力，那么这种由外部力量支撑的发展是不可持续的。因此利益补偿政策的重点应在于培育粮食主产区自身发展的内在动力，提高自身造血能力。要在中央财政的支持下，在粮食主产区选择有一定基础、条件较好的地区，围绕当地优势农产品，培育和引进龙头企业，形成一个或数个在国内外市场具有较强竞争力和鲜明特色的主导产业，通过农业产业化发展，提高农业效益，以良好的效益支撑粮食主产区发展和粮食产业的发展。

6.2.2 以提高粮食综合生产能力保障国家粮食安全

吃饭问题始终是我国农业面临的首要问题，粮食安全是国家政治经济发展和社会稳定的基础，确保主要农产品的有效供给，保障粮食安全始终是我国农业政策的首要目标。

2014 年我国粮食总产量达到 60 709.9 万吨，实现粮食产量的"十一连增"，在粮食产量已达高位的情况下，继续通过提高"现实粮食产量"的方式保证国家粮食安全并不合理。首先，由于边际收益递减规律的存在，在粮食多年持续增产的情况下，继续增加产量，付出的成本会急剧增加，会进一步减少粮食收益；其次，由于粮食属于生活必需品，需求的价格弹性较低，粮食需求的增长并不会与居民生活水平的增长同步，如果粮食供给继续增加，就可能造成粮食市场的供过于求，导致粮价下跌，从而损害种粮农户利益；再次，国家对主要粮食实行最低价保护收购，如果粮食产量继续增加，而粮食消费不能同步增长，那么国家粮食收储压力会急剧增加，财政负担很大。因此，一味增加粮食产量，不仅不现实，而且会产生巨大的成本。

如果按照 2020 年 14.5 亿人口[①]，人均粮食占有量 400 公斤的标准[②]进行计算，到 2020 年我国粮食需求为 5.8 亿吨。假定粮食产量不增加，维持在 2011 年 5.7 亿吨的水平上，那么我国粮食自给率仍达到 98%，高于

---

① 国务院《人口发展"十一五"和2020年规划》提出，到2020年，人口总量控制在14.5亿人以内。

② 按照世界粮农组织的标准，国家粮食的自给率达到95%以上、年人均粮食达400公斤以上、粮食储备应该达到本年度粮食消费的18%，即可称之为粮食安全。

FAO 规定的 95% 的水平，可以说粮食安全仍然是有保障的，至少可以认为基本保障。

在继续增加产量导致诸多问题、即便产量不增加粮食安全依然可以保障的情况下，粮食主产区利益补偿政策就应该实现从提高"现实粮食产量"保障国家粮食安全向提高"粮食综合生产能力"保证粮食安全方面转变。粮食综合生产能力实质上是一种产能，而不是产量，指一定时期的一定地区，在一定的经济技术条件下，可以稳定地达到的粮食产出能力。

粮食主产区利益补偿政策要针对制约我国粮食生产存在的主要制约因素，着眼于提高我国粮食生产的潜力，通过建设大中型灌区等水利骨干工程、小型农田水利设施等田间工程、新增和改善有效灌溉面积、改造中低产田等措施，提高耕地产出能力；通过良种选育和新型实用农业技术研发，提高粮食的科技支撑能力；通过完善良种繁育和技术推广体系，提高农业科技成果转化能力；通过加强农业防灾减灾体系建设，提高粮食生产抵御自然风险的能力；通过加强农业生态环保体系建设，防治农业面源污染，提高生态保障能力。最终提高粮食综合生产能力。当粮食供求平衡时，保持粮食产量稳定；当粮食需求增加时，能够在较短的时间内提高产量。

6.2.3 以区域发展带动农民增收

农民是粮食生产的主体，农民收入对农民种粮积极性，进而对国家粮食安全有重要的影响。因此增加农民收入也是粮食主产区利益补偿政策的重要目标。

粮食主产区农民家庭经营收入主要来自于粮食生产，粮食生产的收益取决于粮食总产量和粮食价格。依靠大幅提价增加种粮农民收入的道路是行不通的。我国粮食供给曾长期处于短缺状态，在短缺情况下，政府提高粮食价格，可以刺激粮食生产满足市场需求，还可以促进农民收入增加；但随着粮食产量的增加，我国已经由短缺时期进入了基本平衡、丰年有余的时期，虽然处于紧平衡的状态，但供给过多的状况开始出现。在这种情况下，继续提高粮食价格，会刺激农民增加粮食产量，从而加剧市场上粮食供给过度的状况，进而引起粮价大幅下跌，损害农民利益；加入 WTO

后，粮食产业也面临国际竞争，当前我国粮食价格已经高于国际市场价格，继续提高价格会进一步降低我国粮食产业的国际竞争力；此外政府通过提高最低收购价的方式提高价格还会加大政府财政负担。因此可以说我国继续提高粮食价格的空间是有限的。

依靠提高粮食产量增加农民收入的道路也存在很多困难。受生产要素边际产量递减规律的制约，在技术水平一定的情况下，随着生产要素投入的不断增加，每增加一单位要素所能带来产量的增量是逐步减少的。我国粮食生产经过多年的发展，以化肥为重点的要素投入处于较高的水平上，粮食生产已经进入了要素边际收益递减的阶段，而且多年以来农药化肥的过量使用还导致了农业生态的破坏，进一步限制了粮食产量的提高。课题组在全国第一产粮大县吉林省榆树市调研发现，靠提高粮食产量增加农民收入的难度加大。2010年榆树市粮食产量达到50亿斤的水平，主要得益于玉米、水稻、大豆三大作物的品种改良和推广、耕作栽培技术的改进、化肥和农药的施用和中低产田的改造。据榆树市农业局估算，未来10年，榆树市还有增产15亿斤粮食的空间。但是，粮食生产赖以增长的基础不够牢固，资源条件对农业发展的约束越来越突出。由于多年耕作，耕地理化性质恶化，病虫害加重，土壤板结，有机质含量下降，耕作层减少。同时由于工业化进程的加快，城镇建设、生态建设的推进，耕地数量减少。缺乏控制性的大型水利基础设施和为农业生产服务的中小型水利设施，水资源调蓄配置能力不强，灌溉水有效利用系数比较低，洪涝干旱灾害威胁依然严重。总之，在当前产量高位情况下，要通过继续提高粮食产量增加农民家庭经营收入困难加大。

转移性增收和财产性增收作用不大且空间减小。转移性收入和财产性收入占农民收入的比重约为11%，所占的比重很低。受我国当前耕地政策和宅基地政策的限制，农业财产性增收的空间很小。转移性收入主要是以粮食直补、良种补贴、农资综合补贴为主的各类补贴收入，而农机具购置补贴只针对购买农机的农户和组织，因此对一般农民增收的影响很小。此外，粮食补贴在很大程度上增加农民收入的结果是静态计算的，如果进行动态计算，将农业生产资料价格的上涨计算进去，粮食补贴对农民增收的作用就会减少。从2009年开始，在国际金融危机的影响下化肥价格较2008年有较大幅度的下跌，但随着经济的复苏，在全球粮食价格上涨的情况下，作为与粮食生产关联度极高的化肥价格也将上涨，如果粮食补贴标准不变，那么粮食生产成本的上涨就会进一步削弱粮食补贴对农民增收的影响。

由于经营性收入和工资性收入是主产区农民收入最重要的来源，因此，粮食主产区利益补偿政策应从提高农民经营性收入和工资性收入两方面入手，提高农民收入。从第2章对农民人均纯收入的回归分析可以看出，全社会劳动生产率、亩均农机总动力水平和农业固定资产投资与农民收入收入呈显著正相关。而全社会劳动生产率实际上就是劳均GDP，GDP的增长一般与二、三产业发展相关，而二、三产业的发展则能带动劳动力就业、增加工资性收入。亩均总动力和农业固定资产投资的提高则有助于增加农业产出，提高经营性收入。粮食主产区利益补偿机制要通过促进主产区二、三产业的发展，提高全社会劳动生产率，增加主产区内部吸纳劳动力的能力，促进农业劳动力向非农业转移，增加农民工资性收入；要着眼于粮食综合生产能力而不是"现实粮食产量"，通过增加对主产区农业基础设施和物质装备的支持水平，在保证市场供求平衡的前提下，降低农业受自然风险影响的程度，减少粮食生产波动，以综合生产能力的提高增加农民的经营性收入。

6.3　粮食主产区利益补偿的原则

为使利益补偿机制能更有效运转，在设计利益补偿机制时，须遵循以下原则。

6.3.1　区域利益协调的原则

主产区由于粮食生产的外部性而损失了部分发展收益，主销区则可以将更多的耕地用于高收益的二、三产业并从中获益，这就造成了不同区域之间利益的不平衡。因此利益补偿机制要对利益受损的主产区进行补偿，从而促进不同区域之间利益协调，逐步缩小不同区域之间的发展差距。

6.3.2 社会福利帕累托改进的原则

通过粮食主产区利益补偿，使承担粮食安全保障任务的主产区获得收益，在占补平衡的前提下，主销区因此可以减少耕地保护的压力，将耕地用于高效益行业，增加收入，全国也因主产区的发展而缩小区域发展差距，从而实现社会整体福利的增加。

6.3.3 中央政府主导，多主体参与的原则

粮食安全作为一种公共产品，其受益者是全体社会成员，作为受益者，全体社会成员应该为此支付相应的成本。而粮食主产区利益补偿机制的目标之一，便是保障国家粮食安全，因此，包括政府、消费者、企业和社会组织在内的多个市场主体都应参与到粮食主产区利益补偿机制的构建中来。中央政府是当前粮食产销格局的制度设计者、是公共利益的代表者，还是公共产品最有效率的供给者，应该在利益补偿机制的构建中发挥主导作用。

6.3.4 发挥市场机制，提高效率的原则

建立粮食主产区利益补偿机制，要充分发挥市场在资源配置中的基础性作用，通过市场化运作的方式，提高利益补偿机制运作效率，降低运作成本。在目标选择上，以增强主产区经济发展活力，提高主产区利润创造能力为着眼点；在运作上，减少行政方式，尽可能采取市场手段，以利益补偿为手段，结合市场机制，引导更多资源向主产区流动，促进主产区自我循环发展；在参与者上，鼓励多个市场主体共同参与，形成政府与市场主体共同推动的局面。

6.3.5 发挥比较优势的原则

由于粮食资源禀赋尤其是土地资源禀赋（粮食是土地密集型产品）、

种粮习惯等方面的原因，与粮食主销区相比较，粮食主产区在粮食生产方面具有比较优势，而粮食主销区则在发展二、三产业方面更具有优势。从社会总体福利的角度考虑，粮食主产区应该用更多的土地生产更多的粮食，粮食主销区则应更多地发展非农生产。那么在粮食主产区利益补偿机制的设计过程中，应强化双方的比较优势，同时根据粮食安全保障权责对等的原则，对粮食主产区粮食生产者进行利益补偿，保证粮食主产区的生产者能得到合理的报酬，以充分调动其保护耕地和生产粮食的积极性，实现粮食生产的可持续发展；同时也应保证主销区有充足的耕地用于二、三产业的发展。

本 章 小 结

本章对粮食支持政策"产量支持"和"收入支持"两个一般性目标进行了分析，认为由于粮食供给弹性高于需求弹性、国家粮食安全效用曲线和农民收入效益曲线存在差异，因此这两个目标在一定程度上存在矛盾。现有粮食支持政策由于过多强调粮食产量，将"现实粮食产量"作为主要政策手段，将面临两难的境地。

粮食主产区利益补偿机制不以现实粮食产量为直接目标，而将促进主产区区域发展作为首要目标。通过支持二、三产业发展，促进主产区发展，提高主产区经济社会发展总体水平；通过支持农业基础设施和物质装备水平提高，保障粮食综合生产能力；通过区域发展水平的提高，带动农民增收。通过区域发展水平的提高，使"保障粮食安全"和"增加农民收入"两个目标达到统一。

本章还提出了粮食主产区利益补偿机制应按照区域利益协调的原则、社会福利帕累托改进的原则、中央政府主导，多主体参与的原则、发挥市场机制，提高效率的原则和发挥比较优势的原则进行构建。

第 7 章

粮食主产区利益补偿金额的分析

主产区的粮食生产产生了多种效益，在这些效益中社会文化效益和生态效益相对难以准确衡量，因此本章以粮食安全保障效益作为计算利益补偿的基础。主产区的粮食产量高于必要的粮食产量，对粮食安全做出了额外贡献，这个额外贡献就是补偿的对象。本章首先对补偿面积、单位面积需要补偿的数量进行研究，在此基础上，提出了粮食主产区利益补偿的金额。

7.1 基于机会成本的利益补偿金额测算思路和假设

为了稳定粮食生产、保障粮食安全，我国实行了严格的耕地保护政策，对土地的用途进行管制，严格控制农业用地尤其是基本农田转做建设用地。粮食主产区由于基本农田面积大、比重高，受严格耕地保护政策的影响更为显著。一般而言，土地用于建设用地的收益要高于农业用途，而粮食生产的收益在各类农业用途中的收益也相对较低。在土地用途管制的情况下，耕地用于粮食生产的收益则可能低于机会成本，那么就需要对这个损失进行补偿，否则，就会影响市场主体的积极性。

本章从机会成本的角度出发，对粮食主产区利益补偿的金额进行测算。首先测算耕地用于粮食生产时的收益，然后测算耕地的机会成本，即耕地用于其他用途时产生的最大收益，最后计算两者之间的差额，这个差额就是理论上需要补偿的金额。粮食生产的收益由粮食价格和粮食产量决定，其机会成本则是由耕地的其他用途及其收益决定。

各地需要获得一定的粮食以维持生存和发展，如果假定每个地区都有责任保障本区域内人口的粮食安全，那么这些地区就需要保有一定数量的耕地用于粮食生产，这部分耕地是必需的。因此，这部分土地就不应该得到补偿，需要补偿的只是超过维持本区域内人口粮食需求的超额耕地。因此在测算粮食生产收益和其他用途收益时，需要把各地区维持粮食安全所必要的耕地面积排除，只计算各地的"超额"耕地。

虽然耕地从总体上看用途有多样性，但如果具体到某个地区，其用途就相对确定，即某块耕地受其自然属性的影响，可能无法转做其他用途，也可能转做其他用途在经济上并不合算。如果要准确计算耕地粮食生产收益与其机会成本之间的差额，那么就需要对每块耕地的用途进行准确的调研、分析和评估。这种方法在小范围内是适用的，但如果将区域扩大到省级，那么要准确衡量每块耕地的收益和机会成本则是非常困难的。因此，本书假定耕地的用途是均匀的，即土地不论处于何种位置，都具有相同的用途。

粮食主产区利益补偿的金额是需要补偿的耕地面积与单位耕地面积补偿标准的乘积。需要补偿的耕地面积是各地区实际粮食种植面积与必要粮食种植面积的差额；由于粮食生产收益低于其他用途收益，因此单位面积补偿标准是耕地使用的机会成本与粮食生产收益的差额，耕地使用的机会成本用区域土地平均收益代表。

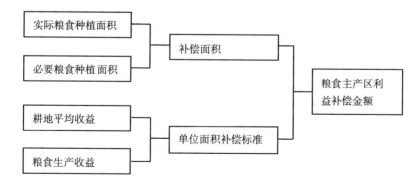

图 7 - 1　粮食主产区利益补偿测算的思路

7.2 利益补偿标准确定的原则

7.2.1 自给自足的原则

所谓自给自足的原则是指每个地区（以省为单位）粮食生产量应满足自身的需求，如果实际产量大于维持本地区自给自足的必要产量，那么实际产量与必要产量之间的差额就应该给予补偿；如果一个地区的实际产量低于必要产量，那么该地区就需要为这个差额支付相应的费用。

7.2.2 机会成本的原则

所谓机会成本的原则是指补偿的对象是粮食主产区因粮食生产所导致的机会成本。前文指出，耕地具有多种社会效益，但生态效益、社会效益等其他效益一方面相对模糊，计算存在较大困难；同时，由于这些效益的受益者更多的是在该区域的内部，而本书的重点在于外部区域对主产区的补偿。因此，在粮食主产区利益补偿标准的计算中，仅针对主产区因维护粮食安全而导致的机会成本，而不考虑其他效益导致的机会成本。

7.2.3 弥补损失的原则

因为严格耕地管理制度的实施，主产区耕地改变用途受到严格的限制，大量优质土地只能用于低效的粮食生产，由此造成了主产区和种粮农民部分发展权的丧失，导致了主产区和农民利益的损失。因此补偿的标准应该足够弥补主产区和农民的损失。

7.3　补偿标准的计算方法

　　土地、资本、劳动力是粮食生产的主要生产要素，资本和劳动力的流动性非常高，只需要很低的成本就能实现用途的改变，而土地由于严格的耕地保护制度，改变用途的成本非常高。粮食生产的外部性，很大程度上是由耕地用途限制而导致的，因此本节以耕地为对象确定粮食主产区利益补偿标准。

　　一般来讲，补偿的数量等于需要补偿的耕地的面积与单位耕地面积补偿金额的乘积。要确定补偿的标准，需要确定两个方面：一是需要补偿的耕地的面积，二是单位耕地面积补偿金额。

　　不同区域的土地质量、自然气候和土地利用方式等存在较大差别，因而各区域的耕地粮食生产力也存在较大的差异，同时各区域人口数量也存在很大差异，对粮食需求量也就不同。因此，在确定利益补偿数量时，各区域首先应在国家统一规定的粮食自给率要求下，根据各自耕地生产力条件和人口数量，确定其在一定时期内应该确保的耕地数量，即必要粮食播种面积；然后，计算各区域实际播种面积与必要播种面积的差额，这个耕地差额就是需要补偿的耕地的面积。

　　在确定了补偿的耕地面积以后，需要确定单位面积耕地补偿的金额。这个金额是耕地用作其他用途所能产生的收益与粮食生产收益之间的差额。耕地其他用途产生的收益是耕地使用的机会成本。

　　根据粮食主产区利益补偿测算的思路，可以确定粮食主产区利益补偿测算的公式如下：

$$C = \Delta X \times \Delta R$$

　　其中：

$$\Delta X = X_r - X_n, \Delta R = R_{op} - R_r$$

　　上式中，C 是粮食主产区利益补偿的金额，ΔX 是需要补偿的耕地面积，ΔR 是单位面积耕地补偿标准，X_r 是实际粮食播种面积，X_n 是必要粮食播种面积；R_{op} 是耕地使用的机会成本，R_r 是耕地用于粮食生产的实际收益。

7.4   补偿面积的确定

从上节公式可以看出，粮食主产区利益补偿的面积等于实际粮食播种面积减去必要粮食播种面积。

需补偿的耕地面积是各地实际粮食种植面积与必要粮食种植面积的差额。为了消除复种对耕地面积的影响，本书用粮食产量除以平均单产的方式确定补偿面积，那么补偿面积计算公式为：

$$\Delta X = \frac{Q_r - Q_n}{Q_a}$$

其中，Q_r 是实际粮食产量，Q_n 是必要粮食产量，Q_a 是粮食平均单产。

7.4.1   实际粮食产量

实际粮食产量即粮食主产区当年的粮食产量。粮食主产区各省粮食产量见表 7 - 1。

表 7 - 1 　　　　　　　　粮食主产区各省实际粮食产量　　　　　　　单位：万吨

年份 省份	2006	2007	2008	2009	2010	2011	2012
河　北	2 702.8	2 841.6	2 905.8	2 910.2	2 975.9	3 172.6	3 246.6
内蒙古	1 704.9	1 810.7	2 131.3	1 981.7	2 158.2	2 387.5	2 528.5
辽　宁	1 725	1 835	1 860.3	1 591	1 765.4	2 035.5	2 070.5
吉　林	2 720	2 453.8	2 840	2 460	2 842.5	3 171.0	3 343.0
黑龙江	3 346.4	3 462.9	4 225	4 353	5 012.8	5 570.6	5 761.5
江　苏	3 041.4	3 132.2	3 175.5	3 230.1	3 235.1	3 307.8	3 372.5
安　徽	2 860.7	2 901.4	3 023.3	3 069.9	3 080.5	3 135.5	3 289.1
江　西	1 854.5	1 904	1 958.1	2 002.6	1 954.7	2 052.8	2 084.8

续表

年份 省份	2006	2007	2008	2009	2010	2011	2012
山　东	4 048.8	4 148.8	4 260.5	4 316.3	4 335.7	4 426.3	4 511.4
河　南	5 010	5 245.2	5 365.5	5 389	5 437.1	5 542.5	5 638.6
湖　北	2 210.1	2 185.4	2 227.2	2 309.1	2 315.8	2 388.5	2 441.8
湖　南	2 706.2	2 692.2	2 805	2 902.7	2 847.5	2 939.4	3 006.5
四　川	2 893.4	3 027	3 140	3 194.6	3 222.9	3 291.6	3 315.0

资料来源：根据《中国统计年鉴》（2007～2013）数据整理。

7.4.2　必要粮食产量

必要粮食产量是各省人口与人均必要粮食消费量的乘积，计算公式为：

$$X_n = P \times C_n$$

式中，P 为区域内人口数量（见表 7 - 2），C_n 为人均必要粮食消费量。人均必要粮食产量等于人均最低粮食消费量与粮食自给率的乘积。《国家粮食安全中长期规划纲要》指出 2010 年人均粮食消费量不低于 389 公斤，到 2020 年不低于 395 公斤，粮食自给率稳定在 95% 以上。为了便于计算，人均最低粮食消费量取 390 公斤，那么人均必要粮食消费量就是 370.5 公斤。各省人口和必要粮食产量分别见表 7 - 2 和表 7 - 3。

表 7 - 2　　　　　粮食主产区各省人口　　　　　单位：万人

年份 省份	2006	2007	2008	2009	2010	2011	2012
河北	6 898	6 943	6 989	7 034	7 194	7 241	7 288
内蒙古	2 415	2 429	2 444	2 458	2 472	2 482	2 490
辽宁	4 271	4 298	4 315	4 341	4 375	4 383	4 389
吉林	2 723	2 730	2 734	2 740	2 747	2 749	2 750
黑龙江	3 823	3 824	3 825	3 826	3 833	3 834	3 834
江苏	7 656	7 723	7 762	7 810	7 869	7 899	7 920

年份 省份	2006	2007	2008	2009	2010	2011	2012
安徽	6 110	6 118	6 135	6 131	5 957	5 968	5 988
江西	4 339	4 368	4 400	4 432	4 462	4 488	4 504
山东	9 309	9 367	9 417	9 470	9 588	9 637	9 685
河南	9 392	9 360	9 429	9 487	9 405	9 388	9 406
湖北	5 693	5 699	5 711	5 720	5 728	5 758	5 779
湖南	6 342	6 355	6 380	6 406	6 570	6 596	6 639
四川	8 169	8 127	8 138	8 185	8 045	8 050	8 076

资料来源：根据《中国统计年鉴》（2007～2013）数据整理。

表 7-3 　　　　　　　　　　　各省必要粮食产量　　　　　　　　　　单位：万吨

年份 省份	2006	2007	2008	2009	2010	2011	2012
河北	2 555.71	2 572.38	2 589.36	2 606.25	2 665.23	2 682.61	2 700.20
内蒙古	888.09	891.05	894.29	897.38	915.94	919.47	922.55
辽宁	1 582.41	1 592.41	1 598.6	1 600.19	1 620.9	1 623.90	1 626.12
吉林	1 008.87	1 011.47	1 012.95	1 015	1 017.62	1 018.66	1 018.88
黑龙江	1 416.42	1 416.79	1 417.31	1 417.53	1 420.28	1 420.50	1 420.50
江苏	2 797.28	2 825.06	2 844.44	2 862.11	2 915.59	2 926.51	2 934.36
安徽	2 263.76	2 266.72	2 273.02	2 271.54	2 206.96	2 211.14	2 218.55
江西	1 607.6	1 618.34	1 630.2	1 642.11	1 653.26	1 662.97	1 668.73
山东	3 448.98	3 470.47	3 489.08	3 508.75	3 552.3	3 570.51	3 588.29
河南	3 479.74	3 467.88	3 493.44	3 514.93	3 484.73	3 478.25	3 484.92
湖北	2 109.26	2 111.48	2 115.93	2 119.26	2 122.19	2 133.15	2 141.12
湖南	2 349.71	2 354.53	2 363.79	2 373.42	2 434.22	2 443.67	2 459.75
四川	3 026.61	3 011.05	3 015.13	3 032.54	2 980.64	2 982.53	2 992.16

资料来源：根据《中国统计年鉴》（2007～2013）数据计算。

7.4.3　各省平均单产

各省粮食平均单产是指每公顷耕地的平均粮食产量。粮食主产区各省粮食单产详见表7-4。

表7-4 　　　　　　　　各省粮食平均单产 　　　　　　单位：吨/公顷

年份 省份	2006	2007	2008	2009	2010	2011	2012
河北	4.61	4.36	4.72	4.68	4.88	5.20	5.30
内蒙古	3.54	3.82	4.06	3.65	4.91	5.27	5.36
辽宁	5.87	5.47	6.13	5.09	5.69	6.57	6.63
吉林	5.66	6.29	6.47	5.56	6.87	7.58	7.74
黑龙江	3.20	3.71	3.85	3.82	5.74	6.18	6.05
江苏	6.01	6.10	6.03	6.13	6.37	6.47	6.56
安徽	4.48	4.41	4.61	4.65	5.37	5.42	5.68
江西	5.40	5.25	5.47	5.56	5.58	5.85	5.90
山东	5.98	5.96	6.13	6.14	6.15	6.22	6.31
河南	5.54	5.39	5.59	5.57	5.84	5.86	5.93
湖北	5.49	5.43	5.70	5.76	6.04	6.20	6.25
湖南	5.94	5.63	6.11	6.05	6.14	6.24	6.33
四川	4.69	4.40	4.88	4.98	5.56	5.75	5.74

资料来源：根据《中国统计年鉴》（2007~2013）数据整理。

7.4.4 各省需补偿的耕地面积

各省需要补偿的耕地面积等于各省实际粮食产量与必要粮食数量的差额（见表7-5）除以粮食单产。各省需补偿的耕地面积计算结果见表7-6。

表7-5 　　　　　实际粮食产量与必要粮食产量差额 　　　　单位：万吨

年份 省份	2006	2007	2008	2009	2010	2011	2012
河北	147.09	269.22	316.44	303.95	310.67	489.99	546.40
内蒙古	816.81	919.65	1 237.01	1 084.32	1 242.26	1 468.04	1 605.96
辽宁	142.59	242.59	261.7	-9.19	144.5	411.60	444.38
吉林	1 711.13	1 442.33	1 827.05	1 445	1 824.88	2 152.35	2 324.13
黑龙江	1 929.98	2 046.11	2 807.69	2 935.47	3 592.52	4 150.10	4 341.00

年份 省份	2006	2007	2008	2009	2010	2011	2012
江苏	244.12	307.14	331.06	367.99	319.51	381.25	438.14
安徽	596.94	634.68	750.28	798.36	873.54	924.36	1 070.55
江西	246.9	285.66	327.9	360.49	301.44	389.82	416.07
山东	599.82	678.33	771.42	807.55	783.4	855.78	923.11
河南	1 530.26	1 777.32	1 872.06	1 874.07	1 952.37	2 064.25	2 153.68
湖北	100.84	73.92	111.27	189.84	193.61	255.38	300.68
湖南	356.49	337.67	441.21	529.28	413.28	495.68	546.75
四川	−133.21	15.95	124.87	162.06	242.26	309.08	322.84

资料来源：根据《中国统计年鉴》（2007～2013）数据计算。

表7-6　　　　　　　　　　各省需补偿的耕地面积　　　　　　　　单位：万公顷

年份 省份	2006	2007	2008	2009	2010	2011	2012
河北	31.93	61.75	67.06	64.93	63.70	94.31	103.09
内蒙古	230.93	240.68	304.98	296.75	252.90	278.65	299.62
辽宁	24.30	44.39	42.71	−1.80	25.40	62.66	67.02
吉林	302.27	229.38	282.52	260.08	265.75	283.88	300.27
黑龙江	603.12	551.66	730.22	768.25	625.44	671.95	717.52
江苏	40.65	50.34	54.91	60.06	50.20	58.95	66.79
安徽	133.28	144.05	162.82	171.80	162.76	170.48	188.48
江西	45.71	54.45	59.91	64.88	54.01	66.67	70.52
山东	100.29	113.89	125.95	131.52	127.30	137.48	146.29
河南	276.22	330.05	334.95	336.76	334.48	352.15	363.18
湖北	18.37	13.60	19.52	32.99	32.08	41.19	48.11
湖南	60.01	59.99	72.18	87.51	67.36	79.45	86.37
四川	−28.38	3.63	25.57	32.57	43.60	53.73	56.24

资料来源：根据《中国统计年鉴》（2007～2013）数据计算。

7.5　单位面积补偿金额的确定

单位面积补偿金额是粮食主产区耕地进行粮食生产的机会成本与实际收益之间的差额。由于土地用途具有多样性，这就导致区域范围内耕地使用的机会成本难以计算。因此，本书采用区域内土地的平均收益代表土地使用的机会成本。单位面积补偿金额的计算公式如下：

$$\Delta R = R_a - R_r$$

其中，ΔR 是单位面积耕地补偿金额，R_a 是区域内土地平均收益，R_r 是土地用于粮食生产所得到的实际收益。

7.5.1　土地平均收益

土地平均收益是区域内单位面积土地上所能产生的收益，等于单位面积农用地平均收益和单位面积建设用地平均收益的加权平均。各地区除了农用地和建设用地以外还存在一定数量的荒地等其他地，由于这部分土地产生的经济效益为0，因此在计算土地平均收益时将其忽略。单位面积农用地平均收益等于第一产业生产总值除以农用地面积（农用地面积和农业生产总值分别见表7-7、表7-8），单位面积建设用地平均收益等于二、三产业生产总值除以建设用地面积（建设用地面积和二、三产业生产总值分别见表7-9、表7-10）。单位面积土地平均收益计算结果见表7-11。

表7-7　　　　　　　　　　　　各省农用地面积　　　　　　　　　　　单位：万公顷

年份 省份	2006	2007	2008	2009	2010	2011	2012
河　北	1 307.9	1 307.9	1 308.2	1 308.2	1 308.2	1 308.2	1 308.2
内蒙古	9 522.4	9 522.4	9 523.0	9 523.0	9 523.0	9 523.0	9 523.0
辽　宁	1 123.1	1 123.0	1 122.8	1 122.8	1 122.8	1 122.8	1 122.8
吉　林	1 639.6	1 639.4	1 639.3	1 639.3	1 639.3	1 639.3	1 639.3

续表

年份 省份	2006	2007	2008	2009	2010	2011	2012
黑龙江	3 792.1	3 792.6	3 792.4	3 792.4	3 792.4	3 792.4	3 792.4
江　苏	674.3	672.8	671.6	671.6	671.6	671.6	671.6
安　徽	1 120.1	1 119.3	1 119.0	1 119.0	1 119.0	1 119.0	1 119.0
江　西	1 417.8	1 417.1	1 416.4	1 416.4	1 416.4	1 416.4	1 416.4
山　东	1 158.7	1 157.2	1 156.6	1 156.6	1 156.6	1 156.6	1 156.6
河　南	1 228.5	1 228.3	1 228.1	1 228.1	1 228.1	1 228.1	1 228.1
湖　北	1 466.2	1 465.6	1 465.2	1 465.2	1 465.2	1 465.2	1 465.2
湖　南	1 791.4	1 790.7	1 789.8	1 789.8	1 789.8	1 789.8	1 789.8
四　川	4 242.3	4 241.9	4 239.8	4 239.8	4 239.8	4 239.8	4 239.8

资料来源:《中国统计年鉴》(2007~2013)。

表7-8　　　　　　　　各省农业生产总值　　　　单位:亿元

年份 省份	2006	2007	2008	2009	2010	2011	2012
河　北	1 461.81	1 804.72	2 034.59	2 207.34	2 562.81	2 905.73	3 186.66
内蒙古	634.94	762.10	907.95	929.60	1 095.28	1 306.30	1 448.58
辽　宁	939.43	1 133.42	1 302.02	1 414.90	1 631.08	1 915.57	2 155.82
吉　林	672.76	783.80	916.72	980.57	1 050.15	1 277.44	1 412.11
黑龙江	750.14	915.38	1 088.94	1 154.33	1 302.90	1 701.50	2 113.66
江　苏	1 545.05	1 816.31	2 100.11	2 261.86	2 540.10	3 064.78	3 418.29
安　徽	1 011.03	1 200.18	1 418.09	1 495.45	1 729.02	2 015.31	2 178.73
江　西	786.14	905.77	1 060.38	1 098.66	1 206.98	1 391.07	1 520.23
山　东	2 138.90	2 509.14	3 002.65	3 226.64	3 588.28	3 973.85	4 281.70
河　南	1 916.74	2 217.66	2 658.78	2 769.05	3 258.09	3 512.24	3 769.54
湖　北	1 140.41	1 378.00	1 780.00	1 795.90	2 147.00	2 569.30	2 848.77
湖　南	1 272.20	1 626.48	1 892.40	1 969.69	2 325.50	2 768.03	3 004.21
四　川	1 595.48	2 032.00	2 216.15	2 240.61	2 482.89	2 983.51	3 297.21

资料来源:《中国统计年鉴》(2007~2013)。

表7-9 各省建设用地面积 单位：万公顷

年份\省份	2006	2007	2008	2009	2010	2011	2012
河 北	177.1	178.2	179.4	179.4	179.4	179.4	179.4
内蒙古	145.6	147.8	149.2	149.2	149.2	149.2	149.2
辽 宁	138.0	139.1	139.9	139.9	139.9	139.9	139.9
吉 林	105.5	106.0	106.5	106.5	106.5	106.5	106.5
黑龙江	147.8	148.3	149.2	149.2	149.2	149.2	149.2
江 苏	186.9	190.2	193.4	193.4	193.4	193.4	193.4
安 徽	164.0	165.2	166.2	166.2	166.2	166.2	166.2
江 西	92.7	94.0	95.4	95.4	95.4	95.4	95.4
山 东	246.2	248.9	251.1	251.1	251.1	251.1	251.1
河 南	216.7	217.8	218.7	218.7	218.7	218.7	218.7
湖 北	137.8	139.0	140.0	140.0	140.0	140.0	140.0
湖 南	136.2	137.4	139.0	139.0	139.0	139.0	139.0
四 川	157.8	158.8	160.3	160.3	160.3	160.3	160.3

资料来源：《中国统计年鉴》（2007~2013）。

表7-10 各省二、三产业生产总值 单位：亿元

年份\省份	2006	2007	2008	2009	2010	2011	2012
河 北	10 005.79	11 802.6	13 977.38	15 028.14	17 831.45	21 610.03	23 388.35
内蒙古	4 309.31	5 661.08	7 588.25	8 810.65	10 576.72	13 053.58	14 432
辽 宁	8 365.09	10 030.88	12 366.56	13 797.59	16 826.19	20 311.13	22 690.61
吉 林	3 602.36	4 500.89	5 509.38	6 298.18	7 617.43	9 291.39	10 527.13
黑龙江	5 461.66	6 188.62	7 225.43	7 432.67	9 065.7	10 880.5	11 577.92
江 苏	20 197	24 202.17	28 881.87	32 195.44	38 885.38	46 045.49	50 639.93
安 徽	5 101.47	6 160.74	7 433.57	8 567.37	10 630.31	13 285.34	15 033.32
江 西	4 034.39	4 894.48	5 910.67	6 556.52	8 244.28	10 311.75	11 428.65
山 东	19 761.29	23 267.77	27 930.63	30 670.01	35 581.64	41 388	45 731.54
河 南	10 446.05	12 794.8	15 359.75	16 711.41	19 834.27	23 418.79	25 829.77
湖 北	6 477.06	7 955.4	9 548.92	11 165.2	13 820.61	17 062.96	19 401.68
湖 南	6 416.47	7 813.12	9 662.6	11 090	13 712.46	16 901.53	19 150.02
四 川	7 094.76	8 530.39	10 385.08	11 910.67	14 702.59	18 043.17	20 575.59

资料来源：《中国统计年鉴》（2007~2013）。

表 7 - 11 土地平均收益 单位：万元/公顷

年份 省份	2006	2007	2008	2009	2010	2011	2012
河　北	7.72	9.16	10.76	11.59	13.71	16.48	17.86
内蒙古	0.51	0.66	0.88	1.01	1.21	1.48	1.64
辽　宁	7.38	8.85	10.83	12.05	14.62	17.60	19.68
吉　林	2.45	3.03	3.68	4.17	4.96	6.05	6.84
黑龙江	1.58	1.80	2.11	2.18	2.63	3.19	3.47
江　苏	25.25	30.15	35.82	39.84	47.89	56.78	62.50
安　徽	4.76	5.73	6.89	7.83	9.62	11.91	13.39
江　西	3.19	3.84	4.61	5.06	6.25	7.74	8.56
山　东	15.59	18.33	21.97	24.08	27.83	32.22	35.53
河　南	8.55	10.38	12.45	13.46	15.96	18.61	20.46
湖　北	4.75	5.82	7.06	8.07	9.95	12.23	13.86
湖　南	3.99	4.90	5.99	6.77	8.31	10.20	11.49
四　川	1.97	2.40	2.86	3.22	3.91	4.78	5.43

资料来源：根据《中国统计年鉴》（2007～2013）数据计算。

7.5.2 粮食生产现实收益

粮食生产的现实收益是区域单位面积粮食产量与粮食平均收益的乘积，其中粮食平均收益是单位面积粮食总收益减去各项成本。

由于我国粮食主产区各省分布南北差异较大，不同省份粮食熟制不同，耕地的复种指数，这就导致不同省份粮食生产的收益不同。其中，东北地区的黑龙江、吉林、辽宁和内蒙古为一年一熟，种植的粮食作物以玉米和粳稻为主，因此东北地区粮食收益取玉米和粳稻收益的均值；黄淮海地区的河北、山东、河南、安徽普遍为一年两熟，种植粮食作物为玉米和小麦，因此黄淮海地区粮食收益为玉米、小麦的收益之和；长江中下游地区的江苏、湖南、湖北、江西、四川为一年两熟，种植粮食作物为籼稻，考虑到早籼稻种植逐步减少，因此长江中下游地区粮食收益取中籼稻和晚籼稻收益之和。粮食生产现实收益计算结果见表 7 - 12。

表 7 - 12 　　　　　　　　单位面积粮食平均收益　　　　　　　单位：万元/公顷

年份 省份	2006	2007	2008	2009	2010	2011	2012
河北	1.01	1.23	1.15	1.52	1.57	1.91	1.95
内蒙古	0.69	0.76	0.79	0.76	1.44	1.31	1.49
辽宁	0.75	0.75	0.73	0.85	0.99	1.25	1.34
吉林	0.70	0.59	0.70	0.71	1.11	1.27	1.27
黑龙江	0.62	0.48	0.54	0.64	0.85	0.91	0.90
江苏	1.24	1.42	1.54	1.70	2.15	2.56	2.61
安徽	1.11	1.22	1.22	1.57	1.67	1.65	1.82
江西	1.11	1.42	1.45	1.57	1.74	2.29	2.21
山东	1.09	1.36	1.29	1.62	1.66	1.90	1.97
河南	1.17	1.36	1.35	1.49	1.62	1.92	1.68
湖北	1.32	1.57	1.65	1.78	2.23	2.83	2.80
湖南	1.14	1.43	1.47	1.36	1.86	2.22	2.34
四川	1.28	1.69	2.10	1.95	2.44	2.85	3.07

资料来源：根据 2007～2013 年《全国农产品成本收益汇编》计算。

7.5.3　单位面积补偿金额的确定

在确定了单位面积土地平均收益和粮食生产收益后，计算两者之间的差额就可以得到单位面积补偿金额。计算结果见表 7 - 13。

表 7 - 13 　　　　　　　　　单位面积补偿金额　　　　　　　　　单位：万元

年份 省份	2006	2007	2008	2009	2010	2011	2012
河北	6.71	7.93	9.61	10.07	12.14	14.57	15.91
内蒙古	-0.18	-0.10	0.09	0.25	-0.23	0.17	0.15
辽宁	6.63	8.10	10.10	11.20	13.63	16.35	18.34
吉林	1.75	2.44	2.98	3.46	3.85	4.78	5.57
黑龙江	0.96	1.32	1.57	1.54	1.78	2.28	2.57
江苏	24.01	28.73	34.28	38.14	45.74	54.22	59.89
安徽	3.65	4.51	5.67	6.26	7.95	10.26	11.57

续表

年份 省份	2006	2007	2008	2009	2010	2011	2012
江西	2.08	2.42	3.16	3.49	4.51	5.45	6.35
山东	14.50	16.97	20.68	22.46	26.17	30.32	33.56
河南	7.38	9.02	11.10	11.97	14.34	16.69	18.78
湖北	3.43	4.25	5.41	6.29	7.72	9.40	11.06
湖南	2.85	3.47	4.52	5.41	6.45	7.98	9.15
四川	0.69	0.71	0.76	1.27	1.47	1.93	2.36

资料来源：根据2007~2013年《全国农产品成本收益汇编》计算。

7.6 粮食主产区利益补偿金额的确定

根据以上计算的各粮食主产省的耕地补偿面积和单位面积利益补偿金额，两者相乘可以计算出各粮食主产省每年应获得的利益补偿资金的数量。粮食主产区各省每年应得的利益补偿资金具体见表7-14。

表7-14　　　　　　　　　粮食主产省应得补偿资金　　　　　　单位：亿元

年份 省份	2006	2007	2008	2009	2010	2011	2012
河北	214.33	489.47	644.66	653.56	773.25	1374.03	1640.53
内蒙古	-41.24	-23.05	26.96	73.31	-58.99	48.67	45.51
辽宁	161.06	359.38	431.16	-20.16	346.14	1024.67	1228.98
吉林	528.92	559.17	842.13	899.66	1024.38	1357.99	1672.09
黑龙江	576.97	729.64	1146.00	1181.99	1113.63	1533.46	1846.61
江苏	975.89	1446.16	1882.22	2290.45	2296.25	3196.05	3999.83
安徽	486.54	649.70	922.76	1075.43	1293.40	1748.32	2181.18
江西	95.14	131.68	189.37	226.65	243.66	363.40	448.14
山东	1454.03	1932.98	2605.24	2953.92	3330.93	4169.04	4909.34
河南	2039.71	2977.64	3719.30	4032.53	4796.77	5878.86	6819.96
湖北	62.99	57.75	105.56	207.65	247.57	387.20	532.16
湖南	170.95	207.92	326.30	473.50	434.80	633.83	789.93
四川	-19.72	2.58	19.53	41.24	63.90	103.62	132.47

注：根据补偿面积和单位面积补偿金额计算。

7.7 粮食主产区利益补偿的相关分析

7.7.1 补偿面积的分析

从总体来看，13 个粮食主产省粮食播种面积全部大于本省必要粮食播种面积，即粮食主产区全部存在土地"盈余"，这些盈余就是需要补偿的面积。而且粮食主产区补偿面积（土地盈余）呈波动增长趋势，2006～2012 年，12 个主产区补偿总面积从 1 838.68 万公顷增加到 2 513.5 万公顷，增长了 36.7%（见图 7-2）。需补偿的耕地面积的增加，主要原因在于各省粮食单产水平的提高带来的粮食总产量的增加，即实际粮食产量增长的速度要快于各省必要粮食产量增长的速度，这就使得各省粮食盈余增加。

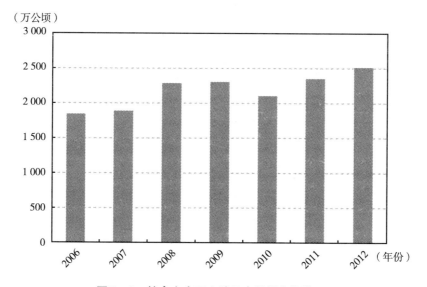

图 7-2 粮食主产区土地盈余数量变化情况

分省来看，13 个粮食主产区中，黑龙江省土地盈余面积最大，2006～2012 年平均土地盈余面积为 666.88 万公顷；其次为河南，平均土地盈余面积为 332.54 万公顷；此外，内蒙古和吉林的土地盈余面积也较大，均超过了 200 万公顷。土地盈余最少的为四川省，仅为 26.71 万公顷（各省平均土地盈余见图 7-3）。由于土地盈余面积与必要粮食产量负相关，与实际粮食产量正相关；而必要粮食产量主要受人口的影响，人口越多，则土地盈余越少；实际粮食产量受粮食播种面积和单产影响，播种面积越大、单产越高，土地盈余越多。黑龙江省耕地面积大、粮食产量高，但人口较少，这就使得黑龙江存在最多的土地盈余；河南虽然人口众多，但由于粮食种植面积大、复种指数高、粮食总产量大，因此土地盈余也较多。四川等长江中下游省区人多地少，导致普遍土地盈余面积较少。

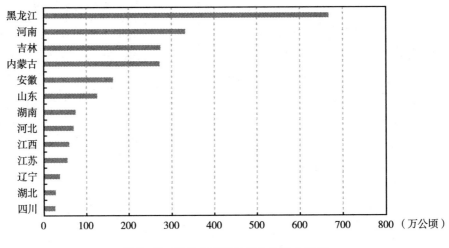

图 7-3　粮食主产区各省土地盈余排名

7.7.2　单位面积补偿金额的分析

从总体上看，粮食主产区单位面积补偿金额呈快速上涨的态势。2006～2012 年，13 个粮食主产省平均的单位面积补偿金额从 5.73 万元/公顷增长到 15.02 万元/公顷，7 年时间翻了 2.6 倍（见图 7-4）。由于单位面积补偿金额是区域内土地平均收益与粮食生产现实收益的差额，而土地平均收益在很大程度上受二、三产业收益的影响，因此，单位面积补偿金额的快速上涨反映了单位面积土地上二、三产业创造的收益与粮食生产收益的差距在快速扩大。

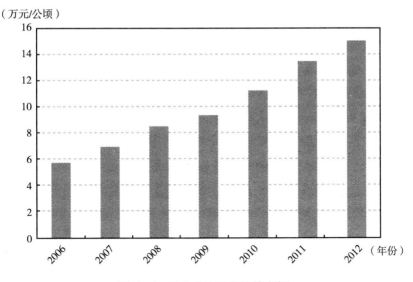

（万元/公顷）

图7－4　平均单位面积补偿金额

在13个粮食主产省中，2006年单位面积补偿金额最多的是江苏，达到了24.01万元/公顷，最少的是内蒙古，为－0.18万元/公顷，之所以是负值，原因在于内蒙古地广人稀，经济发展相对落后，土地平均收益低于种粮收益。到2012年，13个粮食主产省的单位面积补偿金额全部为正值，这表明各省的土地平均收益已全部高于种粮收益。其中，江苏依然保持最高，为59.89万元/公顷，最低的依然为内蒙古，为0.15万元/公顷。从近7年单位面积补偿金额的平均值来看，江苏、山东、河南、辽宁、河北的补偿金额较多，均超过了10万元/公顷，其中山东超过20万元/公顷，江苏超过40万元/公顷，内蒙古、四川、黑龙江单位面积补偿金额较少，仅不足2万元/公顷（各省平均单位面积补偿金额见图7－5）。

各省单位面积补偿金额的多少，实际上反映了各省经济发展水平的差异，江苏、山东等沿海省份经济发展水平高，二、三产业发达，单位面积土地的平均收益高；河南、安徽、湖南、湖北和东北地区经济发展水平落后于东部沿海，但高于西部地区，因此，土地平均收益中等；内蒙古、四川等西部省份经济发展落后，二、三产业不发达，土地平均收益少，因此单位面积土地补偿金额最少。

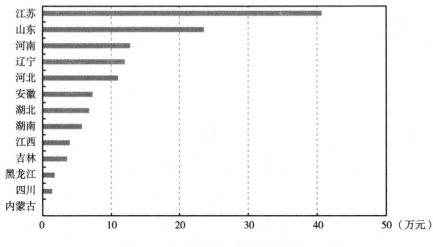

图7-5　每公顷补偿金额最高值排序

7.7.3　利益补偿总金额的分析

　　由于粮食主产区土地盈余持续增加，单位面积补偿金额不断提高，利益补偿的总金额也呈不断增加的趋势。2006~2012年，13个主产区补偿总金额从6 705.57亿元增加到26 246.74亿元，7年时间增加了3.77倍（见图7-6）。虽然需补偿的耕地面积也对利益补偿金额的上涨有一定贡献，但

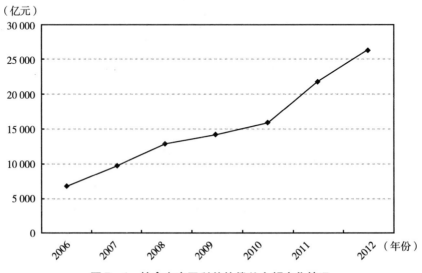

图7-6　粮食主产区利益补偿总金额变化情况

利益补偿金额的快速增加，主要来自于单位面积补偿金额的快速上涨，这实质上反映了单位面积土地的平均收益与粮食种植收益之间的差距不断扩大。

从各省来看，利益补偿金额最多的是河南，2006～2012年河南利益补偿金额均居13个粮食主产区首位，2006年利益补偿金额为2 039.71亿元，占利益补偿总金额的30.42%，到2012年补偿金额上升至6 819.96亿元，虽然金额仍然保持各省首位，但所占比重却下降到25.98%。河南利益补偿金额位居首位的原因，在于需补偿的耕地面积和单位面积补偿金额均较高。虽然黑龙江省需补偿面积居首位，但单位面积补偿金额很低；江苏虽然单位面积补偿金额最高，但补偿面积很少，因此黑龙江和河南利益补偿金额均少于江苏。山东、江苏两省利益补偿金额也较多，两省占利益补偿总金额的比重分别达到18.7%和15.24%，两省利益补偿金额高的原因主要在于两省均属于沿海发达省份，二、三产业发达，单位面积土地的平均收益远高于粮食种植收益。

利益补偿金额最少的是内蒙古，2012年仅为45.51亿元，占总金额的0.17%。内蒙古虽然耕地面积和需补偿的耕地面积均较大，但由于地广人

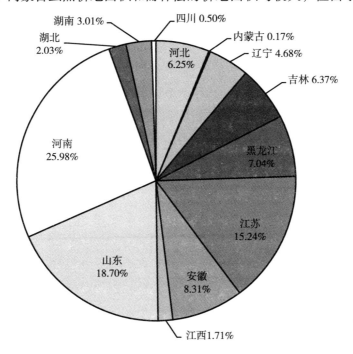

图7-7　各粮食主产省利益补偿金额比例

稀，经济不发达，单位面积平均收益很低，有的年份甚至低于种粮收益，这就导致内蒙古利益补偿金额很少，有时甚至为负值。此外，四川、湖南、湖北的利益补偿金额也较少，主要原因在于以上地区人口众多但耕地稀缺，这就使得需补偿的耕地面积较少。

本 章 小 结

本章以粮食种植面积为切入点，按照自给自足的原则、机会成本的原则和弥补损失的原则，对粮食主产区利益补偿的金额进行研究，提出补偿金额应等于补偿面积与单位面积补偿金额的乘积。

补偿面积等于各地区实际粮食播种面积与必要粮食播种面积的差额，必要粮食播种面积根据人均必要粮食消费量、各地人口和各地耕地生产能力（粮食单产）确定。研究发现，13 个粮食主产省份粮食播种面积全部大于本省必要粮食播种面积，主产区耕地盈余呈波浪状变化，黑龙江、河南、吉林等省份由于耕地面积较多、粮食产量较大，是需补偿面积最多的3 个省份，四川由于人多地少，成为需补偿面积最少的地区。

单位面积补偿金额是区域土地平均收益与粮食生产收益之间的差额，其中，单位面积补偿金额与经济社会发展总体情况相关，经济越发达补偿标准越高。从计算结果来看，东部沿海地区的江苏、山东由于经济发达，单位面积土地平均收益远高于种粮收益，使得两省单位面积补偿金额位居各省前列。内蒙古由于地广人稀，经济发展水平低，单位面积平均收益与种粮收益差距不明显，有的年份甚至低于种粮收益，导致单位面积补偿金额最低。

需补偿的耕地面积和单位面积补偿金额的乘积就是利益补偿的总金额。近年来，各省单位面积补偿金额大幅提高，导致粮食主产区利益补偿总金额大幅增加。从各省来看，得益于补偿面积和单位面积补偿金额均较多，河南成为利益补偿金额最多的省份，山东、江苏由于经济发达、单位面积补偿金额高，利益补偿金额分居二、三位。内蒙古虽然补偿面积大，但单位面积利益补偿金额少，导致利益补偿金额最少。

第8章

健全粮食主产区利益补偿机制研究

　　本章在研究前面几章的基础上，在分析粮食生产外部性的基础上，界定粮食主产区利益补偿机制的主客体、资金来源、运作方式和实施步骤；针对国家现行对粮食主产区利益补偿政策存在的问题，借鉴发达国家区域平衡发展的经验，对粮食主产区利益补偿机制的内涵特征、主体客体、补偿方式、补偿原则、实现路径等开展系统研究。

　　粮食主产区利益补偿的原因在于粮食生产具有正外部性，因此要确定粮食主产区利益补偿的主客体，需要对粮食生产的外部性进行分析，确定粮食生产产生了哪些外部性，这些外部性的提供者和接收者分别是谁，即外部性的受益者和受损者。哪些市场主体提供了外部性，并因此导致利益受损，那么这些市场主体就是粮食主产区利益补偿的客体；哪些市场主体接受了粮食生产的外部性，并从中获益，那么这些市场主体就是粮食主产区利益补偿的主体。本章首先对粮食生产的外部性进行分析，然后对粮食主产区和主销区经济社会发展情况进行分析，在此基础上确定粮食主产区利益补偿的主客体。

8.1　粮食生产外部性的分析

　　外部性的实质是私人收益（成本）与社会收益（成本）的不一致，粮食主产区进行粮食生产（在当前严格的耕地保护制度下，粮食生产不仅是一种经济行为，而且也是一种带有明显强制色彩的行政行为），产生了明显的正外部性，即粮食主产区和种粮农民的"私人收益"低于整个社会的"社会收益"，而主产区和农民付出的"私人成本"却高于"社会成本"。本节在对粮食生产的收益和成本进行分析的基础上，确定粮食生产的外部性。

8.1.1 粮食生产收益分析

粮食生产收益方面，私人收益表现为农民的种粮收益、农民因种粮获得的国家各类补贴、粮食主产区因粮食生产获得的各类转移支付（以产粮大县财政奖励为主）。

粮食生产的社会收益则主要表现为粮食安全保障收益。粮食安全保障收益是指国家粮食安全因为主产区的粮食生产得到了保障。2009 年粮食主产区粮食播种面积 68 853.9 千公顷，全国粮食播种面积 105 638 千公顷，约占全国的 65.2%；2011 年，粮食主产区粮食总产量达到 43 422 万吨，比 2010 年增产 2 238 万吨；全国粮食产量 57 121 万吨，比 2010 年增产 2 473 万吨；粮食主产区总产量约占全国的 76%，增产量占全国总增产量的 90.5%。此外，主产区提供商品粮数量占全国商品粮数量的 80%。从以上数据可以看出，粮食主产区用较少的耕地生产出了超过自身需求的粮食，且贡献了全国粮食增量的绝大多数。由此可见，粮食主产区为整个国家粮食安全保障的贡献率超过 70%。此外，粮食生产还具有社会文化收益①、生态收益②等多种收益。

粮食生产的粮食安全保障收益、社会文化收益和生态收益都具有公共产品属性，增加一个这些收益的消费者不会影响其他消费者的使用，也无法排除其他消费者对这种收益的使用，全体社会成员不可分割的享受到粮食生产带来的好处，即粮食生产具有非竞争性、非排他性和不可分割性。

① 社会文化收益指耕地生态系统产品和生命系统支持功能对人类个体的心理、精神和对人类社会组织（如国家）的发展所产生的宏观社会影响和效果。
② 生态收益是指在耕地利用过程中，基于耕地生态系统部分生命系统支持功能，通过物理和化学作用而产生的效益。

8.1.2 粮食生产成本分析

粮食生产的私人成本可以分为种粮农民承担的"私人成本"和主产区承担的"私人成本"。这两种"私人成本"共同的表现形式是发展权利的部分丧失。由于严格的耕地保护政策，耕地的使用用途受到很大限制，大量优质土地只能用于低效益的粮食生产，而不能用于发展高收益的二、三产业，农民因此失去了从这些产业获得更高收入的机会。虽然政府对种粮农民进行补贴，但各类补贴在农民收入中所占比重很小，远低于种粮带来的机会成本；主产区政府由于二、三产业发展受限，丧失了更多的税收和就业机会，导致了"产粮大县、财政穷县"现象的产生。中央财政对产粮大县的财政奖励一方面覆盖面较小，无法对所有主产区进行转移支付，另一方面奖励数额较低，也无法弥补主产区由于发展权利丧失导致的机会成本。

社会成本方面，当前国家对粮食主产区和种粮农民支付的成本主要是各类粮食补贴和产粮大县财政奖励。下面对粮食生产相关的各类转移支付进行一个大概的分析：2011年中央财政对农民的四项补贴支出为1 406亿元（这个金额不仅包括粮食补贴，而且包括对非粮食生产的补贴），2011年中央财政产粮大县奖励资金225亿元，两者合计1 631亿元。粮食主产区人口占全国人口的51.8%，即如果粮食产量达到全国产量的51.8%，那么粮食主产区即可达到粮食的100%自给，如果产量超过51.8%，则是额外产量，这些额外产量的成本需要主产区全部承担。2011年粮食主产区总产量约占全国的76%，即主产区多生产了占全国24.2%的粮食，按照全国粮食产量57 121万吨，约13 823.3万吨。假定这些产量全部按照2011年各粮食品种中价格最低的玉米最低收购价1 800元/吨（实际上，2011年玉米最低收购价为1 960元）计算，那么2011年主产区的额外粮食生产价值为2 488.194亿元，大于同期整个社会支付的成本为1 631亿元。从这两个数据的计算可以看出，额外粮食生产成本计算采取的是最小值，而社会成本的计算采取的是最大值，由此可见，社会成本远小于粮食主产区的额外生产成本。

8.1.3 粮食主产区粮食生产的外部性分析

在本书的理论部分曾提出，外部性的实质是私人收益（成本）与社会收益（成本）的不一致。如果私人收益小于社会收益，就是正外部性，正外部性会导致私人产品供给水平低于社会最优水平，于是产生了市场失灵。主产区粮食生产的外部性是指：在粮食生产过程中，由粮食生产主体支付成本而由其他市场主体获得的各种效益。

从前面的分析可以看出，主产区进行粮食生产，产生的粮食安全保障收益、社会文化收益、生态效益等具有明显的公共产品属性，整个社会都从中收益，且社会收益要大于主产区和农民的"私人收益"；而主产区和农民曾通过直接从事生产过程而承担了主要的成本，国家虽然也通过补贴、奖励等方式承担了一部分成本，但社会支付的成本要远低于主产区和农民承担的"私人成本"。

主产区粮食生产的外部性可以用图 8-1 说明。假设粮食生产的边际私人收益为 MPR，粮食生产的边际社会收益为 MSR，MC 为粮食生产的边际成本。如果存在正外部性，则边际社会收益大于边际私人收益，即 $MSR > MPR$，此时 MSR 曲线位于 MPR 的上方。在完全市场经济条件下，农民和主产区粮食生产的数量为 Q_1，其私人收益为 P_1Q_1，此时私人收益达到最大化；但如果社会收益达到最大，则粮食生产的数量为 Q_2，社会收益为 P_2Q_2。如果政府通过非市场方式，将主产区粮食生产数量确定为 Q_2，那么就会导致私人收益受损。在这种情况下，除非从 P_2Q_2 与 P_1Q_1 之间的差额

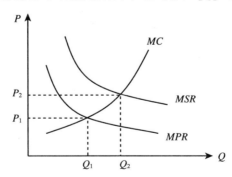

图 8-1 主产区粮食生产外部性

中提取部分收益用于对主产区和农民的利益补偿，农民和主产区会倾向于将耕地转做粮食生产以外的用途。

8.2 粮食主产区利益补偿的主客体

粮食主产区利益补偿的主体是指从主产区粮食生产的正外部性中受益，但并未支付相应成本的市场主体。粮食主产区利益补偿的客体是指承担了粮食生产正外部性的成本，但并未从中受益或收益低于成本的市场主体。

8.2.1 利益补偿主体

粮食主产区利益补偿的主体是指从主产区粮食生产的正外部性中受益，但并未支付相应成本的市场主体。粮食主产区利益补偿的主体主要有：

1. 中央政府

中央政府虽然并不直接属于"从主产区粮食生产的正外部性中受益，但并未支付相应成本的市场主体"，但由于以下原因，中央政府仍然应当成为粮食主产区利益补偿的主体。首先，中央政府是主产区"超额"承担粮食安全保障义务的制度设计者，中央政府通过诸如《土地管理法》、《基本农田保护法》以及其他政策、规章、制度安排，将主产区大量耕地限制在低效益的粮食生产上，而不能转做高效益的二、三产业等其他用途，从而造成了主产区和农民利益的损失，所以中央政府需要承担相应的责任；其次，如上文所述，粮食生产产生的粮食安全保障效益、社会文化效益、生态效益具有明显的公共产品属性，其受益者是国家范围内全体社会成员，对这种全国性的公共产品，只有由中央政府提供才是最有效率的；再次，中央政府是全体社会成员的代表，从其社会属性上考虑也应该是全体社会成员为这些收益支付成本。总之，从制度设计者、提高公共产品供给效率和自身属性等方面考虑，中央政府应作为粮食主产区利益补偿的主体。

2. 粮食主销区

从第 4 章对粮食主产区和主销区的对比可以看出，主销区粮食产量呈下降趋势，但人口增长却带来粮食需求量大幅增长。由于区域内粮食无法自给，必须从主产区调入粮食才能满足需求，可以说主销区是国家粮食安全最直接的受益者。由于主销区基本农田比例较低，可以将更多的土地用于高收益的二、三产业，二、三产业的发展则直接促进了当地 GDP、财政收入、城乡居民收入的增加，即主销区从主产区的耕地保护中获益。但主销区并未对获得的收益支付成本，可以说，粮食主销区从主产区粮食生产中获益最多，但没有承担粮食生产的成本，因此，主销区应作为粮食主产区利益补偿的主体。

3. 商品粮消费者

商品粮的消费者是指从市场购买粮食满足需要的消费者。商品粮消费者虽然为其粮食消费支付了相应的费用，但商品粮消费者却是当前我国"低粮价"的受益者。国家为了保障粮食安全，实施严格的耕地保护政策，通过各种措施增加粮食产量，此外还通过各种措施控制粮价上涨，这就造成了我国"低粮价"的局面。虽然我国粮价高于大农场经营的美国，但远低于日本、韩国等小农经营国家。低粮价是一种事实上的消费者补贴，而农民则是这种补贴的提供者。因此，作为低粮价的受益者，商品粮消费者应成为粮食主产区利益补偿的主体，支付相应的成本。

8.2.2 利益补偿客体

粮食主产区利益补偿的客体是指承担了粮食生产正外部性的成本，但并未从中受益或收益低于成本的市场主体。粮食主产区利益补偿的客体主要有：

1. 种粮农民

种粮农民是粮食生产的直接从事者，粮食生产的直接成本是由农民承担的。农民作为土地的承包经营权人，拥有使用土地并获取收益的权利。但国家通过诸如"保护基本农田五不准"①等方式，事实上剥夺了农民改变土地用途的权利，农民只能将耕地的使用范围限制在粮食生产上，农民失去了将耕地用于其他用途获得更多收入的机会。我国当前的低粮价政策，也造成了农民收益的损失，实际上是种粮农民补贴消费者，而种粮农民由于自给自足，也就无法从粮食消费得到这种好处。作为粮食安全最直接的参与者和执行者，种粮农民承担了粮食生产的各种成本，但没有获得与之相应的收益，因此种粮农民应作为粮食主产区利益补偿的客体。

2. 粮食主产区政府

为完成中央政府赋予的粮食安全保障任务，粮食主产区将大量土地用于粮食生产，但是自农业税取消以来，政府无法从粮食生产中直接获益。而地方财政的主要来源是二、三产业，由于严格耕地保护政策的实施，主产区无法像主销区那样，将大量的耕地用于二、三产业。这就限制了主产区二、三产业的发展。二、三产业发展的滞后，一方面导致主产区当地产业带动能力和劳动力吸纳能力不足，从而限制了当地经济发展总体水平和居民收入水平的提高；另一方面导致政府财政收入来源不足，政府财政困难。与此相反，主产区地方政府为粮食生产支付的成本却较高，区域内与粮食生产相关的以农业基础设施为代表的公共投资由当地政府支出，即使是中央政府支出也一般需要地方政府进行相应的财政配套。可以说，主产区政府承担了与粮食生产相关的成本，损失了部分发展收益，但不能从粮食生产中获得收益。因此，主产区政府应该是利益补偿的主体。

---

① "保护基本农田五不准"是指：不准非农建设占用基本农田（法律规定的除外）；不准以退耕还林为名违反土地利用总体规划减少基本农田面积；不准占用基本农田进行植树造林，发展林果业；不准在基本农田内挖塘养鱼和进行畜禽养殖，以及其他严重破坏耕作层的生产经营活动；不准占用基本农田进行绿色通道和绿化隔离带建设。

8.3 粮食主产区利益补偿的运行方式

粮食主产区利益补偿运行的主要参与者包括：粮食主销区、粮食主产区、粮食消费者和社会，运行的核心环节是粮食主产区利益补偿基金。具体运作方式包括以下几个方面：

由主销区政府、中央政府、粮食消费者和社会共同出资，设立粮食主产区利益补偿基金。粮食主销区由于经济发达，土地出让收益高，每年从土地出让金中提取部分资金；中央政府每年从财政收入中提取部分资金；粮食消费者通过向中央政府缴纳低税率的粮食安全税，社会则通过发行彩票、募捐等方式筹集，共同出资组建粮食主产区利益补偿基金。补偿基金主要用于对粮食主产区的转移支付，支付对象主要包括主产区政府和种粮农民。对主产区政府的转移支付主要用于当地基础设施建设和公共服务投资，对种粮农民的转移支付主要通过直接补贴的方式增加农民收入。中央政府通过出台各种政策，以政策补偿的方式为粮食主产区的发展提供政策支持；粮食主销区企业则通过产业转移、直接投资等产业补偿方式，带动主产区企业的发展。具体运行方式如图8-2所示。

8.3.1 粮食主产区利益补偿基金的概念和特征

粮食主产区利益补偿基金是指：由中央政府、粮食主销区政府、粮食消费者和社会等粮食安全受益主体，根据法律法规规定，强制缴纳一定数量的资金或者以财政拨款或者以其他方式向社会筹措资金后形成的用于补偿粮食主产区因粮食生产导致的损失的资金集合。粮食主产区利益补偿基金具有专用性和对等性的特征。

专用性。补偿基金的使用具有明显的专用性和指向性，在使用的区域上，只能用于粮食主产区；在使用对象上，只能用于补偿粮食主产区因粮食生产而导致的经济社会损失，只能用于主产区基础设施建设和公共服务等关键领域。

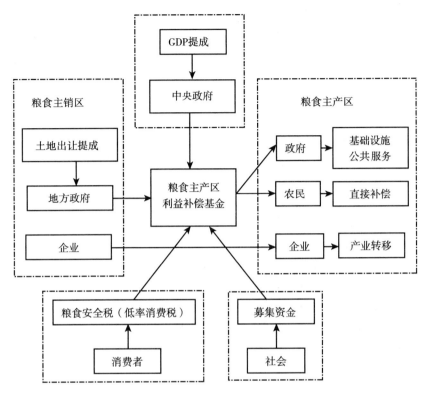

图8-2 粮食主产区利益补偿运行方式

对等性。补偿基金的各个主体具有权利义务的对等性。粮食主销区、中央政府、粮食消费者因为主产区粮食生产而享受到粮食安全的收益，那么就需要为此支付相应的费用，即需要向补偿基金缴费。缴费的数量与各自受益程度相等。粮食主产区因粮食生产造成了经济社会发展的损失，那么需要通过补偿基金的转移支付获得补偿，补偿的数量与各自耕地盈余相对应。

8.3.2 补偿基金的资金来源

1. 粮食安全税

在我国当前的税收体系中还没有专门针对粮食安全的税种，为了使粮食主产区利益补偿基金获得稳定、有保障的税源，有必要设立粮食安全税。粮食安全税是以补偿粮食主产区利益损失从而保障国家粮食安全为目的，以商品粮消费者为课税对象的一种间接税。粮食安全税的设计主要包括纳税人、税基和税率等方面。

纳税人的设计。从理论上讲，所有享受到粮食安全外部性的组织和个人都应作为粮食安全税的纳税人，但在实践中，纳税人的选择还应该充分考虑减少征税成本、合理负担等其他重要的因素。因此，笔者提出，粮食安全税的纳税人应该是商品粮的最终消费者，而种粮农民的粮食需求大多能实现自给，因此粮食安全税的纳税人不包括自给自足的种粮农民。

税基的确定。税基是指缴纳税额的依据或标准，它在一定程度上反映了征税的广度。粮食安全税的税源是商品粮的消费者，为了与税源相适应，同时考虑到征收时的可操作性，应将粮食安全税的税基确定为商品粮消费量。将粮食安全税加入到商品粮销售价格中，消费者在购买商品粮时就缴纳了粮食安全税。

税率的确定。税率是应纳税额与征税对象数额之间的法定比例，税率一般可以分为比例税率、定额税率和累进税率。粮食安全税税率的设计可以借鉴消费税的方式，采取比例税率，按照固定的税率进行征收。考虑到粮食作为一种基础性商品，粮价对其他产品价格和整个国民经济物价水平有较大影响，粮食安全税应采取低税率、广税基的做法，扩大征税对象，降低单个纳税人的负担。

税收归属的确定。考虑到粮食安全税是粮食主产区利益补偿基金重要的资金来源，而补偿基金由中央政府统一管理，因此粮食安全税应划为中央税。由国家统一征收，具体执行中由国家税务局负责，征收完成后统一划归粮食主产区利益补偿基金，集中使用。

2. GDP 增长提成

经济的发展有赖于生产要素的投入，正如亚当·斯密所言，土地是财富之母，土地要素的投入是经济增长的源泉之一。一般来讲，用于二、三产业的耕地比重越大，经济越发达。粮食主销区将大量耕地用于二、三产业是主销区与主产区发展差距拉大的重要原因。通过实行 GDP 增长提成，从改变土地用途产生的收益中提取一部分，用于粮食主产区利益补偿基金，补偿因耕地保护而影响经济发展的粮食主产区，既有利于提高整个社会财富分配的公平性，也有利于刺激主销区地方政府提高耕地使用效率。

GDP 增长提成的主体。由于粮食安全的受益者是整个社会，全国 GDP 的增长都与耕地用途的转作相关，分税制改革以后中央财政从 GDP 增长中获得的收益是最多的，同时中央政府也负有维护国家粮食安全、促进不同地区协调发展的责任，因此 GDP 增长提成的实施主体应该是中央政府。

GDP 增长提成的额度。GDP 增长提成额度应充分体现中央政府对粮食安全的责任，同时又要充分考虑当前经济发展的现实和中央财政的承受能力。因此 GDP 增长提成的数额，应以充分的耕地信息为基础，同时以粮食主产区土地盈余与主销区土地赤字之间差额为限度，在此幅度内确定合理的比例。此外，GDP 增长提成应与每年 GDP 增长幅度同步增长。

3. 粮食主销区土地出让金提成

粮食主销区多为沿海经济发达地区，城市化水平较高，土地利用的集约化水平高，单位面积土地上非农业用途的收益远高于农业用途，更高于粮食生产收益，因此主销区耕地非农化的意愿非常强大。粮食主销区将农业用地特别是粮食生产用地转作非农业用途是主销区产生土地"赤字"的主要原因。此外，主销区政府在耕地转非农业用途过程中也获得了巨额的收益。因此，为了给粮食主产区利益补偿基金提供资金来源，同时也为了促进粮食主销区为切实保护耕地，提高主销区的粮食综合生产能力，抑制城市盲目扩张，有必要从主销区土地出让金中提取部分资金用于粮食主产区利益补偿基金的发展。

按照"取之于耕地，用之于耕地"的原则，将土地出让金提成全部上缴粮食主产区利益补偿基金，专项用于粮食主产区土地开发整理、中低产田改造、基本农田建设、农田基础设施建设以及其他改善农业生产条件的土地开发。

土地出让金提成的比例。中央政府根据各省、自治区、直辖市的土地出让情况和经济发展情况确定，原则上出让土地比例占耕地总量比例越高，经济发展条件越好，提成比例越高。参考《国务院关于将部分土地出让金用于农业土地开发有关问题的通知》中"各市、县不低于土地出让平均纯收益的15%用于农业土地开发"的要求，笔者提出土地出让金提成的比例原则上不高于10%，以保护主销区经济发展的积极性。

主销区各县市土地出让金提成纳入财政预算，在现有账户中设立专账，实行专项管理，并于下一财政年度全部集中到省级财政，然后由省财政全部上缴粮食主产区利益补偿基金。各省、自治区、直辖市还应加强对用土地出让金提成收缴的监督和管理，保证土地出让金提成资金优先足额入账。

4. 社会募集

整个社会是粮食安全的受益者，也应该为粮食安全支付相应的费用，因此社会也应该本着自愿的原则为粮食主产区利益补偿基金提供一定的资金，作为除粮食主销区、中央政府、粮食消费者出资以外的补充。

补偿基金的社会募集方式是多种多样的。例如，可借鉴体育彩票、希望工程彩票等已发行彩票的成功管理经验，依托已形成的彩票发行网络和体系，由国家相关部门牵头，由国家财政拨款作垫底资金，发行粮食安全彩票，将募集的资金归入补偿基金账户；此外还可以吸纳有关企业、组织的私人投资，接受有关企业、社会团体和个人的捐赠。

8.3.3 补偿基金运作

粮食主产区利益补偿基金在通过粮食安全税、GDP增长提成、粮食主销区土地出让金提成、社会募集等方式筹集资金以后，尤其是在当前通胀压力不断增加的情况下，如果不进行合理的投资运作，基金将会面临贬值的风险。因此粮食主产区利益补偿基金建立以后，必须通过合理的运作，实现基金的保值增值。

1. 补偿基金运作的基本原则

粮食主产区利益补偿基金的运作应遵循以下几个原则：

稳健原则，即利益补偿基金作为关系国家粮食安全、促进区域协调发展的战略举措，其运作必须将安全性作为基金运作的首要原则。利益补偿基金的运作必须严格遵守国家的有关法律法规，在控制基金风险的基础上，通过确定合理的投资组合。

收益原则，即补偿基金的运作应在安全性原则的基础上，应该通过合理运营，获取适当的收益，以保证利益补偿基金投资收益率高于通货膨胀率，实现基金的保值增值。

专业原则，即补偿基金应由专业化的团队进行专业化的运作。利益补偿基金建立以后，政府应该将补偿基金的运作权移交给专业性的基金管理机构，在法律规定的范围内，政府不能过多干预基金的正常运作，政府负责对委托投资管理人和托管人的监管工作，监督他们在证券市场上规范运作。

2. 补偿基金的运作主体

要按照以上四个原则进行基金的运作，必须确定基金的运作主体。借鉴国内外社保基金等大型社会性基金的运作经验，其运作主体一般有以下三类：一是政府机构，即政府机构直接管理基金运作。政府机构作为基金运作的主体有利于政策、制度、管理的统一，但这种方式运作和管理效率相对较低，这就导致了基金回报率不高，此外由政府机构直接管理基金还面临着基金被政府挪用的风险。二是基金会，即由基金出资人组成基金会，对基金进行管理和运作。基金会管理有利于充分行使出资人的权利，便于出资人对基金运作进行监督，但如果出资人较多，基金会决策权力相对分散，则容易导致决策效率低下。三是基金管理公司，即将基金的运营委托为独立的基金管理公司，基金管理公司在政府的监管下独立运作。这种方式的特点是专业性强、运作独立、机制灵活、效率较高，但也面临着基金管理公司过分追求高回报而忽略风险的问题。

考虑到粮食主产区利益补偿基金的性质，笔者认为在基金组建初期，由政府机构进行运作，以农业部为牵头单位，联合发改委、财政部、税务局、中国人民银行等部门组建补偿基金管理委员会。这样可以充分发挥政府部门的政策和管理优势，降低基金组建初期的制度成本，可以充分运用政府相关部门的监管经验和先进的技术，此外，不同政府部门相互制衡，可以有效保障补偿基金按照设计目标运行，避免资金挪用，保障相关政策顺利实施。

在补偿基金完全建立以后，基金管理委员会应分阶段逐步将补偿基金委托给专门的基金管理公司进行管理运营。受托的金融机构可通过竞争招标方式来确定，各个基金管理机构通过合理的竞争，参与基金的管理运作。基金管理机构作为独立的法人，在基金管理委员会的监督下进行基金的投资运作，并以其投资收益作为考核的依据。此外，基金管理机构要避免垄断，应该鼓励有条件的机构进行利益补偿基金的运作，多个管理机构之间形成有效的竞争，提高基金运作的效率和效益。

3. 补偿基金的投资范围

在通胀压力不断增加的背景下，补偿基金只有进行合理的投资，并获得不低于物价整体上涨水平的收益，才能实现保值增值；另外，补偿基金的性质决定了其运作必须将安全性放在首位，因此补偿基金的运作必须考虑投资渠道和范围，从而实现安全性和收益性的统一。从我国社保基金运作的经验来看，投资渠道过多的局限于国债和存款，虽然保证了资金的安全性，但也导致了资金盈利的低下；而发达国家各类社会性基金的投资渠道更为多元化，特别是股票在所有投资中占有较高的比重，因此投资收益高，但风险也相对较大。

因此，利益补偿基金应拓宽投资渠道，但考虑到当前我国银行存款的低利率甚至负利率以及我国股市的特殊情况，笔者认为利益补偿基金在存款、债券等领域外应将投资的重点放在以下几个领域：

一是投资于抵押贷款。抵押贷款是借款人以自身的资产作为抵押而取得的银行贷款。一方面，由于资产作为抵押，因此抵押贷款的风险较小；另一方面，对企业贷款还能够缓解企业资金困难，对促进我国经济增长有利。

二是投资于不动产。不动产是不可移动的有形资产，在我国，不动产一般包括：房地产、厂房、基础设施等财产。不动产由于具有不可移动性和使用的耐久性，具有天然的低风险性，投资于不动产会有效降低投资的风险。通过投资不动产，一方面可以出租获取租金，另一方面可以获取买卖不动产时的收益。在补偿基金对不动产的投资时，应该以住宅建设和国家基础设施建设为主。

三是投资于新兴产业，一方面新兴产业具有长期的增长性，可以为投资带来长期收益；另一方面新兴产业的发展也需要资金的支持。因此，利益补偿基金投资新兴产业，既能促进产业发展，又能给基金带来长期收益。

8.3.4 粮食主产区利益补偿资金的使用方式

在粮食主产区利益补偿基金建立以后，应按照"多调多补，少调少补"的原则向粮食主产区进行转移支付，用于支持粮食主产区的发展。

按是否直接向粮食生产者支付为依据，对粮食主产区粮食生产者进行利益补偿的方式可分为直接补偿和间接补偿两大类。其一，直接补偿，即补偿主体根据某种事先制定的标准，直接对粮食主产区粮食生产者进行转移支付的补偿方式。主要表现为各种形式的直接补贴和保护价收购政策。其二，间接补偿，即补偿主体不是直接对粮食主产区粮食生产者进行转移支付，而是通过某种手段改善生产条件、减少粮食生产成本、降低粮食生产风险、提高粮食生产利润，从而使粮食生产者间接受益的补偿方式。包括政府增加粮食主产区的基础设施建设投入、免费向粮食生产者提供技术培训、信息咨询、金融支持等各种服务。

以补偿手段的不同形态为依据，对粮食主产区粮食生产者进行利益补偿的方式可分为物质补偿和资金补偿两大类。物质补偿包括向粮食生产者无偿或低价提供农业生产资料，资金补偿包括向粮农直接支付现金或向粮农提供无息或低息借款。

原则上讲，补偿基金应重点用于以下几个方面。

1. 基础设施建设

基础设施是粮食生产和主产区社会发展的基础和保证，基础设施建设滞后也是制约我国粮食综合生产能力和主产区经济社会发展水平提高的重大瓶颈。因此，粮食主产区利益补偿基金的资金首先应用于加强农业基础设施建设。在农业基础设施的投向上，重点向小型农田水利建设、高新节水灌溉、高标准农田建设和中低产田改造、测土配方施肥、保护性耕作、农业面源污染治理等关键领域倾斜，促进耕地质量和持续发展能力不断提高，提高基础设施对农业综合生产能力的保障水平。在保证农业基础设施投资的基础上，还要加强对农村基础设施建设的投资力度，重点支持农村路网、饮水安全、电网改造、危房改造、农村环境治理，以及支持农产品批发市场、物流配送中心等农村商业基础设施建设。

2. 公共服务投资

社会保障和教育等公共服务水平反映了农村社会发展水平，公共服务均等化是全面建设小康社会的必然要求，粮食主产区由于经济相对落后，财政收入较低，教育社会保障等公共服务供给能力不足，与发达地区公共服务差距明显，在很大程度上制约了粮食主产区统筹城乡发展和全面小康社会的建设。因此，利益补偿基金应将公共服务作为重点支持领域之一。

加强对粮食主产区教育发展的支持。教育是提高人力资本水平的根本途径，任何一个国家和地区的发展都离不开教育的支持。加大农村基础教育投入，在保障农村义务教育必需经费的基础上，提高基础教育的师资力量，改善农村中小学的教学环境。大力发展农村职业教育和成人教育，提高农民科技文化素质，培养面向农村的有文化、懂技术、善经营、会管理的创业型农民。积极探索农村教育机制和农业科技推广体制的改革，采用多种形式办学，注重培育新型农民所需的知识技能，切实提高先进适用技术的普及面和普及速度，特别是与农业生产和小城镇工业化相适应的职业技能教育。

加强对粮食主产区社会保障的支持。社会保障水平的差距是城乡差距最明显的表现之一，因此要将对社会保障作为基金的重点支持领域之一。加强农村医疗保障水平。在农村新型合作医疗制度改革的基础上，加大农村医疗资源的投入，强化农村公共卫生和基本医疗服务能力建设。增加农村养老保险支持力度。扩大农村养老保险覆盖面，基本实现养老保险的全覆盖，在此基础上，提高养老保险的支付水平。

3. 扶持产业发展

二、三产业是拉动经济社会发展、解决劳动力就业的重要产业，还是政府财政的主要来源。因此利益补偿基金要把促进主产区产业发展作为重要领域，通过对产业发展的支持提高主产区自身造血功能和自我发展的能力。

利益补偿基金要大力支持主产区农业产业化尤其是粮食产业化经营，大力发展与粮食生产相关的农业产前产后产业，特别是要增加农机、生物农药、生物肥料、农膜等产前领域的支持力度和粮食加工、仓储、物流、销售等产后领域的支持，打造上下游衔接流畅、利益分配合理的农业产业链，从而将农业联结为产前、产中、产后配套的产业化体系，提高粮食产业增值程度。

补偿基金要发挥财政资金的杠杆作用，利用东部沿海地区产业转移的时机，通过对相关设施建设的支持，引导主销区相关产业尤其是劳动密集型产业向主产区转移，在保障粮食生产发展的基础上，打造二、三产业集群。

补偿基金要支持主产区中小企业的发展，围绕当地主导产业和优势产品，支持发展一大批专业型、配套型中小企业，增强主产区内部对劳动力的吸纳能力。

4. 增加对农民收入支持

农民收入不高是主产区与主销区区域发展不平衡的重要表现，也是影响农民种粮积极性的重要因素。因此，增加农民收入就是粮食主产区利益补偿机制的重要目标，这就决定了增加对农民的收入支持就应该成为利益补偿基金的重要用途。

粮食主产区利益补偿基金要通过对主产区基础设施、物质装备等方面的支持，提高主产区的粮食综合生产能力，通过综合生产能力的提高减少粮食生产的自然风险，提高粮食生产稳定性，进而增加农民的经营性收入。

粮食主产区利益补偿基金要通过对主产区主导产业的支持，促进当地产业发展，延长农业尤其是粮食产业链，提高粮食的增值程度；在产业发展的基础上，带动农民就业由第一产业向二、三产业转移，增加农民就业。通过产业发展和农民就业的增加，带动农民工资性收入的增长。

粮食主产区利益补偿基金要增加对各类粮食补贴尤其是粮食直补和农资综合补贴的投入力度，一方面提高现有粮食补贴的支持金额，另一方面要研究制定 WTO 规则允许的新的补贴政策，这些政策要重点向粮食核心产区和种粮大户倾斜。通过提高现有补贴的水平和设立新的补贴方式，增加农民的转移性收入。

8.4　利益补偿实现途径

从政府、粮食主销区、粮食加工者、粮食消费者等不同角度提出对粮食生产者进行利益补偿的具体途径和措施。

8.4.1　明确利益补偿主客体的权利与义务，尽快实现补偿机制的法制化

有法可依是粮食主产区补偿转移机制得以实现的前提。国家要通过法律形式明确规定利益补偿主客体有关粮食安全保障的权利与义务。中央政府作为粮食资源（尤其是耕地资源）的管理者和粮食安全保障的组织者，有义务协调粮食主产区和粮食主销区因权利义务不均等而产生利益关系；粮食主销区从"未尽或未完全尽粮食安全保障责任"中得到了"额外"收益，但没有为粮食安全保障付出应当付出的代价，因此，应当根据其得到的"额外"收益或依据其少付出的"代价"向粮食主销区进行利益补偿；粮食主销区的耕地占用企业和众多的商品粮消费者在享受国家粮食保障的同时应当成为补偿资金的出资者；粮食加工流通企业在获得较高利润的同时有义务让粮食生产者分享粮食经营收益；粮食主产区政府作为粮食生产的重要组织者，有义务保护粮食生产者的利益，有义务争取合理的补偿资金并把它高效、公平地发放给粮食生产者；粮食主产区粮食生产者为保障国家粮食安全做出了"额外"贡献，并为此付出了"额外"代价，应该得到相应的补偿，并有义务积极发展粮食生产，为保障国家粮食安全多做贡献。

以法律形式规定粮食主产区粮食生产者利益补偿转移机制实际上是以法律形式重新调整粮食主产区和主销区各主体的利益关系与其承担的责任，利益主体与利益关系如图 8－3 所示。

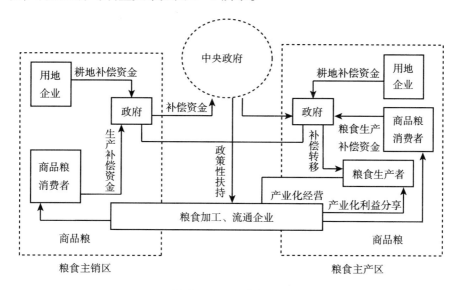

图 8－3　粮食主产区粮食生产者利益补偿

8.4.2　创新粮食主产区粮食生产者利益补偿转移的协调机制

中央政府主导，会同粮食主产区和粮食主销区政府，设立粮食主产区粮食生产者利益补偿基金会。中央政府通过该基金会协调主产区和主销区之间的利益补偿转移关系，按照前述的补偿标准确定粮食主产区粮食生产者补偿资金总额、每个粮食主销区应当筹集的利益补偿资金份额，以及每个粮食主产区应当得到的利益补偿资金份额；粮食主销区政府设立专门机构负责粮食主产区利益补偿资金的筹措，并把筹措的资金上交粮食利益补偿基金会；粮食主产区政府设立专门机构负责从基金会领取其应当得到的利益补偿资金，并通过合理方式，按照适当的标准把补偿资金转移支付给粮食主产区的粮食生产者。

8.4.3 创新粮食主产区粮食生产者利益补偿资金的筹措机制

粮食主销区政府按照耕地保有补偿标准和粮食生产补偿标准筹集粮食主产区粮食生产者利益补偿资金。资金筹集对象主要是粮食主产区的耕地占用企业和众多的商品粮消费者。企业占用耕地发展非农生产，对在耕地保有方面对粮食安全保障做出了"负贡献"，众多的商品粮消费者在以较低的成本（支付商品粮价格）享受着国家粮食安全保障，因此，二者应当成为补偿资金的出资者，见图8－3。资金筹措方式主要采用税收的方式。对耕地占用企业可以采用间接税（如耕地占用税）的方式征收，有利于促进企业节约用地，提高土地使用效率；对众多的消费可以采用所得税的方式征收，收入高者多支付，收入低者少支付，以兼顾社会公平。当然，粮食主产区的耕地占用企业和商品粮消费者因其在耕地保有和粮食生产方面对粮食安全保障做出"负贡献"，也应当成为粮食生产者利益补偿资金的支付者。

8.4.4 完善粮食主产区粮食生产者利益补偿转移的方式

粮食主产区政府按照耕地保有贡献和粮食生产贡献的大小从粮食主产区粮食生产者利益补偿基金会获取其应当得到补偿资金。补偿资金分为两部分：一部分用于一般农业服务（如农业科研、病虫害防治、培训服务、推广和咨询服务、检验服务、农产品促销服务、农业基础设施建设等），致力于加强农业基础设施建设，主要投向小型农田水利建设和机耕路建设；另一部分直接支付给粮食生产者。给粮食生产者的直接支付以粮食生产者承包耕地的数量和实际粮食播种面积为主要标准。支付方式以农业投入品补贴（种子、肥料、灌溉等补贴）、有补贴的贷款计划、粮食播种面积补贴和价格支持为主。具体表现为农资综合补贴、粮食作物的良种补贴、粮食直接补贴和主要粮食品种的最低收购价政策。补贴手段以资金补贴为主，以实物补贴为辅。

8.5 利益补偿实施阶段

粮食主产区利益补偿机制作为一项关系国家粮食安全和地区均衡发展的战略决策，涉及的主体广泛、资金数额巨大、影响深远，应根据整个国家经济社会发展条件和各个主体的接受程度，本着"先易后难"的原则循序渐进地实施。因此，将粮食主产区利益补偿的实施划分为三个阶段，即起步阶段、发展阶段和完善阶段，力争通过10年建设，建立起完善的粮食主产区利益补偿机制。

8.5.1 起步阶段

在起步阶段，由于社会对粮食主产区利益补偿的意义和重要性的认识尚未深入，因此这一阶段的主要任务就在于完成粮食主产区利益补偿基本框架的制度设计。在充分论证的基础上，由中央政府确定补偿对象、补偿范围、补偿标准、资金来源、补偿方式等关键性的制度设计，制定相关的法律法规和政策，组建相关机构，为利益补偿机制的建立奠定坚实的制度基础、法律基础和组织基础。同时，由中央财政提供启动资金，建立粮食主产区利益补偿基金，并组建相应的基金管理机构。经过起步阶段的建设，粮食主产区利益补偿的基本框架得到建立，补偿基金初步建立，社会对粮食主产区利益补偿开始认识，从而为下一阶段的发展打下基础。由于起步阶段补偿资金规模较小，在补偿资金的使用方面，主要用于提高现有产粮大县财政奖励和种粮补贴的标准。中央政府开始出台相关支持政策，为粮食主产区经济社会发展提供政策补偿。起步阶段持续时间为1~2年。

8.5.2 发展阶段

随着社会对粮食主产区利益补偿认识的深入，补偿机制的建设进入发展阶段，这一阶段的主要任务是通过对落实起步阶段所制定的各项制度框架，进一步充实粮食主产区利益补偿基金。起步阶段的相关制度设计很大程度上是宏观的、框架性的，因此在发展阶段，要将框架性的设计进一步细化，提高相关制度设计的可操作性，同时根据实践中得到的经验和出现问题，进行修正和完善。在粮食主产区利益补偿基金启动资金的基础上，本着"谁受益，谁补偿"的原则，进一步拓宽补偿资金来源。中央财政在启动资金的基础上，确定每年补偿资金支出在年度预算资金和新增财政收入中的比重，其中应保证补偿资金在新增财政收入中的比重逐年提高。粮食主销区地方财政开始缴纳粮食主产区利益补偿基金并逐年提高，资金来源是当地新增建设用地有偿使用费、缴入市县的土地出让金，缴费金额以当地土地"赤字"数量上限。社会资金募集制度基本建立，由中央政府通过发行粮食主产区利益补偿彩票、社会募捐等方式筹集资金，全部纳入补偿基金。在补偿基金的使用方面，以扩大资金使用范围为重点。建立并完善补偿基金对主产区基础设施建设支持制度，基金管理机构将补偿资金转移支付给主产省政府，重点用粮食基础设施建设和完善、耕地质量提高以及生态环境建设等。在原有的产粮大县财政奖励和粮食补贴的基础上，进一步提高补偿标准和补偿范围。中央政府和主销区政府积极引导企业向主产区转移和投资，通过产业补偿的方式带动主产区产业发展。发展阶段持续时间为 3~5 年。

8.5.3 完善阶段

随着社会对粮食主产区利益补偿认识的进一步深入，补偿机制建设进入完善阶段。这一阶段的任务是建立全面的补偿主体网络和资金使用渠道。中央政府和主销区政府对补偿基金的转移支付进一步增加，并逐步达到预定标准上限。随着社会对利益补偿的接受程度的提高，粮食安全税开始征收，通过向粮食及制品消费者征收低税率的消费税，将全部粮食消费者纳入到补偿主体网络中，粮食主产区利益补偿基金达到预定金额。补偿基金使用渠道全部建立，在对主产区财政奖励、农民种粮补贴、主产区基础设施支持的基础上，补偿基金的支持范围扩大到社会公共服务投资。主销区、中央政府、社会和消费者对粮食主产区政府、农民和社会发展全面支持的态势完全形成。完善阶段持续时间为 2~4 年。

本 章 小 结

　　本章在分析了粮食生产的外部性的基础上，提出了粮食主产区利益补偿的主客体，其中利益补偿主体包体中央政府、粮食主销区和商品粮消费者，利益补偿客体包括种粮农民和主产区政府。然后，提出了以粮食主产区利益补偿基金为核心的利益补偿运行方式，即通过征收粮食安全税、GDP 增长提成、主销区土地出让金提成和社会募集等方式筹集资金，然后按照"多调多补，少调少补"的原则向粮食主产区进行转移支付，以基础设施建设投资、公共服务投资、扶持产业发展和增加对农民收入支持等方式，用于支持粮食主产区的发展。

　　本章还从明确主客体的权利与义务、实现补偿机制的法制化，创新粮食主产区粮食生产者利益补偿转移的协调机制，创新粮食主产区粮食生产者利益补偿资金的筹措机制，完善粮食主产区粮食生产者利益补偿转移的方式等四个方面，提出了粮食主产区利益补偿机制的实现路径；并本着"先易后难"的原则，提出了粮食主产区利益补偿的实施的三个阶段，即起步阶段、发展阶段和完善阶段，力争通过 10 年建设，建立起完善的粮食主产区利益补偿机制。

第9章

完善我国粮食主产区利益补偿机制的政策建议

9.1 研究结论

9.1.1 粮食主产区的区域发展水平和农民收入水平明显落后于主销区，二者之间的差距逐渐扩大

通过对粮食主产区和主销区的对比量化分析，可以看出粮食主产区播种面积和粮食产量保持了稳定的发展势头，在满足我国粮食需求和保障国家粮食安全方面，作为粮食主产区长期以来在商品粮供给方面做出了巨大的贡献。粮食主产区和主销区地方财政收入和农民家庭人均纯收入指标近些年都有明显的上升趋势，但前者上升的幅度明显低于后者，二者之间的差距越来越大。

通过对地方财政收入多元回归分析表明，主产区和主销区人均地区财政收入存在巨大差异，在控制其他变量不变的情况下，河南比广东的人均地方财政收入少373.74元；模型的解释变量系数还解释了一个重要的信息，即二、三产业占生产总值比重的增加会显著带动地区人均财政收入的增加，可见二、三产业发展对地区经济的强大带动作用，未来农业发展和地区经济发展的矛盾问题如何解决，三次产业间的关系如何协调，是一个严峻的问题。

农民人均纯收入的多元线性回归模型进一步验证了上述统计分析中得

出的粮食主产区河南省和二、三产业更为发达的主销区广东省在农民人均纯收入存在巨大差距的结论,即控制其他变量不变的情况下,河南比广东的农民家庭人均纯收入少3 421.185元;农作物播种面积的系数虽然反映出农作物播种面积的增加对于农民人均纯收入的作用都是正向的,但是该系数较小,表明提高农作物播种面积对于农民收入增加的作用很小。因此,未来农作物增收对于政府来说是个不得不面对的难题。因此,未来在保障主产区粮食生产安全的前提下,如何增加农民收入、拓展收入来源、缩小城乡收入差距,提高农民和地方政府的积极性,确定合理的三次产业结构,解决农业发展和地区经济发展的矛盾问题是必须要面对的重要议题。

9.1.2 现行的粮食主产区补贴政策虽然对粮食生产和农民增收有促进作用,但存在着不少问题

通过系统分析我国现行的粮食主产区补贴政策的框架和总体效果,表明现行粮食主产区补贴政策对稳定和提高我国粮食生产、促进农民增收、取得的政治效应等方面取得的成就,用定量模型分析,粮食主产区补偿政策总体是有效的,进一步扩大补贴幅度和范围将会取得更多的效益。但也指出粮食产量的提升和农民收入的增加,并不仅仅归功于粮食主产区补贴政策,并且从实践来看,粮食补贴政策还存在一些比较突出的问题,如粮食补贴标准偏低、粮食补贴资金结构缺乏合理性、农民增收目标与粮食增产目标没有有效耦合、粮食补贴运行程序烦琐、补贴对象缺乏针对性等。

通过对濮阳县在对种粮农民直接补贴的分析,表明种粮农民直接补贴对粮食生产和农民增收有一定促进作用,但效率并不显著,主要存在补贴力度不够、补贴对象有失公平、发放形式有待改进、监督机制不完善等问题。通过对滑县良种补贴情况的案例分析,表明良种补贴对粮食生产具有比较明显的促进作用,但其作用没有完全发挥出来,对种粮农民增收贡献率较低,主要存在补贴标准偏低、补贴方式不合理、配套工作经费缺乏、项目下达时间晚等问题。通过对唐河县农机补贴情况的案例分析,表明农机补贴对粮食生产和农民增收具有比较明显的促进作用,但其作用没有完

全发挥出来，主要存在大中型机具补贴金额偏低、时间安排上不尽合理、项目工作经费分配过少、燃油价格上升幅度过大、补贴工作存在矛盾等问题。通过对固始县农资综合补贴的案例分析，表明农资补贴对粮食生产和农民增收有一定促进作用，但效率并不显著，主要存在补贴标准相对偏低、补贴对象有失公允、补贴资金发放成本较大、资金发放形式不规范等问题。通过对固始县产粮大县奖励资金取得和使用情况的案例分析，表明产粮大县奖励资金对粮食生产和农民增收有一定促进作用，但作用不明显，对地区经济发展有比较强的促进作用。还存在着奖励幅度偏小、县级政府对资金的使用缺乏灵活性等问题。

9.1.3 粮食主产区补偿金额应根据粮食种植面积和单位面积的机会成本测算核定

以粮食种植面积为切入点，按照自给自足的原则、机会成本的原则和弥补损失的原则，对粮食主产区利益补偿的金额进行研究，提出补偿金额应等于补偿面积与单位面积补偿金额的乘积。补偿面积等于各地区实际粮食播种面积与必要粮食播种面积的差额，必要粮食播种面积根据人均必要粮食消费量、各地人口和各地耕地生产能力（粮食单产）确定。研究发现，13个粮食主产省份粮食播种面积全部大于本省必要粮食播种面积，主产区耕地盈余呈波浪状变化，黑龙江、河南、山东是需补偿面积最多的3个省份。从全国来看，我国总体上呈土地盈余的状态，这些土地盈余中粮食主产区占了绝大多数。单位面积补偿金额是耕地用于其他用途所能产生的收益与粮食生产收益之间的差额，耕地的其他用途分为建设用地和粮食以外的其他农业用途，这两个用途又确定了耕地用于其他用途所能产生的最高和最低收益。其中，单位面积补偿金额的最高值与经济社会发展总体情况相关，经济越发达补偿标准越高，而最低值则与农业发展情况存在一定程度的负相关。本书将全国粮食主产区大体划分为东北主产区、黄淮海主产区和长江中下游主产区，然后根据不同区域主要粮食作物，确定了各个区域粮食生产收益。

粮食主产区补偿总额呈上涨趋势，2009年补偿最高值50 949.20亿元，最低值为 32 157.02 亿元，黑龙江、河南、山东、安徽是补偿金额最多的 4 个省份。

9.1.4 我国要走出一条具有中国特色的平衡区域经济发展的道路，就有必要借鉴国外区域经济平衡发展的成功经验

通过对美国、欧盟和日本等发达国家在进行粮食补贴促进地区间平衡发展上的主要做法，可以看出各国粮食补贴政策措施基本上都包括价格支持、收入补贴支持以及农业基础设施建设补贴、信贷补贴等其他一般服务支持，而且补贴的方式随着经济的发展也在不断调整。发达国家在进行粮食补贴促进地区间平衡发展方面的主要经验和对我国有较大的借鉴意义，如在建立综合性的区域协调管理权威机构、大力推进落后地区的基础设施建设、优化落后地区的农业产业结构、重视落后地区农业的自我发展能力培养、增强中央宏观调控能力，优化区域政策工具、强化区域平衡发展规划的引导作用、明确区域平衡发展政策目标、完善相关法律制度、为地区平衡发展提供长效的制度保障等方面。

9.1.5 粮食主产区利益补偿的目标是通过区域发展，保障粮食安全、带动农民增收，补偿的主体是粮食生产外部性的受益者，客体是外部性的提供者

通过对粮食支持政策"产量支持"和"收入支持"两个一般性目标进行分析，由于粮食供给弹性高于需求弹性、国家粮食安全效用曲线和农民收入效益曲线存在差异，因此这两个目标在一定范围内（粮食供给脱离短缺状态以后）存在矛盾。现有粮食支持政策由于过多强调粮食产量，将"现实粮食产量"作为主要政策手段，将面临两难的境地。因此，粮食主产区利益补偿机制不以现实粮食产量为直接目标，而将促进主产区区域发展作为首要目标。通过支持二三产业发展，促进主产区发展，提高主产区经济社会发展总体水平；通过支持农业基础设施和物质装备水平提高，保障粮食综合生产能

力；通过区域发展水平的提高，带动农民增收。通过区域发展水平的提高，使"保障粮食安全"和"增加农民收入"两个目标达到统一。

主产区和种粮农民的边际私人收益小于边际社会收益，而边际私人成本大于边际社会成本。在这种情况下，除非外部性的受益者对外部性的提供者给予一定的利益补偿，否则主产区和农民将倾向于减少用于粮食生产的耕地，以提高"私人收益"。粮食生产的收益主体有中央政府、地方政府、粮食主销区政府、商品粮消费者、粮食加工企业等，应该成为补偿主体，粮食生产的提供者有种粮农民和主产区地方政府，它们是补贴客体。

9.1.6 我国应以利益补偿基金为核心构建补偿方式，优化利益补偿的实现途径

粮食主产区利益补偿机制应以利益补偿基金为核心进行运作。在资金的来源上，本着谁收益、谁缴费的原则，利益补偿基金来源于中央政府、粮食主销区、商品粮消费者和社会。中央政府通过 GDP 增长提成的方式出资、粮食主销区通过土地出让提成的方式出资、粮食消费者通过缴纳低税率、广税基的粮食安全税出资、社会则通过募集的方式出资。在补偿基金的运作上，前期由中央政府各相关部委成立专门的补偿基金管理委员会，负责基金的组建和初期运作，基金建立以后通过公开竞争的方式选择专门的基金运作机构，负责补偿基金的独立运作。补偿主要用于支持粮食主产区基础设施建设、公共服务和相关产业的发展。同时，在路径选择上，应尽快实现补偿机制的法制化、创新粮食主产区粮食生产者利益补偿转移的协调机制、创新粮食主产区粮食生产者利益补偿资金的筹措机制、完善粮食主产区粮食生产者利益补偿转移的方式。

9.2 政策建议

基于上述研究结论，并借鉴发达国家粮食补贴政策的成功经验，笔者提出如下进一步完善粮食补贴政策体系的政策建议。

9.2.1 突出支持重点，加大对粮食核心产区的扶持力度

粮食核心产区具有粮食生产比较优势大、基础条件好、生产水平高、商品粮调出量大的特点，是主产区粮食生产的核心区域，对保障国家粮食安全的重要性更在一般主产区以上。因此，粮食主产区利益补偿应重点向粮食核心产区倾斜，要在国家主体功能区划的基础上，进一步界定核心产区的范围，以便各类资源真正向核心区集中，通过支持核心产区发展，以点带面，推动我国粮食安全水平全面提高。要完善扶持核心产区发展的各类机制。建立政策保障机制，加快制定全国性的粮食核心产区发展规划，为未来核心区发展提供指导和依据，要研究制定核心区发展的优惠政策，通过优惠政策引导各类资源向核心产区流动；要建立投入保障机制，各类支农资金要重点向核心产区倾斜，加大对核心产粮大县一般性转移支付、财政奖励、粮食产业建设项目支持力度，对财政困难的核心产区，要增加中央财政对农业基础设施投入力度，取消一些项目的地方资金配套要求，减轻核心产区地方政府财政压力，各类支农资金尽量集中使用，实现重点突破，提高资金使用效率和效果；要建立科技保障机制，加大对核心产区的科技投入，重点支持粮食产业发展的关键领域、重要产品、核心技术的科学研究，增强科技对核心区发展的保障能力；要加强核心区农技推广体系建设，加快农业科技成果转化。通过科技保障能力的提高，在耕地面积减少的情况下，通过提高单产保障国家粮食安全。

9.2.2 瞄准三大政策目标，实现增产、增收、区域发展共赢

我国现有粮食补贴政策目标是产量目标和收入目标。产量目标是指粮食支持政策将粮食产量维持在一个较为合理的水平上，即要保证充足的粮食供给，以保证国内粮食需求，保障粮食安全。收入目标是指粮食支持政

策以提高粮食生产者受益为目标。从前述研究可以看出,虽然当前粮食支持政策中包括了粮食直补、农资综合补贴等以增加农民收入为目标的多种措施,但总体上来讲,我国粮食支持政策的主要目标还是"产量支持",即增加粮食产量、保障粮食安全。传统粮食支持政策的"增加粮食产量"和"增加农民收入"两个目标在一定范围内是冲突的,尤其是当粮食产量已经达到一定水平以后,继续增加产量则会导致农民效用减少。由于粮食的比较效益低,粮食主产区在发展粮食生产的同时付出了更多的机会成本,造成"产粮大县、财政穷县"的现象。

从长久来说,这也不利于粮食安全长效机制的构建。所以粮食主产区利益补偿政策的目标应从促进整个主产区发展的角度考虑,根据粮食主产区为保障国家粮食安全的贡献和付出的成本,增加对粮食主产区的转移支付和各项支持,促进主产区经济社会加快发展,确保主产区得到合理利益补偿。通过促进主产区发展,增强主产区粮食综合生产能力,以生产潜力的提高保障粮食安全,从而实现粮食增产、农民增收和区域发展,只有这样才构建粮食安全的长效机制。因此,粮食主产区利益补偿应重点向粮食核心产区倾斜,要在国家主体功能区划的基础上,进一步界定核心产区的范围,以便各类资源真正向核心区集中,通过支持核心产区发展,以点带面,推动我国粮食安全水平全面提高。

9.2.3 综合"绿箱"、"黄箱"政策,建立符合世贸组织协议政策体系

首先要充分利用"绿箱"政策,优化支持结构。由于我国目前的"绿箱"支持结构对农民的支付力度较小,支付措施并不完善,因此我国应在国家财力允许前提下加大收入补贴政策力度。这包括:(1)加强环境补贴。一方面我国应逐步取消对环境不利的补贴政策,改变补贴投入的方向,使补贴投向可持续发展的地方,如那些对水资源、化肥农药进行的各种价格补贴可以转变为对节水灌溉设施、生物农药及其相关技术的支持;另一方面在易受风蚀和水蚀的地区,政府应通过补助基础设施投入和其他措施鼓励农民保持水土;在地下水回灌地区的农民易受地下水硝酸盐污染

的影响，应促使他们保持土壤肥力、施用不含氮的肥料以提高产量等等。（2）直接向低收入农业生产者发放收入补贴，可借鉴日本对山区半山区农民的直接支付制度经验，在受冲击严重的粮食主产区设定最低收入底线，对底线以下的农民，根据受冲击地区和社会平均生产成本的差距，直接给予不同等级的收入补贴。（3）针对具有敏感特征的粮食作物建立完善的农业保险补贴制度，政府进行保险补贴，使粮农能以较低的保险率普遍参加农业保险，从而降低粮食生产和经营风险。2008年初的冰冻雪灾使得我国南方大部分地区粮食作物受灾严重，农民收入受到很大影响，更凸显实行农业保险补贴的迫切性。（4）建立结构调整专项资金，对受国际冲击严重的大豆、玉米和小麦主产区进行专项补贴。

其次充分利用"黄箱"政策。与美国、欧盟等国家相比，我国的价格支持等"黄箱"政策还可有很大的增长空间。稳定农产品价格水平，使其在合理的区间波动，是确保农民得到合理的收入和保障农业生产稳定的重要途径之一。价格支持政策作为保护农民利益免受市场风险影响的有效手段，被欧美等农业发达国家普遍采用。粮食直接补贴政策一定程度提高了农民种粮积极性，有助于促进粮食增产，但现行的粮食直接补贴政策不与粮食价格直接挂钩，对那些不能将粮食变现的农民而言，其种粮积极性势必受到影响，最终影响粮食生产。从西方发达国家的农业补贴政策来看，并没有完全摒弃价格支持政策，如美国实施直接补贴政策的同时，仍然保留了反周期支付计划和无追索条款。因此，我国应该继续执行粮食价格支持政策，对水稻、小麦以及玉米等主要粮食品种建立最低收购价制度。一方面可以在粮价低迷的时候，政府启动最低收购价制度，以高于市场价格的最低保护价收购农民的粮食，解决农民的粮食变现问题，另一方面可以通过国有粮食企业，以保护价收购储备粮食，调节市场供给和稳定粮食市场价格。

9.2.4 健全创新补贴机制，增强粮食主产区抓粮种粮积极性

要按照谁收益谁补偿的原则，加快构建以粮食主产区补偿基金为核

心的利益补偿机制。补偿基金的构建上，可以先期由中央政府出资，并配置相关机构和人员组建粮食主产区利益补偿基金；随着社会对粮食主产区利益补偿认识的加深，逐步通过粮食主销区土地出让提成、商品粮消费者粮食消费税和社会组织募集等方式增加资金来源。利益补偿基金在降低风险的前提下，由独立的基金运作机构，通过合理的投资，实现保值增值。在补偿基金不断滚动发展的基础上，增加对粮食主产区尤其是核心产区的转移支付，重点主产区基础设施建设及各种专项补贴和综合补贴。

针对种粮农民的直接补贴和生产资料综合补贴等综合性补贴，应加大补贴力度，改进补贴方式。这两项补贴金额合计每亩应达到120元。同时，据物价上涨情况和农资价格上涨情况，动态调整补贴标准，合理弥补种粮农民增加的农业生产资料成本，要对以前计税时漏报的耕地，以及近年来重新开垦的耕地重新核实，并也给予粮食直接补贴，达到耕地的全覆盖。建议建立粮食补贴发放信息共享平台，实现财政与涉农部门和中国邮政储蓄的联网操作，发放"涉农补贴专用存折"，将农资综合补贴等涉农补贴集中整合、打卡发放，并通过网络实现无纸化办公和电子对账，降低交易费用，提高补贴效果。这样也有利于有效杜绝补贴资金被截留、挪用或克扣的可能性，也有助于方便各级政府与农民群众对补贴政策与补贴资金的监督与查询等，减少补贴的行政操作成本。

针对良种补贴和农机补贴等专项补贴，也应进一步改进补贴方式。应根据作物的种类及目前良种的推广情况采取不同的补贴方式。当前小麦、玉米、水稻等良种应用率已经达到很高水平，特别是小麦良种推广率接近100%，为了减少补贴工作量和操作成本，可以继续采用并完善"一卡通"现金补贴的模式。但应完善良种推介的方式，结合品种特性、各地生产实际和农民种植习惯科学指导推荐各地招标品种，同时加强对种子市场的监管。对于部分粮食作物，由于目前的种子市场比较杂乱，建议仍恢复招标制，让综合实力强，经营信誉好的大型骨干种子经营企业为农民直供良种，从源头上杜绝假冒伪劣种子滋生蔓延，要完善操作程序，加强监管，防止寻租腐败现象的产生。良种补贴在具体实施中程序繁杂，工作量巨大，建议要加强现代电子、信息技术特别是3S遥感技术在作物面积测算、估产等方面的应用，以减轻基层的工作量，提高工作效率。对于高产创建等项目的粮食基地建设，建议由政府对农户完全免费供应良种。对于农机补贴，要扩大单机特别是价值较高的大型机械的补贴额度，积极落实地方补贴资金，允许使用地方资金在40%的补贴限额内，对当地需要重点推广的机械累加补贴；进一步扩大补贴机具种类，加快先进适用新机具、新技术的推广应用。结合实施薄弱环节机械化水平提升行动，使农作物的关键环节机械化水平得到提高。

对产粮大县奖励政策来说，上级政府应继续加大对产粮大县特别是超级大县的奖励力度，科学测定、分配资金，并扩大县级政府对资金的使用支配权，真正起到奖励激励作用。要真正激励主产区政府重视粮食生产，必须增加对产量大县财政转移支付的数量，转移支付的标准至少能在满足维持政府正常运转之外，还有一定的盈余用于当地的经济社会建设。现有的上级财政投入、当地财政配套的农业基础设施投入方式最大的缺陷在于地方政府财力不足，难以支付配套资金，这导致农业基础设施建设停滞。因此对产粮大县财政奖励政策必须增强资金使用的针对性，使之与保障粮食生产能力挂钩，与促进主产区农业基础设施建设挂钩。奖励资金的一部分仍然可以按照现行的办法，由上级财政拨付给县级财政，由县政府自主支配；另一部分指定用于农业基础设施建设的资金配套。从长期来看，对国家粮食安全有重要贡献的粮食主产区农业基础设施建设配套经费应予以取消，全部由中央或省级财政支付。

最低收购价对粮食价格起托底作用，对保障农民收入有一定的作用，但在通货膨胀压力增大的情况下，价格标准偏低、缺乏动态性在一定程度上影响了政策的效果。因此必须建立合理的最低收购价形成机制，使粮食最低收购价格"动态化"，保证种粮农民能够获得一个较高且适度增长的种粮收入。国家应综合考虑粮食生产成本、市场供求情况、合理的种粮利润和国际粮价变动情况，确定合理的最低收购价格形成方式；应该在WTO规则和国家财政允许的条件下，逐步、适度提高最低收购价，以保证种粮农民的收益不断提高。在逐步提高粮食最低收购价的同时，应当保持粮食最低收购价的"动态化"，应建立最低收购价与种粮生产资料价格、劳动力价格、农业生产条件等因素的联动机制，保证农民种粮收益不因生产成本的上涨而减少，从而提升农民的种粮积极性。

9.2.5 实施差异补贴政策，探索针对种粮大户补贴激励措施

现行的粮食补贴基本以地区为主，同一地区补贴标准基本相同，类似于"普惠制"的补贴模式。目前这种类似于"普惠制"的补贴模式，没有考虑到农户的特征差异性。实证分析表明，粮食补贴政策对不同类型农户的粮食增产和家庭增收的促进效应存在一定的差异。其中，年内地区复种指数较高、家庭土地经营规模大、粮食种植比例高的种粮大户对粮食补贴政策的变动反应敏感，显示明显的政策影响效应。这意味着，粮食补贴政策在注重公平的同时也要兼顾效率，根据补贴对象的不同，实施差异化的补贴政策措施，在具体实施过程中，可以适当向粮食主产区和种粮大户倾斜，提高粮食补贴政策的实施绩效。但是，粮食补贴政策的调整也应适当考虑耕地少的小农户的利益，尤其是耕地面积少的贫困农户的利益，可以考虑以较高的补贴率推进小农户的合作经营，这样既促进了农业生产的规模经营又照顾到小农户的利益。

可以借鉴四川的经验，出台针对种粮大户的直接补贴措施。粮食种植面积在30亩以上的粮食种植户或者合作社，自行向耕地所在的乡镇政府提出补贴申请，提供第二轮土地承包证明、租种耕地合同书原件和身份证原件以及相关复印件，村委会需在申报表上签注审核意见。各乡镇核对后，将原件退回种粮大户，补贴资金由县或乡镇财政部门于9月底前通过农民"一折（卡）通"账户发放，建议补贴标准为每亩35元。同时，建议地方政府在农地流转管理过程中，对种粮农民进行农地流转用作粮食生产的给予奖励外，中央和地方政府对当地典型的种粮大户给予一定的精神和物质奖励，地方政府在安排项目上加大对种粮大户的扶持投入力度，例如对种粮大户的水利、道路、土地质量等农田基础设施建设加大投入，提高建设标准。

9.2.6　加强政策法制管理，完善粮食补贴政策配套机制措施

一是加强我国粮食补贴政策的法制化管理。2000 年以来 WTO 主要国家及地区均对农业补贴法律制度进行了修正，如美国 2002 年 5 月出台了以扩大农业保护为核心的《2002 年农业法案》，欧盟 2002 年围绕 WTO《农业协定》中对发达国家农业补贴政策措施的基本准则，对《2000 年议程》进行了改革。相比之下，我国需要加强农业补贴法制建设，从而使粮食补贴政策具有可持续性。在加强我国农业补贴法制建设的同时，需要注意一方面要完善我国有关粮食支持的法律体系，尤其要做好与 WTO 规则以及《农业协定》的衔接工作。要在 WTO 规则框架下，继续完善《农业法》，研究制定《农业保险法》、《农业灾害救助条例》、《农产品行业协会管理办法》等法律法规，避免 WTO 规则与具体农业补贴法律和行政法规的冲突，充分体现《农业协定》的核心精神和我国的对外承诺。另一方面，在制定和完善法律法规时要特别注意政策的可操作性，避免条文化和口号化，做到支持项目化和量化。这点可以借鉴美国《2002 年农业法案》，该法长达 400 多页，其中 90% 以上都是对项目计划的详细分类和具体描述，包括项目预算、资金分配、申请程序、实施监控等，而且在执行法律时，要注意针对不同地区、不同品种、不同群体的差别性。

二是规范农业生产资料市场，完善粮食生产成本的控制机制。政府要采取有效措施必须规范和稳定生产资料市场，控制农业生产资料价格上涨。一方面，加强对农业生产资料的价格监管，适时公开发布价格信息，坚决查处和惩罚乱涨价的行为；另一方面，加强农业生产资料质量的监督检查，严格把好农资质量安全关，严厉打击农资经营中的牟取暴利的欺诈行为，维护农民的合法权益。逐步建立起粮农收入补贴与农资价格的联动机制，把补贴标准与农资价格变化联系起来，降低粮食生产投入成本，缩小种粮农民与其他产业劳动者的收入差距，真正发挥粮食补贴政策对种粮农民收入的保障作用，提高农民种粮的积极性，保障国家粮食安全。

三是完善农地流转机制，促进粮食规模化生产经营。我国人均耕地面

积少，粮食生产多数是小农耕作模式，生产成本高，抵御自然风险能力弱。这种生产经营方式不符合现代农业的发展要求，也影响了粮食补贴政策的实施效果。在这种情况下，必须加快农村土地承包经营权的流转、完善农地流转机制，加强对农地流转的指导和监管，规范农地流转市场，在遵循自愿、依法、有偿原则的前提下鼓励从事非农经营的农户转让出土地，推进土地适度规模经营，提高粮食产业化水平。实证分析结果显示，粮食贴政策对土地经营规模大的农户的粮食增产效应优于土地经营规模小的农户，而且在提高粮食补贴标准和扩大土地经营规模的共同作用下，粮食增产和家庭增收的效应明显。因此，应加快完善农地流转机制、可以在部分地区试行建立在土地流转基础上的股份制家庭农场制度，通过土地使用权的自由转让来集中土地、扩大经营规模。在粮食主产区，积极推进土地向农业企业和种植大户集中，提高粮食生产规模效益，促进粮食增产和农民增收。

9.2.7 营造宏观发展环境，促进粮食主产区域经济协调发展

首先，利益补偿政策应该有助于创造粮食主产区工业化和城镇化的宏观环境。一方面，单纯发展粮食产业对粮食主销区经济收益增长的带动作用较弱，以往就农业支持农业、就粮食支持粮食的思路和方法效果并不明显；另一方面，我国已经进入了新型工业化、新型城镇化带动农业现代化的发展阶段，与这个阶段相适应，促进粮食主产区的发展也应该在继续加大农业投入、支持粮食产业发展之外，跳出农业和粮食，站在整个区域经济社会发展的高度上，统筹粮食主产区一、二、三产业发展，统筹城镇化与粮食产业发展的关系，逐步解决粮食主产区二、三产业和城镇化发展滞后的问题，通过工业化和城镇化的发展带动粮食产业现代化为主的农业现代化：通过工业化延长粮食产业链条，提高粮食增值程度，提高粮食产业效益；通过城镇化促进农业劳动力持续转移，减少粮食生产劳动力数量，提高粮食生产规模，提高劳动生产率。支持主产区以粮食为核心，围绕产前服务和产后加工，发展以食品加工为重点的农业产业化经营。要重点支

持龙头企业，形成一批带动能力较强、具有较强影响力的涉及到农产品加工等产业的现代化龙头企业，延长农业产业链，使农产品生产、农产品加工业、农产品配送相互结合。要积极探索劳动密集型的农业产业化经营模式，创新利益联结机制，实现企业与农民互利共赢。

其次，粮食主产区利益补偿政策要将输血与造血相结合，着重培育粮食主产区自身可持续发展的内在动力。中央政府应继续增加对粮食主产区的投入，在资金、技术、项目等方面给予重点倾斜。国家财政支农资金、农业基建投资、政策性银行贷款、支农工业项目、相关重大科技项目应优先向粮食主产区安排。虽然"输血"有助于提高粮食主产区经济社会发展水平，但如果粮食主产区自身无法形成持续发展的内在动力，那么这种由外部力量支撑的发展是不可持续的。因此利益补偿政策的重点应在于培育粮食主产区自身发展的内在动力，提高自身造血能力。要在中央财政的支持下，在粮食主产区选择有一定基础、条件较好的地区，围绕当地优势农产品，培育和引进龙头企业，形成一个或数个在国内外市场具有较强竞争力和鲜明特色的主导产业，通过农业产业化发展，提高农业效益，以良好的效益支撑粮食主产区发展和粮食产业的发展。

9.2.8 突出综合配套，加强粮食综合生产能力建设

第 6 章中指出，到 2020 年如果粮食产量能维持 2011 年 5.7 亿吨的水平，那么我国粮食自给率能达到 98%，高于 FAO 规定的 95% 的水平，粮食安全仍然可以保障；而增加现实粮食产量会面临减少农民收入的困境，因此我国粮食政策支持的重点应由注重现实粮食产量向增强粮食综合生产能力[①]转变。粮食综合生产能力不是实际粮食产量，而是一种生产潜力，一般由耕地、资本、劳动力和科技等因素决定。因此，要增强主产区粮食综合生产能力，主产区利益补偿应重点支持耕地、资本、劳动力和科技等生产要素的发展。

---

① 粮食综合生产能力，是指一定时期的国家和地区，在一定的技术条件下，由各生产要素综合投入所形成的，可以稳定地达到一定产量的粮食生产能力。

以提高耕地质量为重点增强主产区耕地要素。要支持高标准农田建设，实施农田水利、农业综合开发、土地整理、中低产田改造、农田防护林建设、耕地质量提升、高产创建等重点项目，加强耕地保护和改良整治，提高耕地生产能力。加大各项资金的整合投入力度，建设一批土地优质化、节水高效化、渠道防渗化、条田林网化、道路砂石化、产出高效化的高产稳产标准化农田，提高耕地质量和产出率。要加强农田可持续发展能力，农业面源污染治理，通过测土配方施肥、农田残膜治理、畜禽粪便无害化处理、秸秆还田、病虫害生态防治和生物农药推广等方式，治理农业面源污染、开发利用农业废弃物、增强土地肥力，促进农田可持续利用。

以农业机械化和节水灌溉为重点增强主产区资本要素。现有条件较好的北方粮食主产区以粮食生产全程机械化为支持重点，通过补贴农机跨区作业、培植农机作业服务组织和农机社会化服务组织、加强农机作业人员培训培训等方式，实现主要粮食作物耕种收全程机械化。在条件较差的南方粮食主产区，以水稻机械化作业为重点，通过扶持中小型农机企业、增加中小型农机购置补贴等方式，提高主要粮食作物关键生产环节机械化水平。

以提高农业用水利用效率和效益为核心，以缺水的"三北"① 地区为重点区域，选择条件较好的地区，进行粮食高新节水灌溉试点，推广喷灌、滴灌等高新节水灌溉技术，在试点的基础上，逐步将节水灌溉范围推广到全部粮食主产区，不断提高节水农业和节水设施设备水平。

以培育创业型农户为抓手增强主产区人力资本。以种养大户、农民经纪人为代表的创业型农户，是农业发展的领头羊、主力军，他们的经济实力、经营能力、抗风险能力都强于一般农民，对带动农业农村发展有重要作用，是农村人力资本中最重要的部分。因此，要以创业型农户的培养为抓手，带动粮食主产区人力资本的提高。首先，应把发展创业型农户的培育作为加快粮食主产区发展的重要举措，加强领导，加大工作力度，适时推出一批示范带动作用强的创业型农户典型，形成有利于创业型农户产生

---

① 三北地区是指东北地区、西北地区和华北地区。

的良好氛围。其次，在稳定农民的土地承包权和经营权的基础上，通过资金扶持，政策倾斜等手段，鼓励创业型农户通过土地流转等多种方式扩大经营规模。再次，鼓励年轻人从事粮食生产，培养一批具有现代农业知识和经营管理知识的新型农民，还有通过科技下乡、农技推广服务、农广校等渠道，增加对创业型农户尤其是青年农户的技能培训。

9.2.9　发挥市场机制，扶持主产区产业发展

产业发展滞后，与主产区财政收入和农民人均纯收入存在显著相关。因此，要通过各种措施，以现代农业、农业产业化为重点，支持粮食主产区主导产业发展。

加快发展现代农业，特别是能大量吸纳劳动力就业的设施农业，促进农村剩余劳动力在农业内部就业，增加农民收入。在位于城市郊区，资金、科技资源丰富，市场广阔的粮食主产区，要在保障粮食生产的基础上，大力发展以劳动力密集、资金密集和技术密集为主要特征的设施农业，如籽种产业、反季节蔬菜、花卉园艺等产业。补偿基金要对农民发展现代设施农业提供必要的扶持，如对农民修建日光温室大棚等农业设施提供一定的补贴，对从事设施农业企业从业人员、农户进行相应的农业技术培训。

支持主产区以粮食为核心，围绕产前服务和产后加工，发展以农资服务和食品加工为重点的农业产业化经营。要重点支持龙头企业，形成一批带动能力较强、具有较大影响力的现代化龙头企业，延长农业产业链，使农产品生产、农产品加工、农产品配送相互结合。要积极探索劳动密集型的农业产业化经营模式，创新利益联结机制，实现企业与农民互利共赢。

第 10 章

粮食主产区利益补偿机制的可行性分析

前面通过对粮食主产区利益补偿机制的理论分析和对粮食主产区利益补偿机制的实证研究，包括补偿面积，补偿金额等具体测算，补偿方式、补偿途径等具体说明，下面我们对粮食主产区利益补偿机制进行可行性分析，这是实施粮食主产区利益补偿的前提条件。

10.1 统筹粮食主产区与主销区协调发展，是统筹工业化、城镇化、农业现代化建设的重要内容

粮食主产区长期以来在商品粮供给方面做出了巨大的贡献。随着我国工业化、城镇化的深入推进，人口持续增加，粮食需求刚性增长。但由于种植粮食的比较收益低，使粮食主产区种粮的面积越大，粮食产量越多，种粮农民的收入越来越少，地方财政补贴的金额越来越多，严重影响了种粮主产省的生产积极性。致使一些粮食主产区成了"粮食大省，工业弱省，财政穷省"的局面。粮食主产区的区域发展水平和农民收入水平明显落后于主销区，二者之间的差距逐渐扩大。

党的十七届五中全会报告提出，在工业化、城镇化深入发展中同步推进农业现代化。进一步提升了我国农业农村现代化建设的重要地位，深刻指明了正确处理农业农村现代化与工业化、城镇化关系的极端重要性和紧

迫性。这种粮食产销区发展上的差异性和不平衡性不解决，就会造成粮食主销区粮食自给能力不断下降，就要影响粮食主产区建设现代农业的积极性，就会造成农业资源外流，耕地保护和国家粮食安全压力加大，影响整个农业现代化的进程。只有粮食主产区与主销区的协调发展，才能有利于工业化、城镇化与农业现代化的协调发展。当前协调推进工业化、城镇化和农业农村现代化，一个重要问题就是要采取有效措施，促进粮食主产区与主销区协调发展，大力推进农业现代化建设，确保国家粮食安全和经济社会协调稳定发展。

10.2　粮食生产利益补偿机制的国际可行性

国外的粮食生产利益补偿机制建立比较早，相对成熟，特别是发达国家的粮食生产利益补偿机制的建立和实施，对本国农产品的供应发挥了主要作用。美国的粮食生产利益补偿机制主要包括：①大量补贴生产者；②通过法制建设和市场机制保证生产者利益；③粮食调控机制。欧盟的前身欧洲共同体在1962年1月设立了一个数额庞大的"欧洲农业指导与保证基金"，用于农产品的出口补贴、农产品干预收购；结构调整措施、地区发展措施及环境保护措施等。目前农业保证基金中，用于价格支持的保证部分占90%~95%，而用于农业结构改革的指导部分仅占5%~10%。日本采取的粮食直接补贴政策主要有：①收入补贴，主要是对受自然条件限制的山区和半山区农民的直接补贴，以此来提高低收入地区农民的收入；②生产资料购置补贴；③灾害补贴、农业保险补贴、贷款优惠等。日本作为一个岛国，可利用耕作的土地不多，为了保证本国国民粮食高营养、高消费的需要，日本长期实行粮食收购价格高于销售价格的粮食经济政策，其粮食补贴对于农民来说优惠更大，近年来，日本对农业采取的巨额补贴政策不断受到世界贸易组织和一些国家的指责，因此，日本逐渐改变补贴做法，如扩大市场的开放度，减少对粮食价格的直接补贴，将支持农业发展的资金更多地投入到对农业人才的培养、对农业资源的保护、对农业基础设施的更新以及支持乡村建设等方面，它对粮食的直接补贴，仅仅是地区性的、局部的，主要是产粮区。因此，建立粮食生产利益补偿机制在国际上也是可行的。

10.3 粮食主产区的利益补偿面积测算可行性

"土地是财富之母"，对于我国这样一个人口大国和农业大国而言，耕地尤其重要。在我们的社会生活中，耕地具有基础性的经济价值。据测算，耕地提供人类88%的食物以及其他生活必需品，95%以上的肉、蛋、奶是由耕地提供的产品转化而来的，以农产品为原料的加工业产值占到轻工业产值的50%~60%。耕地直接或间接为农民提供了40%~60%的经济收入和60%~80%的生活必需品。由此可见耕地在我国农业乃至整个国民经济和社会发展中有着不可替代的基础性作用。

经过我们上面的分析，粮食主产区利益补偿的面积等于实际粮食播种面积减去必要粮食播种面积。必要粮食播种面积，即为保障本地区粮食安全必须保有的最小粮食播种面积，这个差额实际上也就是各省在完成自身粮食安全保障任务以后的"额外"贡献量。2009年13个粮食主产区利益补偿的面积为5 374.1万公顷，2009年全国粮食实际播种面积为15 863.94万公顷，13个粮食主产区利益补偿的面积占全国粮食实际播种面积的比例平均为33.9%，还不到一半，因此，粮食主产区利益补偿的面积总体来看是可行的。像黑龙江，湖南、河南等产量大省利益补偿的面积占粮食实际播种面积的比例相对较大，分别为69.4%、51.1%和55.5%，达到一半以上。而江苏、河北等省份，利益补偿的面积占粮食实际播种面积的比例相对较小，分别为38.2%和35.8%（见表10-1）。

表10-1   粮食主产区利益补偿面积比例

	利益补偿面积（万公顷）	实际粮食播种面积（万公顷）	利益补偿面积比例（%）
13个粮食主产区	5 374.1	15 863.94	33.9
黑龙江	841.93	1 212.92	69.4

续表

	利益补偿面积 （万公顷）	实际粮食播种面积 （万公顷）	利益补偿面积 比例（%）
湖南	409.5	801.93	51.1
河南	786.53	1 418.14	55.5
江苏	288.68	755.82	38.2
河北	311.48	868.25	35.9

10.4 粮食主产区的单位面积利益补偿金额是可行的

粮食主产区单位面积耕地补偿金额即耕地转做其他用途获得的收益和粮食生产收益之间的差额，最高值是耕地转为建设用地的收益，为每公顷9.9万元，最低值是转做其他农业用途的收益，为每公顷6万元。根据我国目前的市场价，耕地转为建设用地的收益，各地经济发展水平不同，这个收益也是不同的，但是都远远高于我们估算的收益。如河南省南阳市耕地转为建设用地的收益为每公顷139万元（张志，2009年），是我们计算的补偿金额的10倍还多，因此，我们估算的耕地转为建设用地的收益是可行的。

补偿金额最低值实际上是耕地转为其他农业用途（本书用蔬菜生产代表）的收益，因此这个值的大小与各省农业发展相关。一般而言，农业越发达，农产品产量越大，价格越低。根据相关研究，在13个粮食主产省中，山东、江苏和辽宁农业现代化水平较高，安徽、四川、内蒙古、江西等省农业现代化水平较低，农业现代化排名与每公顷补偿金额最低值之间存在较强的负相关。可以说，落后的农业现代化水平，尤其是果蔬园艺业发展水平，导致了蔬菜等产品产量较小，价格较高，从而使得耕地转为其他农业用途具有较高的收益。在13个粮食主产省中，2009年每公顷补偿金额最低值最大的是内蒙古，为6.15万元，而内蒙古粮食用地转为蔬菜用地的收益为每公顷37万元（王利，2009年），是我们计算的补偿金额的6倍还多，因此，我们估算的粮食用地转为蔬菜用地的收益也是可行的。

10.5 粮食主产省应得的利益补偿金额的可行性

根据各粮食主产省的耕地差额和单位面积利益补偿金额，计算粮食主产省平均应获得的利益补偿资金的数量。13 个粮食主产省粮食播种面积全部大于本省必要粮食播种面积，这些盈余就是需要补偿的面积。以 2009 年为例，总面积是 5 374.1 万公顷。单位面积利益补偿金额平均值是 41.57 万元/公顷，可以计算出 13 个粮食主产省 2009 年平均应获得的利益补偿资金的数量合计为 41 553.11 亿元。粮食主产区利益补偿机制应以利益补偿基金为核心进行运作。在资金的来源上，本着谁收益、谁缴费的原则，利益补偿基金来源于中央政府、粮食主销区、商品粮消费者和社会。中央政府通过 GDP 增长提成的方式出资、粮食主销区通过土地出让提成的方式出资、粮食消费者通过缴纳低税率、广税基的粮食安全税出资、社会则通过募集的方式出资。

我国现行粮食补贴包括：直接直补、良种补贴、农机具购置补贴、农资综合直补以及产粮大县奖励等各项补贴。以 2011 年为例，直接直补、良种补贴、农机具购置补贴、农资综合直补以及产粮大县奖励等各项补贴资金总额达到 1 606 亿元，但是只占到国家 GDP 的 0.35%（2011 年我国 GDP 为 458 217.58 亿元），比例很低。

按照"国家财政每年对农业总投入的增长幅度应高于国家财政经常性收入的增长幅度"这个要求来看，近年来，我国财政支农资金占中央财政收入的比重处于波动状态，有些年份甚至是降低的。总体来看，近几年财政支农资金大幅度增加，但即使以广义的财政支农资金口径计算，我国财政支农资金仍然不足，与农业增加值占 GDP 的比重并不相称。2011 年我国财政收入 103 740 亿元，提高国家财政支农资金比例，占到财政收入的 10%，就可以解决粮食主产区利益补偿资金的 25%，其他补偿资金通过粮食主销区、商品粮消费者、粮食加工企业和社会等方式解决是完全可行的。

从表 10－2 也可以看出，如果每个粮食主产省依靠地方财政收入进行利益补偿，压力是比较大的。其中，吉林、黑龙江、安徽、山东、河南 5 省的利益补偿金额都超过了当地财政收入。所以，要通过多种途径对粮食主产区进行利益补偿。

表 10－2　　　　　　　2012 年粮食主产区利益补偿金额比例

粮食主产区	利益补偿金额 （亿元）	地方财政收入 （亿元）	利益补偿金额比例 （％）
河　北	1 640.53	2 084.28	78.71
内蒙古	45.51	1 552.75	2.93
辽　宁	1 228.98	3 105.38	39.58
吉　林	1 672.09	1 041.25	160.58
黑龙江	1 846.61	1 163.17	158.76
江　苏	3 999.83	5 860.69	68.25
安　徽	2 181.18	1 792.72	121.67
江　西	448.14	1 371.99	32.66
山　东	4 909.34	4 059.43	120.94
河　南	6 819.96	2 040.33	334.26
湖　北	532.16	1 823.05	29.19
湖　南	789.93	1 782.16	44.32
四　川	132.47	2 421.27	5.47
合计	41 553.11	30 098.47	87.20

10.6　改善粮食主产区粮农利益补偿方式

按是否直接向粮食生产者支付为依据，对粮食主产区粮食生产者进行利益补偿的方式可分为直接补偿和间接补偿两大类。其一，直接补偿。即补偿主体根据某种事先制定的标准，直接对粮食主产区粮食生产者进行转移支付的补偿方式。主要表现为各种形式的直接补贴和保护价收购政策。其二，间接补偿，即补偿主体不是直接对粮食主产区粮食生产者进行转移支付，而是通过某种手段改善生产条件、减少粮食生产成本、降低粮食生产风险、提高粮食生产利润，从而使粮食生产者间接受益的补偿方式。包括政府增加粮食主产区的基础设施建设投入、免费向粮食生产者提供技术培训、信息咨询、金融支持等各种服务。

我国目前的粮食直补是按计税面积直接补贴农民，不能充分保护种粮农民的利益，不能充分体现政府发展粮食生产能力和国家掌握粮源的目标意图。向粮食生产者的直接支付以粮食生产者承包耕地的数量和实际粮食播种面积为主要标准。使种粮直接补贴资金真正补给种粮的农民，而不是那些不种田的土地承包者。只有改善"承包者得补贴、种粮者担风险"的现象，才能调动种粮者的积极性。按照农户根据种植规范要求每亩实际用种量进行全额补贴，体现"谁种谁得、多种多得"的基本原则，防止土地抛荒、"双改单"、"粮改经"等现象，鼓励发展粮食生产；支付方式以农业投入品补贴（种子、肥料、灌溉等补贴）、有补贴的贷款计划、粮食播种面积补贴和价格支持为主。具体表现为农资综合补贴、粮食作物的良种补贴、粮食直接补贴和主要粮食品种的最低收购价政策。补贴手段以资金补贴为主，以实物补贴为辅。这种方式经过一些地区的先行试验是可行的。

参 考 文 献

［1］财政部经济建设司粮食处：《财政对种粮农民直接补贴政策综述》，载《农村财政与财务》2007 年第 7 期。

［2］蔡兴元、高勇：《全国粮食生产、经营及消费三者利益的协调建议》，载《能源基地建设》1998 年第 2 期。

［3］曹长春：《关于农民收入直补问题的思考》，载《现代经济探讨》2003 年第 1 期。

［4］陈波、王雅鹏等：《直接补贴、科技兴粮与粮食生产》，载《统计与决策》2005 年第 11 期。

［5］陈明星：《粮食直接补贴的效应分析及政策启示》，载《山西农业大学学报（社会科学版）》2007 年第 1 期。

［6］陈薇：《粮食直接补贴政策的效果评价与改革探讨——对河北省粮食直接补贴试点县的个案分析》，载《农业经济》2006 年第 8 期。

［7］陈锡文、程国强：《美国新农业法对中国农业的影响与建议》，载《WTO 经济导刊》2003 年第 2 期。

［8］陈熙男、陈泉倩：《直接补贴大有可为》，载《中国粮食经济》2003 年第 5 期。

［9］陈先发、沈翀：《"直补"打造粮食产销新格局》，载《市场报》2003 年 4 月 16 日。

［10］程国强：《中国农业面对的国际农业补贴环境》，载《经济研究参考》2003 年第 29 期。

［11］邓舒仁：《产粮大县县域经济发展研究——以河南省固始县、浚县为例》，载《粮食科技与经济》2010 年第 1 期。

［12］董国新：《我国粮食供求区域均衡状况及其变化趋势研究》，浙江大学博士学位论文，2007 年。

［13］段玉华：《中国农业政策性金融问题研究》，山东农业大学博士学位论文，2007 年。

［14］方金：《中国农业伦理问题研究》，山东农业大学博士学位论文，2007 年。

［15］冯海发、毛长青、朱晓峰：《粮食主产区经济发展问题——河南省粮食主产区发展经济调研报告》，载《管理世界》1997 年第 2 期。

［16］冯继康：《美国农业补贴政策：历史演变与发展走势》，载《中国农村经济》2007 年第 3 期。

［17］高峰、王学真：《农业投入品补贴政策的理论分析》，载《农业经济问题》2004 年第 8 期。

［18］高瑛：《基于粮食安全保障的我国粮食产销利益协调机制研究》，南京农业大学博士学位论文，2006 年。

［19］郭军：《我国农作物良种补贴政策发展现状与存在问题探析》，载《调研世界》2010 年第 3 期。

［20］韩俊：《进一步深化农村改革的四个重点》，载《当代经济》2008 年第 12 期。

［21］韩晓光、张立群、韩平：《农业的弱质性与规范农村信用社》，载《内蒙古统计》1999 年第 1 期。

［22］何忠伟：《中国粮食补贴政策的演进与绩效分析》，载《科技导报》2006 年第 4 期。

［23］侯明利：《中国粮食补贴政策理论与实证研究》，江南大学博士学位论文，2009 年。

［24］胡敏、卢振家：《基于 DEA 模型的教育财政支出效率研究——以广东省为例》，载《肇庆学院学报》2010 年第 1 期。

［25］黄文清：《西部地区"一退两还"后补偿机制研究》，华中农业大学博士学位论文，2008 年。

［26］黄燕：《从农产品补贴政策看我国农业的发展》，载《中国流通经济》2008 年第 1 期。

［27］姜亦华：《国外农业补贴趋向及其启示》，载《学术界》2005 年第 1 期。

［28］姜作培：《农业和农村经济结构调整的六大机制》，载《南方经济》2000 年第 5 期。

［29］蒋和平、吴桢培：《湖南省汨罗市实施粮食补贴政策的效果评价——基于农户调查资料分析》，载《农业经济问题》2009 年第 11 期。

［30］蒋和平、吴桢培：《建立粮食主销区对主产区转移支付的政策建议》，载《中国发展观察》2009 年第 12 期。

［31］蒋学雷、孙东升：《新农业政策的经济影响分析》，载《农业经济问题（增刊）》2005 年。

［32］焦世泰、王世金：《粮食安全不同主体间的行为博弈分析》，载《安徽农业科学》2007 年第 18 期。

［33］晋宏、赵玉山：《农民使用"一卡通"购种不容乐观》，载《种子科技》2010 年第 4 期。

［34］靳少泽：《对粮食主产区农业利益补偿机制的思考》，载《河北农业科学》2011 年第 2 期。

［35］九三学社界别部分委员：《关于国家应在粮食主产区建立利益补偿机制的建议》，全国政协十一届三次会议提案，2010。

［36］柯炳生：《美国新农业法案的主要内容与影响分析》，载《农业经济问题》2002 年第 7 期。

［37］蓝海涛：《当前我国农业补贴热点问题探析》，载《宏观经济研究》2003 年第 5 期。

［38］雷海章：《农业不是弱质产业——关于"农业保护"问题之我见》，载《调研世界》2002 年第 1 期。

［39］李长亮：《中国西部生态补偿机制构建研究》，兰州大学博士学位论文，2009 年。

［40］李成贵：《粮食直接补贴不能代替价格支持——欧盟、美国的经验及中国的选择》，载《中国农村经济》2004 年第 8 期。

［41］李广厚：《对粮食主产区经济社会协调发展的思考》，载《安徽农学通报》2007 年第 20 期。

［42］李国健：《被征地农民的补偿安置研究》，山东农业大学博士学位论文，2008 年。

[43] 李国祥：《现阶段我国农业补贴政策选择》，载《经济研究参考》2003 年第 72 期。

[44] 李红：《农机购置补贴政策的经济学分析》，新疆农业大学博士学位论文，2008 年。

[45] 李会、任志远：《陕西省粮食产量预测及其影响因素的灰色关联分析》，载《国土与自然资源研究》2009 年第 4 期。

[46] 李亮：《论我国粮食直补制度的转型》，载《中州学刊》2009 年第 6 期。

[47] 李鹏、谭向勇：《粮食直接补贴政策对农民种粮净收益的影响分析》，载《农业技术经济》2006 年第 1 期。

[48] 李瑞峰：《农民直接补贴政策的国际比较及执行效果评价》，载《改革》2006 年第 4 期。

[49] 李义镇：《国内外农产品直接补贴的比较分析》，载《国际技术贸易市场信息》2003 年第 4 期。

[50] 梁世夫：《粮食安全背景下直接补贴政策的改进问题》，载《农业经济问题》2005 年第 4 期。

[51] 梁世夫：《我国农业经济转型期政府行为研究》，华中农业大学博士学位论文，2006 年。

[52] 梁世夫、王雅鹏：《我国粮食安全政策的变迁与路径选择》，载《农业现代化研究》2008 年第 1 期。

[53] 廖秀健、梁世夫：《粮食直接补贴政策的经济分析》，载《经济理论研究》2007 年第 11 期。

[54] 刘先才：《粮食安全：产区销区如何对接》，载《江苏农村经济》2005 年第 1 期。

[55] 刘颖：《市场化形势下我国粮食流通体制改革研究》，华中农业大学博士学位论文，2006 年。

[56] 鲁礼新：《1978 年以来我国农业补贴政策的阶段性变动及效果评价》，载《改革与战略》2007 年第 11 期。

[57] 吕爱清：《江西省食物生产变化规律与安全分析及调控对策》，南京农业大学博士学位论文，2006 年。

［58］吕洪波：《中国财政农业支出效应研究》，辽宁大学博士学位论文，2007年。

［59］马静：《财政支持粮食主产区发展投资模式研究》，西北农林科技大学博士学位论文，2008年。

［60］马文杰：《粮食主产区利益补偿问题的博弈分析》，载《湖北社会科学》2010年第2期。

［61］马晓河、蓝海涛：《加入WTO后我国农业补贴政策研究》，载《管理世界》2002年第5期。

［62］马彦丽、杨云：《粮食直补政策对农户种粮意愿、农民收入和生产投入的影响》，载《农业技术经济》2005年第2期。

［63］马有祥：《树立科学发展观 构筑我国粮食安全长效机制》，载《中国农村经济》2004年第10期。

［64］梅燕：《中国粮食供求区域均衡变化研究：模型构建与模拟分析》，浙江大学博士学位论文，2008年。

［65］孟昌、赵旭：《中美农业补贴政策的若干比较与借鉴》，载《国际贸易问题》2008年第2期。

［66］孟俊杰：《农机具购置补贴政策效应、存在问题和改善对策——以河南省许昌市为例》，载《农业科技管理》2010年第3期。

［67］倪洪兴：《农业多功能性与非贸易关注》，载《世界农业》2000年第11期。

［68］聂中美：《发达国家对农民的直接补贴政策及对我国的启示》，载《经济纵横》2003年第4期。

［69］牛海鹏、张安禄：《耕地保护的外部性及其测算——以河南省焦作市为例》，载《资源科学》2009年第8期。

［70］潘刚：《维护国家粮食安全需建立粮食主产区利益补偿制度》，载《红旗文稿》2011年第3期。

［71］钱钰：《欧盟共同农业政策改革及其对WTO新一轮农业谈判的影响》，载《中国农村经济》2004年第2期。

［72］沈淑霞、秦富：《财政农业补贴方式改革效应的中外比较》，载《世界农业》2005年第9期。

［73］施索、余力：《财政"虚脱症"——来自产粮大县湖北监利的调查（下）》，载《中国改革》2002年第4期。

［74］施索、余力：《资金"饥渴症"——来自产粮大县湖北监利的调查（上）》，载《中国改革》2002年第3期。

［75］史忠良、许基南、刘伦武：《促进中部粮食主产区经济发展的若干政策》，载《求实》2006年第5期。

［76］宋蕾：《矿产开发生态补偿理论与计征模式研究》，中国地质大学（北京）博士学位论文，2009年。

［77］宋士菁：《评析美国的农业补贴政策及其对中国的借鉴》，载《世界经济研究》2003年第2期。

［78］孙大光：《直接收入补贴改革与我国农业国内支持政策》，载《中国农村经济》2002年第1期。

［79］孙文华：《小农分化、农业生产资源配置差异与政策含义》，南京农业大学博士学位论文，2007年。

［80］万宝瑞：《增加农民收入和确保粮食安全的战略对策》，载《农业经济问题》2004年第4期。

［81］王放：《粮食安全与粮农增收协调研究》，华中农业大学博士学位论文，2007年。

［82］王姣、肖海峰：《中国粮食直接补贴政策效果评价》，载《中国农村经济》2006年第2期。

［83］王来保：《我国粮食生产直接补贴目标模式探讨》，载《宏观经济研究》2004年第3期。

［84］王民敬、郑志安：《河南省购机补贴农户经营收益的DEA评价》，载《农机化研究》2008年第2期。

［85］王雅鹏：《对我国粮食安全路径选择的思考——基于农民增收的分析》，载《中国农村经济》2005年第3期。

［86］王勇：《流域政府间横向协调机制研究述评》，载《广东行政学院学报》2008年第1期。

［87］文小才：《美国农业财政补贴政策的经验与启示》，载《云南财经大学学报》2007年第3期。

[88] 吴成福：《粮食补贴政策的实施效果及改进建议》，载《理论探索》2006年第6期。

[89] 吴桂淑、范静、康晨宇：《优化农村产业结构——粮食主产区经济发展的战略选择》，载《农业经济》1995年第12期。

[90] 吴坚、黄祖辉：《试论现阶段我国粮食保护政策及其改革》，载《管理世界》2000年第4期。

[91] 吴连翠：《基于农户生产行为视角的粮食补贴政策绩效研究——以安徽省为例》，浙江大学博士学位论文，2011年。

[92] 吴泽斌、刘卫东：《基于粮食安全的耕地保护区域经济补偿标准测算》，载《自然资源学报》2009年第12期。

[93] 吴志华：《中国粮食安全研究——以合理成本保障粮食安全》，河海大学博士学位论文，2002年。

[94] 肖国安：《粮食直接补贴政策的经济学分析》，载《中国农村经济》2005年第3期。

[95] 肖海峰、李瑞峰、王姣：《农民对粮食直接补贴政策的评价与期望》，载《中国农村经济》2005年第3期。

[96] 肖瑛：《市场经济条件下的粮食安全问题》，载《财会研究》2008年第3期。

[97] 谢茹：《振兴粮食主产区的若干思考》，载《企业经济》1996年第16期。

[98] 谢曙光：《粮食主产区经济结构调整和优化的途径探讨》，载《中州学刊》2004年第3期。

[99] 徐冰：《粮食安全背景下的我国粮食主产区发展问题研究》，东北师范大学硕士学位论文，2009年。

[100] 徐怀伏：《技术创新溢出的制度分析》，南京农业大学博士学位论文，2007年。

[101] 严小龙：《"两个反哺"与社会主义新农村建设研究》，湖南师范大学博士学位论文，2007年。

[102] 杨林：《湖南省粮食补贴政策绩效评析及其政策调整建议——以湘阴县为例》，载《农业现代化研究》2009年第5期。

[103] 杨茂：《农业新政与粮食主产区农民增收研究》，天津大学博士学位论文，2006年。

[104] 杨秀琴：《粮食直补政策缺陷与改革思路》，载《农村经济》2007年第1期。

[105] 杨有孝、罗安军：《我国粮食直接补贴政策的理论分析》，载《国际经贸探索》2006年第7期。

[106] 叶慧：《贸易自由化下粮食财政支持政策研究》，华中农业大学博士学位论文，2007年。

[107] 叶慧、王雅鹏：《采用数据包络分析法的粮食直接补贴效率分析及政策启示》，载《农业现代化研究》2006年第9期。

[108] 叶敬忠、安苗：《农业生产与粮食安全的社会学思考》，载《农业经济问题》2009年第6期。

[109] 叶晓云、孙强：《以浙江为例浅谈粮食产销区合作》，载《中国粮食经济》2004年第5期。

[110] 叶兴庆：《改粮食保护价收购为直接补贴农民》，载《中国农村经济》2002年第7期。

[111] 于鹏飞、李悦、孔繁龙等：《基于DEA模型的山东省环保投入效率分析》，载《科技信息》2009年第33期。

[112] 曾福生、匡远配：《粮食大省对粮食安全的贡献度分析》，载《农业经济问题》2009年第6期。

[113] 张领先：《WTO框架下我国农业国内支持水平与结构优化研究》，中国农业大学博士学位论文，2006年。

[114] 张平南、王宏伟：《粮食直补和农资综合补贴中的问题及对策》，载《中国财政》2011年第5期。

[115] 张效军、欧名豪、高艳梅：《耕地保护区域补偿机制研究》，载《中国软科学》2007年第12期。

[116] 张心昌、赵伟：《粮食安全视角下地方政府征地行为博弈分析》，载《广东土地科学》2011年第5期。

[117] 张照新、陈金强：《我国粮食补贴政策的框架、问题及政策建议》，载《农业经济问题》2007年第7期。

［118］张照新、欧阳海洪、张秋霞：《安徽、河南等部分粮食主产区补贴方式改革的做法、效果、问题及政策建议》，载《管理世界》2003年第5期。

［119］张志、刘耀林、龚建：《耕地转为建设用地价格评估——以河南省南阳市为例》，载《自然资源学报》2009年第12期。

［120］张忠法、李文：《中国实施农业保护的基本理论依据和政策特征》，载《经济研究》1996年第1期。

［121］赵波：《中国粮食主产区利益补偿机制的构建与完善》，载《中国人口、资源与环境》2011年第1期。

［122］赵德余、顾海英：《我国粮食直接补贴的地区差异及其存在的合理性》，载《中国农村经济》2004年第8期。

［123］赵瑞芹、孟全省：《直接补贴政策对粮食产量的影响效果分析——以山东省为例》，载《农业经济》2012年第5期。

［124］赵宇红、傅立忠：《对粮食产销区建立长期稳定粮食购销协作关系问题的研究》，载《黑龙江粮食》2002年第1期。

［125］郑兆山：《建立对农民种粮直接补贴制度》，载《农业经济问题》2001年第5期。

［126］钟甫宁、顾和军、纪月清：《农民角色分化与农业补贴政策的收入分配效应——江苏省农业税减免、粮食直补收入分配效应的实证研究》，载《管理世界》2008年第5期。

［127］周建华：《工业反哺农业机制构建问题研究》，湖南农业大学博士学位论文，2007年。

［128］朱四海：《我国农业政策演变的两条基本线索》，载《农业经济问题》2005年第11期。

［129］朱新华、曲福田：《基于粮食安全的耕地保护外部性补偿途径与机制设计》，载《南京农业大学学报（社会科学版）》2007年第7期。

［130］朱泽：《建立和完善我国粮食安全体系》，载《红旗文稿》2004年第20期。

［131］宗义湘：《加入WTO前后中国农业支持水平评估及政策效果研究》，中国农业科学院博士学位论文，2006年。

后　记

　　粮食主产区是保障国家粮食安全的主要区域，也是实现区域平衡发展，全面建成小康社会的关键区域。为了扶持粮食主产区发展，国家在现有粮食补贴政策之外，出台了产粮大县财政奖励政策。这次政策和措施，对推动粮食主产区发展产生了较好的作用。但目前，由于粮食主产区社会经济发展水平滞后，主产区与主销区发展差距日益扩大，种粮农民收入增长相对缓慢的问题依然存在。因此，关于造成粮食主产区与主销区经济发展的差距的原因是什么，近几年来对粮食主产区支持政策的实施效果如何，粮食主产区利益补偿如何建立、如何运行，建立粮食主产区利益补偿机制的可行性如何，这些都是当前农业经济学科需要积极思考并深入研究的问题。通过对粮食主产区利益补偿机制进行研究，从理论和实践方面解答回应上述问题，将有助于建立粮食主产区利益补偿机制，进而促进我国区域经济协调发展。

　　近几年来，我带领科研团队一直关注着我国粮食主产区农业经济发展问题，针对粮食主产区利益补偿机制，结合2012年主持的工业和信息化产业政策司重大招标课题《粮食主产区利益补偿机制研究》，对现有粮食主产区支持政策效果、利益补偿机制的构建原则和运行机制、利益补偿的金额以及建立利益补偿机制的可行性等重大问题进行了系统研究，现集结成册的这本书就是近四年来课题组研究的系统成果。

　　本书由我牵头和统稿，参加本书撰写的科研人员还有农业部规划设计研究院张忠明博士、中国人民大学蒋黎博士、中国农科院农经所辛岭副研究员、崔奇峰副研究员、河南省农科院农业经济与信息研究所孟俊杰副研究员等；参加本书撰写和校核工作的博士后有彭旷，研究生主要有蒋辉、崔凯、彭成圆、钟鑫、刘学瑜、朱福守、张松涛、陈冬等，本书编写历时近2年，反复进行论证、研究和修改形成。

全书的编写分工如下：前言由蒋和平撰写；第1章、第2章由蒋和平、崔凯、蒋辉撰写；第3章由蒋黎、崔凯撰写；第4章由崔奇峰、蒋和平撰写；第5章由孟俊杰、蒋黎撰写；第6章由张忠明、蒋和平撰写；第7章由张忠明、蒋和平撰写；第8章由张忠明、蒋和平撰写；第9章由蒋和平、辛岭撰写；第10章由辛岭、蒋和平撰写。彭成圆、钟鑫、刘学瑜、朱福守、张松涛、陈冬等完成了本书的校对工作。课题组全体成员在为期两年的调研、座谈、讨论、研究过程中攻坚克难，付出了辛勤劳动和汗水，对此表示衷心的感谢。

在课题调研过程中，我们得到了工业和信息化部产业政策司、农业部种植业司和河南省农业厅等单位的大力支持，河南省滑县政府、固始县政府、濮阳县政府、唐河县政府、河南省农科院等单位为课题调研提供了宝贵的一手资料和数据。中国农科院农经所领导对现代农业研究室科研创新团队开展工作给予了积极支持，尤其是中国农科院农经所所长秦富教授、党委书记任爱荣研究员、副所长马飞研究员、王济民研究员等领导，以及朱立志研究员、李宁辉研究员、吴敬学研究员一直以来都在积极支持课题组的研究工作，从而使得本课题研究和本书编写工作得以顺利进行。对于上述长期以来支持本团队研究工作的单位、领导和专家们谨表诚挚的谢意！

本书的出版得到了中国农业科学院农业经济与发展研究所中央级科研院所基本科研业务费专项基金的出版资助，对此表示感谢。

本书出版还得到了经济科学出版社齐伟娜、易莉编辑热心的帮助。对此深表感谢。

在本书即将出版之际，我对所有关心粮食主产区经济发展，为本书写作和课题研究提供各种数据和资料，以及给予各种帮助和支持的各位专家同仁和朋友表示衷心感谢。

蒋和平

2013年10月于北京

图书在版编目（CIP）数据

粮食主产区利益补偿机制研究／蒋和平，张忠明，蒋黎等著．
—北京：经济科学出版社，2013.12
（中国农业科学院农业经济与发展研究所研究论丛．第3辑）
ISBN 978 - 7 - 5141 - 4142 - 9

Ⅰ.①粮…　Ⅱ.①蒋…②张…③蒋…　Ⅲ.①粮食产区 - 财
政补贴 - 研究 - 中国　Ⅳ.①F326.11②F812.45

中国版本图书馆 CIP 数据核字（2013）第 304829 号

责任编辑：齐伟娜　易　莉
责任校对：徐领柱
责任印制：李　鹏

粮食主产区利益补偿机制研究

蒋和平　张忠明　蒋　黎　等著

经济科学出版社出版、发行　新华书店经销

社址：北京市海淀区阜成路甲 28 号　邮编：100142

总编部电话：88191217　发行部电话：88191540

网址：www.esp.com.cn

电子邮件：esp@esp.com.cn

天猫网店：经济科学出版社旗舰店

网址：http://jjkxcbs.tmall.com

北京季蜂印刷有限公司印装

710×1000　16 开　15 印张　230000 字

2013 年 12 月第 1 版　2013 年 12 月第 1 次印刷

ISBN 978 - 7 - 5141 - 4142 - 9　定价：42.00 元